6. Geheimnis Die Taufe Jesu im Jordan

Zu dieser Zeit kam Jesus von Galiläa an den Jordan zu Johannes, um sich von ihm taufen zu lassen. Johannes aber wollte es nicht zulassen und sagte: Ich müsste von dir getauft werden, und du kommst zu mir? Jesus antwortete ihm: Lass es nur zu! Denn nur so können wir die Gerechtigkeit (die Gott fordert) ganz erfüllen. Da gab Johannes nach. Kaum war Jesus getauft und aus dem Wasser gestiegen, da öffnete sich der Himmel, und er sah den Geist Gottes wie eine Taube auf sich herabkommen. Und eine Stimme aus dem Himmel sprach: Das ist mein geliebter Sohn, an dem ich Gefallen gefunden habe. (Matthäus 3,13 – 17)

7. Geheimnis Jesus verwandelt in Kana Wasser in Wein

Am dritten Tag fand in Kana in Galiläa eine Hochzeit statt und die Mutter Jesu war dabei. Auch Jesus und seine Jünger waren zur Hochzeit eingeladen. Als der Wein ausging, sagte die Mutter Jesu zu ihm: Sie haben keinen Wein mehr. Jesus erwiderte ihr: Was willst du von mir, Frau? Meine Stunde ist noch nicht gekommen. Seine Mutter sagte zu den Dienern: Was er euch sagt, das tut! Es standen dort sechs steinerne Wasserkrüge, wie es der Reinigungsvorschrift der Juden entsprach; jeder fasste ungefähr hundert Liter. Jesus sagte zu den Dienern: Füllt die Krüge mit Wasser! Und sie füllten sie bis zum Rand. Er sagte zu ihnen: Schöpft jetzt und bringt es dem, der für das Festmahl verantwortlich ist. Sie brachten es ihm. Er kostete das Wasser, das zu Wein geworden war. Er wusste nicht, woher der Wein kam; die Diener aber, die das Wasser geschöpft hatten, wussten es. (Johannes 2, 1-9)

8. Geheimnis Jesus ruft auf den Hügeln von Galiläa das Himmelreich aus

Als Jesus hörte, dass man Johannes ins Gefängnis geworfen hatte, zog er sich nach Galiläa zurück. Er verließ Nazaret, um in Kapharnaum zu wohnen, das am See liegt, im Gebiet von Sebulon und Naftali. Denn es sollte sich erfüllen, was durch den Propheten Jesaja gesagt worden ist: Das Land Sebulon und das Land Naftali, die Straße am Meer, das Gebiet jenseits des Jordan, das heidnische Galiläa: das Volk, das im Dunkel lebte, hat ein helles Licht gesehen; denen, die im Schattenreich des Todes wohnten, ist ein Licht erschienen. Von da an begann Jesus zu verkünden: Kehrt um! Denn das Himmelreich ist nahe. (Matthäus 4,12-17)

9. Geheimnis Die Verklärung Jesu auf einem hohen Berg

Sechs Tage danach nahm Jesus Petrus, Jakobus und dessen Bruder Johannes beiseite und führte sie auf einen hohen Berg. Und er wurde vor ihren Augen verwandelt; sein Gesicht leuchtete wie die Sonne und seine Kleider wurden blendend weiß wie das Licht. Da erschienen plötzlich vor ihren Augen Mose und Elija und redeten mit Jesus. Und Petrus sagte zu ihm: Herr, es ist gut, dass wir hier sind. Wenn du willst, werde ich hier drei Hütten bauen, eine für dich, eine für Mose und eine für Elija. Noch während er redete, warf eine leuchtende Wolke ihren Schatten auf sie und aus der Wolke rief eine Stimme: Das ist mein geliebter Sohn, an dem ich Gefallen gefunden habe; auf ihn sollt ihr hören. Als die Jünger das hörten, bekamen sie große Angst und warfen sich mit dem Gesicht zu Boden. Da trat Jesus zu ihnen, fasste sie an und sagte: Steht auf, habt keine Angst! (Matthäus 17, 1-7)

10. Geheimnis Jesus setzt die Eucharistie ein

Als die Stunde gekommen war, begab er sich mit den Aposteln zu Tisch. Und er sagte zu ihnen: Ich habe mich sehr danach gesehnt, vor meinem Leiden dieses Paschamahl mit euch zu essen. Denn ich sage euch: Ich werde es nicht mehr essen, bis das Mahl seine Erfüllung findet im Reich Gottes. Und er nahm den Kelch, sprach das Dankgebet und sagte: Nehmt den Wein und verteilt ihn untereinander! Denn ich sage euch: Von nun an werde ich nicht mehr von der Frucht des Weinstocks trinken, bis das Reich Gottes kommt. Und er nahm Brot, sprach das Dankgebet, brach das Brot und reichte es ihnen mit den Worten: Das ist mein Leib, der für euch hingegeben wird. Tut dies zu meinem Gedächtnis! Ebenso nahm er nach dem Mahl den Kelch und sagte: Dieser Kelch ist der Neue Bund in meinem Blut, das für euch vergossen wird. (Lukas 22, 14-20)

GÜTERSLOHER
VERLAGSHAUS

G.

Gütersloher Verlagshaus. Dem Leben vertrauen

Für Mia, Julia, Sarafina und Elias

Paul Badde

Heiliges Land

Auf dem Königsweg aller Pilgerreisen

Gütersloher Verlagshaus

»*Das Wort ist Fleisch geworden.*

Vielleicht kann man diesem Satz besser folgen, wenn man nach Bethlehem, Jerusalem und zum See Genezareth reist und dort Stellen berührt, wo ER gegessen hat, geschlafen, gepredigt, Blut geschwitzt.

Vielleicht kann man dort über die Steine laufen, oder durch jenen Garten und die Bäume riechen. Vielleicht wird es Nacht und man schaut in den schwarzen Himmel, legt den Kopf in den Nacken, wie er, und sieht von unten nach oben in die gleichen Sterne.

Von hier unten, so weit. Von der Welt.

Ich bin nicht in Bethlehem oder Jerusalem. Ich sitze in meinem Zimmer, die Heizung ist kaputt und mir knurrt ein wenig der Magen.

Ich kann nur von einer Ecke in die andere gehen und an meinen Fußenden, an meinen Fingerspitzen, an meiner Haut beginnt immer der Rest der ganzen Welt.

Dass wir so klein sind. Dass ER so klein geworden ist!«

Esther Maria Stallmann

»Große Dinge werden durch Wiederholung nicht langweilig. Nur das Belanglose braucht die Abwechslung und muss schnell durch anderes ersetzt werden. Das Große wird größer, indem wir es wiederholen, und wir selbst werden reicher dabei und werden still und werden frei.«

JOSEPH RATZINGER

Inhalt

Im Labyrinth   13

Trockene Martinis zum Salz der Erde, eine verrückte Liebe zu einem explosiven Ort, ein Minenfeld aus Wörtern und die Entdeckung des größten Tabus der europäischen Neuzeit: im Heiligen Land, der Schicksalslandschaft des blauen Planeten.

Karl der Große   23

Wie ein Mann aus dem Osten – jenseits der Mittelerde – plötzlich auf den vornehmsten Thron des Westens katapultiert wurde und in Frankfurt am Main einen arbeitslosen Referendar zu einem Journalisten und Chronisten seines letzten Willens machte.

Unter dem Vesuv   28

Das Vermächtnis des obersten Brückenbauers, das noch in 500 Jahren die Lippen der Menschen bewegen wird, und eine unglaubliche Love-Parade: ein menschlicher Mississippi zu einem Frühling des Rosenkranzes.

Mein großer Bruder   39

Ein Anruf aus Berlin, ein winziges Gebet aus dem Mund und der Feder von Engeln und Menschen, eine überraschende Einladung, zwei schwarze Schleier für die Frau und Tochter, salutierende Gardisten, und ein Geschenk des Papstes.

Reise nach Jerusalem   45

Rückkehr zum Nabel und Herzen der Welt, ein Abschied auf gut Russisch, ein ungesuchter Auftrag und eine etwas großmäulige Korrektur des Schöpfers des Himmels und der Erde – auf dem Zionsberg, wo er selbst einmal Wohnung genommen hat.

59 Kugeln und ein Kreuz 51

Ein Kranz aus Rosen: das große Gebet des Westens aus dem Heiligen Land. Zwanzig Geheimnisse, die durch das Labyrinth des Lebens zum Eingang des Paradieses führen: als Seil für angeschlagene Boxer – und letzte Fessel um die Hände meines Bruders.

Ein Sohn der Freude 59

Ein wieder gefundenes Fragment: Verschollene Aufzeichnungen von fünfzehn Gesprächen mit Bargil Pixner aus Jerusalem, aus den Tagen der letzten Intifada, über erste und letzte Dinge, mit der Präzision einer stehen gebliebenen kostbaren Uhr.

Auf dem Lorbeerhügel 66

Vom ersten Geheimnis des Rosenkranzes. Ein gewandertes Haus in den italienischen Marken, der Besuch eines Engels, der leise Urknall der Christenheit, erste Bausteine des Ave Maria und die Steine der Mauer, an denen Jesus mit Josef lehnte.

Tanzende Embryos 74

Vom zweiten Geheimnis. Der zweite Baustein des »Ave Maria«, diesmal nicht aus Engelsmund, sondern von einer schwangeren Cousine. Besuch eines der lieblichsten Täler des Heiligen Landes zwischen zwei der tragischsten Hügel seiner jüngeren Geschichte.

Die Wurmwerdung Gottes 84

Vom dritten Geheimnis. Besuch einer eingekerkerten Stadt. Himmlische Erinnerung in einem Hochsicherheitstrakt: die erste Weihnachtsnacht in den Hügeln Judäas, leises Mondlicht und die nicht nachlassenden Geburtswehen des Volkes Israel.

Hinter vermauerten Toren   93

Vom vierten Geheimnis. Der beschnittene und aufgeopferte Gottessohn. Verwehte Plastiktüten und anderes Gerümpel im Treppenhaus zum alten Tempel, wo jeder Schritt aufregender und unglaublicher ist als der erste Fuß auf dem Mond.

Der durchbohrte Fels   101

Vom fünften Geheimnis. Der verlorene und wieder gefundene Gottessohn. Pferdeäpfel vor Gebetsteppichen, Flammenkugeln im Fundament des Tempels, ein Ausbruch im apokalyptischen Vulkan und unter dem Krieg der Kinder der wahre kleine Prinz.

Der Jordan bei Jericho   111

Vom sechsten Geheimnis. Ein Heerführer namens Jesus, der das Volk Israel nach dem Tod des Moses über den Jordan in das Gelobte Land führt, eine Stimme vom Himmel, verstaubte Schriftrollen in staubtrockenen Höhlen und eine Militäroperation der X. Legion.

Off the Road   122

Vom siebten Geheimnis. Das überflüssige Wunder und ein zweiter Beginn. Ein Dorf zum Rechtsliegenlassen. Nach dem Fest des Moses in der Wüste eine überschäumende Hochzeit auf einem Abhang Galiläas. Weinproben auf der Pilgerreise.

Am Wasser des Silbersees   130

Vom achten Geheimnis. Bierdosen neben einer kalten Feuerstelle, eine mystische Höhle über dem See, Morgenröte über dem Golan, die Rückkehr der Kraniche zum Spiegel des göttlichen Gesichts – und der Atem des Friedens als Windhauch auf dem neuen Sinai.

Wachtturm über Armageddon   141

Vom neunten Geheimnis. Ein kosmischer Aussichtspunkt über dem Schlachtfeld der Endzeit. Gefährliches Flimmern und Rauschen im Äther und eine zerbrechliche Hostie über dem Berg der Verklärung: das »eucharistische Antlitz« Gottes.

Die Spuren der Steine   150

Vom zehnten Geheimnis. Steine aus den Trümmern des zerstörten Tempels für einen Neubau aus Ruinen, für die erste Kirche der ganzen Welt. Wind aus der Wüste im leeren Abendmahlssaal – im versiegelten Tempel der Christenheit.

Rubine im Mondlicht   158

Vom elften Geheimnis. Ein kupferfarbener Stein für das Blut aus der Stirn, den Poren, den Wangen und den Augen Jesu. Lautlose Zwiesprache mit dem Vater in der Stunde, als die Seele seines Sohnes gemartert und gekreuzigt wurde.

Durchbohrte Perle   165

Vom zwölften Geheimnis. Einbrecher im Haus, wo »der Herr weinte«, eine Säule am Wegrand, die zu bluten scheint, als Zeuge eines geplatzten Tauschgeschäfts: jener doppelten Auspeitschung, die das Todesurteil gegen Gott nicht verhindern konnte.

Ein Thron für die Krönung   173

Vom dreizehnten Geheimnis. Byzantinische Reliefs in einer Zisterne unter der Pilatus-Kirche. Der Stein des »Ecce Homo« in einem verlassenen Bau-Schuppen: der verschollene Thron, auf dem Jesus zum König gekrönt wurde, mit einer Haube aus Dornengestrüpp.

Der Weg des Königs   182

Vom vierzehnten Geheimnis. Zwei Routen der Via Dolorosa durch das Labyrinth Jerusalems. Die Steine, über die Gott stolperte, ein Bein, das dem halb Erblindeten gestellt wird, und der Schuldspruch an einem Strick vor seiner Brust: »Da habt ihr ihn: euren König!«

Der Gipfel des Golgatha   192

Vom fünfzehnten Geheimnis. Bis hierhin hatte der Gefolterte eine Spur hinter sich gelassen wie angeschossenes Wild. Eine Höhle im Wüstenwind, ein aufgelassener Steinbruch, ein zerbrochener Ring und ein alter Kompass des »mundus quadratus« – zur Neuvermessung der ganzen Welt.

Das Heilige Grab   205

Vom sechzehnten Geheimnis. Eine Ikone im Innern der Kammer, die sich aufklappen lässt wie ein Fenster. Dahinter ein rußgeschwärzter Felsen: letzter Rest vom Zahnstumpf des Felsbettes, das erstmals einen Toten nicht bei den Toten halten konnte.

Das Gewicht Gottes   216

Vom siebzehnten Geheimnis. Die Mutter aller Fußabdrücke auf dem Ölberg und was der heilige Ignatius von der Himmelfahrt noch wissen wollte. Das Gewicht der Menschwerdung Gottes und seine ultimative Schwerelosigkeit. Ein Blick zurück nach Süd-Süd-Ost.

Sturm auf dem Zion   225

Vom achtzehnten Geheimnis. Eine flatternde Taube unter einem spiegelnden Himmel. Auf dem Dach des Hauses, in dem Jesus durch die Mauern ging und Thomas seine Wunden zeigte: Urmeter der Neu-Orientierung aller Fundamente der Christenheit.

Ein Weinberg der Toten   233

Vom neunzehnten Geheimnis. Ein leerer Sarkophag im Tal Josaphat, wo Israels Fromme das Jüngste Gericht erwarten. Der Blick des Geliebten durch einen Spalt in der Mauer, sein allerletztes hohes Lied und die Verschmelzung von Sonne und Mond.

Zwölf Sterne am Himmel   247

Zwanzigstes Geheimnis. Die Krönung des Abendlandes mit der Sternenkrone einer schwangeren Königin. Ende der Aufzeichnungen vom Tonband der unglaublichen Geschichte Gottes, der auch im Himmel ein Mensch geblieben ist.

Zum Paradies   253

Blick zurück: Ein Himmel voller Sterne und ein Hügel voller Glühwürmchen. Eine Ergänzung zu Edith Piaf, eine Erinnerung vom Bruder des Papstes und eine Ausweitung des Heiligen Landes bis an die Enden der Erde – über ein Netz von Königswegen.

Im Labyrinth

Mittwoch, 2. Januar 2002, Morgendämmerung auf dem Musrara-Markt vor dem Damaskus-Tor zur Altstadt von Jerusalem

Trockene Martinis zum Salz der Erde, eine verrückte Liebe zu einem explosiven Ort, ein Minenfeld aus Wörtern und die Entdeckung des größten Tabus der europäischen Neuzeit: im Heiligen Land, der Schicksalslandschaft des blauen Planeten.

Heute früh wurde ich wach und war traurig. Denn eben noch war ich glücklich. Ich war wieder einmal am schönsten Platz der Welt gewesen. Gerade, bevor meine Frau mich weckte, hatte ich wieder auf Jerusalems Stadtmauer geschaut. Es war früh am Morgen auf dem Musrara-Markt vor dem Damaskustor, den ich zwei Jahre lang Hunderte Male vor Tagesanbruch überquert habe.

»*No good morning today?*«, hatte mir Mohammed Ikermawi gerade zugerufen, als ich an seiner Bude vorbei stolperte, wo er zum Frühstück den besten Hummus der Welt verkauft. Er bereitet das Kichererbsenmus jede Nacht neu mit Bohnen, bestem Öl aus Nablus und frischen Zitronen aus Jericho, das er auf seinen wackeligen Plastiktischen mit einem Brotfladen und einer rohen Zwiebel serviert. In der Hand hielt ich einen heißen süßen Kaffee in einem doppelten Plastikbecher, den ich ein paar Schritte vorher in der Mokkabude von Ishak für zwei Schekel gekauft hatte. Frauen und Bäckerjungen balancierten Säcke mit Thymian und Bretter mit frischgebackenen Sesamkringeln auf ihrem Kopf an mir vorbei. Hinab in die Geruchskorridore des Labyrinths, das seit 4500 Jahren ununterbrochen bewohnt ist. Ein paar Jugendliche wärmten sich an einem Feuer aus Gemüsekisten die Hände. Es regnete leicht. Zwischen den hupenden Autos und quietschenden Karren tippelte mir unter all den staubbedeckten Palästinensern ein im Gehen weiter studierender Talmudschüler entgegen. Ich aber hatte wieder einmal nur Augen für die unerreichbar nahe und ferne Goldkuppel des Felsendoms über den Zinnen der Stadtmauer, und für die schwarze Wolkendecke darüber, die weit hinten – über der Wüste – wie mit einem Tapetenmesser abgeschnitten war, um den Blick auf die rosafarbenen Berge Jordaniens hinter dem Jordan frei zu geben und darüber zum Blau des Kosmos. Gerade erglühte das Gold des Doms, gerade ging die Sonne auf. Doch noch bevor ich rasch die Stufen des steinernen Treppenhauses zum Damaskustor hinunter nahm, um mich wieder im Schatten der Altstadt Jerusalems zu verlieren, eben da, wurde ich von Ellen geweckt.

Plötzlich war ich wieder in Rom und schaute in den Morgen eines neuen Arbeitstages. Hier war die Sonne schon aufgegangen. Es hätte schlimmer kommen können. Doch klar, dass ich traurig wurde. Denn Jerusalem ist ja auch meine erste Heimatstadt, ach was, meine erste Stadt überhaupt. Seit der frühesten Kindheit kenne ich den Irrgarten ihrer Gassen, lange bevor ich Mönchengladbach sah oder Krefeld, Aachen, Düsseldorf oder Köln. Ich kenne die heilige Stadt aus Schaag, einem Dorf am linken Niederrhein, wo ich geboren bin und schon in der Dorfschule den Stadtplan Zions und die Landkarte des Heiligen Landes vor der Tafel hängen sah. Hier habe ich über dem Beichtstuhl der St. Annakirche erstmals ein Bild Maria Magdalenas (mit enorm langen Haaren) betrachtet, deren Wege ich in Jerusalem so oft gekreuzt habe. Alle Mauern und Felsen und Hügel und Höhen Jerusalems kenne ich von klein auf von den Abbildungen auf dem großen Flügelaltar der Anna-Kirche Schaags, um die herum es weit und breit keinen einzigen Hügel gab.

Jetzt lebe ich in Rom, der schönsten Stadt der Erde, mit meiner schönen Ellen, der besten aller Ehefrauen, habe einen Beruf, den ich liebe, ein Auto, das funktioniert, habe genug und gut zu essen, zu trinken, zu viel zu arbeiten, ich hätte gern 48 statt 24 Stunden pro Tag, Gott sei Dank, doch die glücklichste Zeit meines Lebens war – mitten im Krieg – wohl jene Stunde in der Früh in Jerusalem, jeden Morgen neu, bevor ich mich danach mit dem Auto nach Gaza aufmachte, oder nach Hebron, Ramallah, Bethlehem oder zu anderen Brennpunkten eines Konflikts, für den weder der gesunde noch der kranke Menschenverstand eine Lösung finden werden, für Erkundungen, wie sie damals Israelis fast nur noch im Panzerwagen und Palästinensern so gut wie gar nicht mehr möglich waren. Es waren die schlimmsten Jahre der letzten Jahrzehnte, deren Zeuge ich da wurde, sagen die Bewohner Jerusalems, die zu den glücklichsten meines Lebens wurden.

Doch die Geschichte meines Glücks hat natürlich nicht erst damals in Jerusalem oder heute Morgen im Traum angefangen. Besser sollte ich deshalb viel früher beginnen, etwa im Februar 1979, als ich von heute auf morgen plötzlich in der Redaktion des Satiremagazins »Pardon« landete, um mir danach mit Albert Christian Sellner das Ressort für Theologie und Pornografie zu teilen – wobei nie genau klar wurde, wer von uns beiden für was genau zuständig war. Albert hatte so lange Haare wie ein kleiner Engel. Es war das letzte Jahr des Magazins, als wir an Bord gingen. Der Laden ging gerade den Bach runter, aber wir merkten es nicht. So ist es mir noch oft gegangen. Doch Albert kam aus Amberg in der Oberpfalz und ich – wie gesagt – aus Schaag, das auf kaum einer Landkarte auftaucht. Beide waren wir kurz zuvor noch arbeitslos, nach vielen Jahren eines mäandernden Studiums an verschiedenen Universitäten. Klar, dass die Stelle in der scharfen Stadt Frankfurt für uns beide ein Traumjob war.

Frankfurt am Main wäre damals gern so etwas wie das Berlin der alten Bundesrepublik geworden: ein kleines Mainhattan, wo Luis Buñuels »Letzter Seufzer« zu meinen Lieblingsbüchern zählte. Besonders lieb war mir in dieser Lebensbeichte des großen Anarchisten die Stelle, in der er von seinem Lieblingscocktail erzählte. Sie ging so: »Um sich in einer Bar in einen Zustand der Träumerei zu versetzen und darin zu verweilen, braucht man englischen Gin. Mein bevorzugtes Getränk ist Martini dry. Er besteht vor allem aus Gin und einigen Tropfen Wermut, vorzugsweise Noilly-Prat. Die wirklichen Kenner, die ihren Martini gern ganz trocken trinken, behaupten sogar, man dürfe den Noilly Prat erst dann in den Gin geben, wenn ein Sonnenstrahl ihn berührt habe. Ein guter Martini dry, sagt man in Amerika, sei wie die unbefleckte Empfängnis. Bekanntlich habe dem heiligen Thomas von Aquin zufolge die befruchtende Kraft des Heiligen Geistes das Hymen der Jungfrau Maria durchquert wie ein Sonnenstrahl, der durch eine Glasscheibe fällt, ohne sie zu zerbrechen. Genauso sei es mit dem Noilly Prat. Das finde ich etwas übertrieben. Das Eis, das man verwendet, muss jedenfalls sehr kalt und sehr hart sein, damit es kein Wasser abgibt. Nichts ist schlimmer als ein feuchter Martini.«

Mittlerweile weiß ich natürlich: Es gibt Schlimmeres als einen feuchten Martini. Doch zurück zu unserem Schreibtisch bei »Pardon«. König unter den satirischen Witzfiguren des Hauses war in jenen Jahren »Pillen-Paule«, wie Paul VI. unter der Hand des genialen Zeichners Hans Traxler hieß, weil dieser Papst ein Jahr vor dem Festival der freien Liebe im amerikanischen Woodstock noch einmal von Rom aus den Siegeslauf der Antibaby-Pille aufhalten wollte. Traxlers Papst war deshalb ein abenteuerlicher Spaßverderber in einer Zeit, als »Spaß« die einzige Größe war, die die große Kulturrevolution unbeschadet überstanden hatte – zumindest als Prinzip.

1979 befand sich Europa in einer Nische der Weltgeschichte. Wer am Ende des großen Mordens in Europa geboren worden war, war jetzt 34 Jahre alt. Ich war 31. Es war der Höhepunkt der sexuellen Revolution. Aids war noch unbekannt, das Wort und die Sache. Ich hatte zwar nicht alles vergessen, was meine Eltern mir beigebracht hatten, aber vieles doch sanft entschlafen lassen. In der Redaktion galt ich als der fromme Freak, schlimmer noch, als Katholik. Ich hatte nichts dagegen. Zwar hätte ich den Job nie bekommen, wenn ich das bei meinem Bewerbungsgespräch gesagt hätte, doch jetzt hatte ich ihn. Ich musste meine Familie ernähren und höllischen Spaß machte es auch noch. Und noch mehr Humor als wir hatte der liebe Gott wohl selbst, dass er fünfzehn Jahre nach unseren gemeinsamen Abenteuern ausgerechnet von meinem Kollegen Albert Christian Sellner die Initiative zu jenem Buch ausgehen ließ, mit dem Kardinal Ratzinger seinen ersten wahren Welterfolg feiern konnte. Für die Ausführung dieser Idee brauchte es einen Helden wie Peter Seewald, dessen legendäres Gespräch mit Joseph Ratzinger 1996 als »Salz der Erde« den Erfolg vom »*Salt of the Earth*« der Rolling Stones von 1968 ablöste. Die Idee aber stammte von Albert.

Ich hingegen hatte ein Vierteljahrhundert später erstmals versucht, ein Buch über den Rosenkranz zu schreiben. Nicht über die Rosenkranz-Revolution, wie mein fürsorglicher Verleger wohlmeinend vorschlug, oder über »Die Hure und der Rosenkranz«, sondern über den puren Stoff selbst: über die heilige Wiederholung, einen Kranz aus Rosen, eine Kette von Perlen, eine Mühle von Gebeten, über 59 Kugeln und ein Kreuz, auf dem Königsweg aller Pilgerreisen, durch die letzten 1000 Jahre, zum Ende der Tage, als Reise nach Jerusalem: dem explosivsten Ort der Erde. Denn ich hatte mich in das Heilige Land verliebt, spätestens seit dem ersten Mal, als ich im Landeanflug auf den Flughafen Lod aus dem Fenster der El-Al-Maschine die lange Küste unter mir vorbei gleiten sah. Schon meine Mutter hatte mir in vielen Farben von seinen Hügeln und Städten erzählt, die sie nie gesehen hatte. In der Volksschule unseres Dorfes hatte ich, wie gesagt, erstmals die Landkarte des Heiligen Landes neben der Tafel bestaunt. Sofort hätte ich das Land mit verbundenen Augen befahren können, von der Küste hinauf nach Jerusalem, da oben rechts ab nach Bethlehem oder weiter geradeaus durch die Wüste hinab nach Jericho, da unten links hinauf zum See Genezareth und so weiter.

Das Heilige Land war seit Jahrzehnten meine Passion geworden – oder meine »*amour fou*«, wie die Franzosen sagen würden. Es gebe ein Leben vor und ein Leben nach Jerusalem, pflegte ich Freunden zu sagen, um ihnen zu erklären, warum ich »*knatschjeck*« nach der Stadt war, wie man in Köln sagen würde. Ich kam nicht mehr davon los. Es war das »*Jerusalem-Syndrom*«. Zahlreiche Artikel und Berichte hatte ich über diese Reisen geschrieben; meine ersten vier Bücher kreisten um

Jerusalem wie Adler über ihrem Nest. Ich studierte die Geschichte des Heiligen Landes mit allem, was mir unter die Hände kam. Jede Gelegenheit nutzte ich, wieder hierhin zurück zu kommen, und jeden Vorwand. Die Landkarte des Niederrheins kannte ich nicht so gut. Jedenfalls war ich dem schmalen Land zwischen Küste und Wüste verfallen wie andere Männer einer rätselhaften Frau – und auch dem größeren Heiligen Land. Also nicht nur Israel und Palästina, auch Jordanien, Syrien, Ägypten und dem Libanon, all jenen Orten, die Jesus betreten hat, bis zu dem alten Chaldäa im heutigen Irak, wo Abraham einmal in das Gelobte Land aufbrach. Da möchte ich heute noch hin.

Doch dann wurde ich eines Tages – im Jubeljahr 2000 – nicht mehr als Reisender, sondern als Bürger Jerusalems in der Stadt wach. Plötzlich wohnte ich nicht mehr am Münchener Thierschplatz, sondern zwei Minuten vom Damaskustor entfernt. Ein Wunder wird das keiner nennen können. Ein Hammer war es dennoch, zumindest für mich – und für Ellen an meiner Seite, die nun plötzlich meine alte Liebe mit mir teilen sollte. In Jerusalem zu leben und nach Jerusalem zu reisen war kein Unterschied wie Tag und Nacht oder wie zwischen Himmel und Erde. Es war auch kein umgedrehtes Fernrohr, oder welche Vergleiche einem sonst noch durch den Kopf gehen mögen für einen vollkommen verschiedenen Blickwinkel auf den gleichen Ort. Oft wurde ich in der Früh wach und ging auf die Helena Hamalka Street hinaus und schaute in den sternübersäten Himmel hoch und konnte es kaum fassen, hier plötzlich zu *leben*, eine Viertelstunde vom Golgatha entfernt, und lauschte den Stimmen der Nachtigallen und Muezzine. Alles hatte sich vollkommen geändert, auch meine Liebe zu Jerusalem. Sie wuchs von Tag zu Tag noch mehr.

Diese größere Liebe jedoch hatte nicht einfach mit einer nun größeren Intimität mit der Stadt zu tun. Im Gegensatz zu den meist einsamen Reisen des rasenden Reporters von früher, waren wir diesmal nicht mit einem fetten Spesenkonto, einer Stange Zigaretten und einer Reisetasche voller schlauer und weniger schlauer Reiseführer und Bücher hier unterwegs, sondern mit einem Rosenkranz auf der Zigaretten-Ablage zwischen dem Fahrersitz und dem Beifahrersitz unseres Audi. Es war keine neue Erkenntnis, sondern ein neues Handwerk, das diesmal meine Sicht veränderte. Sich dem Heiligen Land im Gebet und nicht nur im Gerede zu nähern, lag ja eigentlich nah. Ich war früher nur nie darauf gekommen. Wunderbar eignen sich für solch eine Annäherung natürlich die Psalmen, die in der Mehrzahl in Jerusalem selbst verfasst wurden. Es eignet sich in besonderer Weise aber auch der Rosenkranz dafür. Er wurde zwar nicht hier geschrieben, aber er betrachtet Schlüsselszenen der Heilsgeschichte immer neu, die hier gelebt und erlitten wurden. Von zwanzig verschiedenen Geheimnissen des Rosenkranzes haben sich allein zwölf in Jerusalem zugetragen. Dass er zum Teil von Engeln und im Himmel geschrieben wurde, werde ich später noch erzählen. Auf der größten Reise unseres Lebens wurde er uns jedenfalls selbst zum Schlüssel.

Darum musste ich irgendwann darüber schreiben. Ich hätte einiges tun können – und habe es getan –, um diesem Buch auszuweichen. Denn für Journalisten gibt es ja kaum eine explosivere Gegend als das Heilige Land. Nicht nur Sprengfallen von Selbstmördern, auch Wörter können hier in den Händen von Berichterstattern leicht hochgehen wie Handgranaten. Das allergrößte Tabu der westlichen Moderne aber, haben wir in diesem Minenfeld auch erfahren, ist der betende Mensch. Natürlich kann mit der »*stiff upper lip*« meiner britischen Kollegen sehr schön über die üblichen Verdächtigen in einer Moschee berichtet werden, oder über Beter an der Klagemauer, oder die Gebete russischer Babuschkas im Dämmer einer alten Kirche, nur öffentlich von einem Selbstversuch zu sprechen, geht nicht. Seit Menschen auf zwei Beinen gehen, haben sie gebetet. Im letzten Jahrhundert aber hat die Öffentlichkeit Europas für Beter (wenn sie nicht zufällig auch noch Papst sind) beinahe nur noch die Gummizelle parat, oder ein mitleidiges Lächeln.

Wie es dazu kam, ist unklar und soll hier nicht beschrieben werden. Hatte inzwischen vielleicht jemand das große Nichts hinter allen Dingen entdeckt und nachgewiesen? Den Entdecker möchte ich sehen. Dennoch: Beten gilt als doof, nicht zu beten als aufgeklärt und schlau, vom Gebet zu reden als obszön. Zumindest ist es so unmodern geblieben wie unter den Nazis oder den Sowjets. Diesen Teil der Weltanschauung der »Einsatzgruppen« der SS und der Genickschusskommandos des NKWD haben wir bedenkenlos beibehalten. Bordell-Besuche im Detail nachzuzeichnen ist kein Problem. Detailliert von Abenteuern mit Strichjungen im Park erzählen? Bitte sehr! Doch über die Zwiesprache mit Gott schweigen Gentlemen mit der gleichen Zurückhaltung, wie wenn die arme Mutter plötzlich anfängt, mit dem verstorbenen Vater oder mit der Wand zu reden. Persönlich hätte ich es auch gern vermieden, davon zu sprechen, weil es für Gläubige meiner Generation als interessanter galt, Revolution zu spielen (doch mit richtigen Toten), nach Indien zu pilgern, Hare Krishna zu singen und plötzlich rote Gewänder zu tragen, zum Islam oder zum Judentum zu konvertieren, in Tanger eine Geschlechtsumwandlung vornehmen zu lassen oder im Bett einer Geliebten von ihrem Ehemann erschossen zu werden, aber um Himmels Willen nicht unterwegs auf alten Pilgerwegen mit dem Rosenkranz erwischt zu werden wie die eigene Großmutter.

Doch ich ging nicht auf dieses Buch zu. Es kam auf mich zu.

Hier unternehme ich deshalb den Versuch noch einmal, dies alles in den Rechner und auf Papier zu bringen, bevor es mir demnächst – Gott behüte – vielleicht die Sprache verschlägt oder das große Vergessen mich heimsucht und alles mitnimmt, wovon ich noch erzählen muss. Jetzt, wo ich mich daran setze, sehe ich allerdings, dass ich große Teile davon schon längst geschrieben habe, andere habe ich erlebt. Anders als bei früheren Büchern ist die restliche Arbeit deshalb diesmal weniger ein Akt des Schreibens als ein Sieben des eigenen Lebens, wie man Sand siebt, um Nuggets zu gewinnen. Bei »Pardon«

habe ich das Zeitungshandwerk gelernt, na ja, zumindest ein paar Tricks, später war ich einige Jahre Geschichtslehrer, danach Reporter. Inzwischen bin ich Korrespondent in Rom geworden. Diesmal sollen es also keine Lehrlingsstücke oder Schulstunden, sondern Reportagen und Berichte sein, mit denen ich von den abenteuerlichsten Wegen und Zielen der Christenheit, von der Schicksalslandschaft des blauen Planeten im Heiligen Land und von dem eigenwilligsten und folgenreichsten Gebet des Westens – und meines Lebens – erzähle.

Karl der Große

Sonntag, 26. März 2000, Papst Johannes Paul II. bei einer Rast auf seinem Weg zum Golgatha, in der Sankt Jakobs Kathedrale der Armenier in Jerusalem

Wie ein Mann aus dem Osten – jenseits der Mittelerde – plötzlich auf den vornehmsten Thron des Westens katapultiert wurde und in Frankfurt am Main einen arbeitslosen Referendar zu einem Journalisten und Chronisten seines letzten Willens machte.

Zwei Jahre vor meinem Dienstantritt bei »Pardon« hatte ich mein Geschichtsexamen abgelegt und mich seitdem mit Gelegenheitsjobs über Wasser gehalten, weil für Gymnasiallehrer nicht genügend neue Stellen frei waren. Knapp vier Monate vorher war Karol Wojtyla über dem Petersplatz in Rom vor die Kameras aller Sender der Erde getreten. Ich war arbeitslos, als die Kardinäle in Rom den Mann aus dem Osten zum neuen Papst wählten, und ich hatte keine Schüler, denen ich die Sache erklären konnte. So fuhr mir der historische Paukenschlag vor allem nur selbst in die Glieder. Es war Johannes Paul der Große, der da plötzlich über Nacht die Bühne der Welt betrat, das spirituelle Genie des letzten Jahrhunderts. 27 Jahre beschlagnahmte er vom Moment seiner Wahl an das Augenmerk der Menschen wie keiner vor ihm, weder die Imperatoren der Antike, noch die Pharaonen, noch die großen Tyrannen, noch irgendein Wohltäter der letzten Jahrtausende: als der erste wirklich allgegenwärtige Mensch des Medienzeitalters, als Pilger um den Globus und überall groß, in seiner Unbeugsamkeit, seinem Glauben. In seiner Hoffnung. Als Beter.

Am Schluss aber war er am größten in seinen Leiden. Als es ihm die Sprache verschlug. Deutlicher als Menschen jemals die Wundmale des heiligen Franziskus sehen konnten, erschienen schließlich seine Hörgeräte in Großaufnahme auf den Bildschirmen, seine groß gewordenen Tränensäcke, seine zitternden Hände, die er nur an seiner Stirn zur Ruhe bringen konnte. Am Schluss war er ein »Schauspiel für Engel und Menschen« geworden. Man sah den Speichel, der ihm von den Lippen troff wie einem beliebigen anonymen Greis in einem Pflegeheim, und wie er dennoch als Schwerbehinderter weiter in seiner roten Königstoga von seinem Rollstuhl aus die Behinderten segnete, die in ihren Rollstühlen an ihn heran geschoben wurden. »Zeige deine Wunde!«, heißt ein berühmtes Kunstwerk von Joseph Beuys. Der Papst, der auch ein Künstler und Dichter war, zeigte am Schluss seine vollkommene Hilflosigkeit. Keiner sprach von den Windeln, in die dieser ehemalige Sportler inzwischen wohl ebenso gepackt werden musste wie unzählige andere Greise, doch jeder sah, er konnte körperlich nichts mehr selber tun, nur noch segnen, beten, den Gottesdiensten vorsitzen. Er konnte nicht mehr aufstehen, er konnte nicht mehr stehen und gehen, er konnte nicht einmal mehr in seinen alten Mercedes 600 einsteigen, in dem er sich noch bis zum Juni 2004 durch Rom chauffieren ließ, als einsamer weißer kleiner gebückter Mann auf dem Rücksitz – und dachte doch nicht daran, sich zu verstecken. Die Würde des Alters, der Siechen und Kranken, die er ein Leben lang verteidigt hatte, bezeugte er am Schluss mit seinem eigenen Alter, seinem eigenen Siechtum, seinen mannigfaltigen Krankheiten, und das alles zählt zu seiner Größe.

Zum Allerkleinsten zählt dagegen, dass er mich 1978 zum Journalisten gemacht hat. Als er gewählt wurde, konnte ich nicht anders, da musste ich mit dem Schreiben beginnen. Wie ein Blitz war seine Wahl in mich gefahren. Nur Wochen vorher hatte ich im Autoradio die Totenfeier seines Vorvorgängers gehört, war an den Straßenrand gefahren und lauschte arabischen Gesängen vom Petersplatz, als Paul VI. dort in einem schlichten schmucklosen Fichtensarg aufgebahrt lag. Aller Pomp war dahin. Ein Zeitalter war zu Ende, ein neues war angebrochen. Als ich kurz danach am Fernsehen verfolgte, wie Johannes Paul I. als »lachender Papst« nach seiner Wahl über dem Petersplatz erschien, dachte ich deshalb nur augenblicklich: Das ist der Falsche! Mit diesem Mann würde das neue Zeitalter nicht anfangen, das so deutlich in der Luft gelegen hatte. – Wahrscheinlich aber hatte ja damals schon das Zeitalter der Beschleunigung angefangen, das wir heute überall beobachten. Denn nur 33 Tage später rief mich meine Mutter an und sagte, der neue Papst sei gestorben, und ein paar Tage später noch einmal mit der Nachricht, der nächste Papst sei ein Pole!

Die Nachricht war wie ein Feuerzeichen am Himmel. Denn Polen lag am 16. Oktober 1978 für meine Generation noch im Land »Mordor«, jenseits der Mittelerde, fern von allem, besonders aber von Frankfurt am Main. Wie mit einem Lineal durchzog der Eiserne Vorhang die Landkarten in den Gehirnen und teilte die Welt von Europa aus in zwei unverbundene Hälften. Im Westen war schon lange nicht mehr geläufig, dass Wien weiter im Osten lag als Prag. Der Osten war das andere, er war das in jeder Hinsicht Ferne. Und nun war mit einem Mal ein Mann aus dieser Ferne, aus der Kälte, aus dem Dunkel ins Zentrum der universalen Kirche katapultiert worden, in das gleißende Oktoberlicht Roms, der alten Hauptstadt der Welt. Jetzt müsste und würde sich alles ändern! Es war die Rückkehr der Geschichte nach bleierner Zeit. Genau das schrieb ich auf: Alles würde dieser Mann verändern! In einer Welt ohne Übergänge und Durchgänge ließ mich seine Wahl plötzlich von einem Brückenbauer träumen, von einem wahren »*Pontifex maximus*«, wie seit alter Zeit der Titel der Päpste lautet: ein Türaufreißer zwischen Ost und West. Wer konnte dazu besser geeignet sein als dieser Mann aus Krakau in Rom?! Ja, schon die Wahl war ein Wunder. Er würde zu einem Motor der Weltpolitik werden, daran bestand für mich kein Zweifel. Wahrscheinlich gingen mir deshalb bei der Niederschrift meines allerersten Artikels auch ein wenig die Pferde durch. »Vielen Dank für Ihren Leserbrief«, hieß es jedenfalls lapidar in der Antwort, mit der mir Kollegen der »Frankfurter Allgemeinen Zeitung« mein Debüt als Journalist quittierten.

Der Papst seinerseits tat alles, um mich von da an mit jedem seiner Schritte zu rechtfertigen. Schon am 22. Oktober 1978 rief er in einer ersten Botschaft die Menschen auf, »die Tore einzureißen«. Nur Tage nach seiner Wahl war er zum Staunen der Welt geworden – und zum Schrecken der alten Unordnung. »Ohne Johannes Paul II. wäre die Wende in Osteuropa nicht möglich gewesen«, erklärte Michael Gorbatschow zwölf Jahre später. Es war wirklich die Rückkehr der Geschichte nach bleierner Zeit. Sturm fuhr in den Eisernen Vorhang. Ein einziger Mann löste diese Erschütterung aus, in seiner Linken einen Pilgerstab und in seiner rechten Faust eine unscheinbare Perlenschnur. Als Pilger machte Karol Wojtyla den Vatikan wieder zu einem weltpolitischen Faktor wie kein Renaissance-Papst. Er macht ihn zur kleinsten Weltmacht – und ich bin ihm bei seiner abenteuerlichen Reise durch die Geschichte an vielen Stellen begegnet. Doch wohin ich auch kam, er war immer schon vorher da, in Polen oder in Mexiko, bei der Madonna von Tschenstochau oder bei der Jungfrau von Guadalupe, der er sein Amt auf seiner ersten Auslandsreise im Januar 1979 wie ein Minnesänger weihte und wie ein Kreuzfahrer zu Füßen legte. Im Heiligen Land aber kam er auf seiner großen Pilgerreise im Jahr 2000 fast gleichzeitig mit mir an. Ich hatte in Jerusalem gerade meinen PC angeschlossen, als er wie Moses auf dem Berg Nebo am Toten Meer auftauchte. Diese Pilgerreise sei der »Scheitelpunkt einer Revolution«, schrieb Rabbi David Rosen in der *Ha'aretz*.

Vor unserem Haus war eine wuchernde Hecke mit Passionsblumen übersät, in deren Blütenkelchen Christen früher einmal kleine Hämmer, Nägel, Geißeln und die Dornenkrone zu erkennen meinten, mit denen Jesus in Jerusalem zu Tode gebracht wurde. Meine Mutter hatte mir als Kind erzählt, die Blüten würden sich nur einmal im Jahr öffnen. Das mag sein. Doch hier vor unserem Haus blühten sie nun das ganze Jahr, eine neue Blüte nach der anderen: weiß, gelb und violett.

Unter dem Vesuv

Donnerstag, 7. Oktober 2004, der Vesuv über den Ruinenfeldern von Pompeji

Das Vermächtnis des obersten Brückenbauers, das noch in 500 Jahren die Lippen der Menschen bewegen wird, und eine unglaubliche Love-Parade: ein menschlicher Mississippi zu einem Frühling des Rosenkranzes.

Als der Papst fünf Jahre später starb, hatte er ein neues Zeitalter aufgeschlagen, wie andere die Seite in einem Buch umschlagen. Doch jetzt kam schon seit Tagen kein Wort mehr aus seiner Kehle. Am Sonntag zuvor ging ihm, der sich 26 Jahre lang an jedem Ostermorgen in über 60 Sprachen an die Völker der Erde wandte, oben am Fenster seines Palastes endgültig keine einzige Silbe mehr über die Lippen. Er spreizte seine Hände. Sein Blick ging nach oben, sein Mund öffnete und schloss sich. Ich stand unter dem Fenster und heulte.

Er fuhr mit der Hand zur Stirn, er verdrehte seinen Hals unter der purpurroten Stola, die ihn schon schmückte, als er am 16. Oktober 1978 erstmals über dem Petersplatz erschien. Doch diesmal war über die großen Lautsprecher nur der Wind zu hören, in den sich das Fauchen seines Atems mischte. Viele weinten und applaudierten gleichzeitig. Die ganze Welt schaute zu. Nur die Hände des Papstes blieben nicht stumm, als er wie in alten Tagen die Menschen dreimal kreuzweise zum Osterfest segnete. Bevor die winkende Hand wieder rückwärts in das Zimmer zurück geschoben wurde, schob er den Kopf vor und zurück in den Kragen seiner Soutane wie ein weißes Vogeljunges in seinem Nest, das endlich, endlich fliegen will.

Seitdem hatten Pilgerströme aus aller Welt nicht mehr nachgelassen, die unter sein Fenster strömten. Tag und Nacht hörten wir die Füße der Pilger unter unserem Fenster, dazu römische Nachtschwärmer, Taxifahrer und Nonnen aus aller Welt, die unter seinem Fenster gemeinsam beteten. Auf die Nachricht, dass die Herztöne des Heiliger Vaters schwächer geworden seien, bekam der Petersplatz einen schwingenden Rhythmus, ein pulsierendes An- und Abschwellen. Als sich die Nachricht auch in den Nachtclubs herumgesprochen hatte, tauchten Partygänger auf. Die Mädchen bauchfrei, auf hohen Stilettos, die jungen Männer in Lederjacken, in den einen Hand den Mopedhelm, in der anderen den Rosenkranz. Der »Samstag vom Herzen Mariens« war gerade zu Ende gegangen, ein Lieblingsfest des Papstes, das nach dem spektakulären Sonnenwunder in Fatima am 13. Oktober 1917 dem Kalender eingegliedert worden war. Jetzt war die Sonne untergegangen; Zehntausende waren auf den Platz geströmt. In den letzten Tagen hatten sie dem Papst hier unten einen Teppich aus Gebeten unter sein Krankenlager geschoben, einen Rosenkranz nach dem anderen. Gesichter, so weit das Auge reichte, die alle gebannt zum schwachen Licht hinter dem Fenster da oben in dem Palast schauten.

Das war die Stunde, als auch wir zufällig unter das Fenster des sterbenden Papstes kamen. Es war so lau und lind, ein wahrer Frühlingsabend. Mein Bruder Pitter aus München war dabei, mein Schulfreund Dieter aus Schaag und seine Frau Mariet aus Holland, die gerade in Rom angekommen waren, das erste Mal in ihrem Leben. Jeder kann sie als Zeugen befragen, der die folgende Geschichte nicht glaubt. Wir hatten eine Pizza im »*La Vittoria*« in der Via delle Fornaci gegessen, hinter den Kolonnaden. Wir wollten nach Hause. Gerade überquerten wir den Petersplatz, als wir in der Menge stecken blieben, Rosenkranzbeter vor, hinter und neben uns, in einem einzigen Ein- und Ausatmen, als um 21.37 Uhr mein Handy klingelte. »Der Papst ist tot«, sagte unsere Tochter Christina. Sie hatte es bei Radio Vatikan gehört. Applaus brandete gleichzeitig auf dem Petersplatz auf. Vorn im linken Campanile begann die Andreas-Glocke zu schlagen, schwer und traurig. Die Pilger und Römer begannen einen neuen Rosenkranz. Applaus unterbrach das Gebet jedes Mal von neuem, sobald ein Bild des Papstes auf vier großen Bildschirmen links und rechts am Kopf des Petersplatzes erschien. Oben in seinem Palast, wo eine Kerze neben seinem Bett gebrannt hatte, flammten plötzlich hinter allen Fenstern in allen Zimmern alle Lampen auf. Der Rosenkranz war seiner Hand entglitten, die Bewegung seiner stummen Lippen hatte ausgesetzt. Papst Johannes Paul II. war tot.

Als ich drei Jahre zuvor von Jerusalem nach Rom versetzt worden war, hatten mich die Kollegen in Berlin als Erstes nach meiner Ankunft schon um einen Nachruf auf den Papst aus Polen gebeten und gefragt, ob jetzt nicht endlich die Zeit für seinen Rücktritt gekommen sei. Sein Keuchen und Dahinsiechen sei ja nicht mehr anzusehen. Doch im gleichen Frühling brach Johannes Paul II. noch einmal als Pilger nach Aserbaidschan und Bulgarien auf und im Sommer nach Kanada, Guatemala und Mexiko. Ich war nicht der einzige unter den Korrespondenten Roms, dem darüber fast die Puste ausging. Danach sah es wie eine Kleinigkeit aus, als der alte Mann am 16. Oktober 2002 auf dem Petersplatz feierlich ein »Rosenkranzjahr« für die katholische Kirche ausrief. Schon wieder kam ich eher zufällig auf den Petersplatz. Herrliche Musik hatte mich angezogen, himmlische Stimmen. Nichts könne er der Menschheit mehr empfehlen als den Rosenkranz, sagte er gerade, als ich einen Platz für mich gefunden hatte. Damit wolle er die Feierlichkeiten vorbereiten, die im folgenden Jahr das 25. Jahresjubiläum seiner Wahl zum Papst krönen sollten. In der Höhe leuchtete das Mosaik der »MATER ECCLESIAE« aus dem Architekturgebirge über dem Petersplatz auf, das er vor Jahren dort hatte anbringen lassen. Gott habe »Mächtiges an ihm getan«, rief der gebeugte Mann kraftvoll aus.

Ein glänzend blauer Himmel wölbte sich über den Platz. Neben seinen Stuhl hatte der Greis in Weiß ein Gnadenbild Marias aufstellen lassen, das aus Pompeji hergebracht worden war. Bevor er zum Füller griff, um das Dokument mit dem Titel »*Rosarium Virginis Mariae*« zu unterschreiben, wurde links von ihm ein lateinisches »Magnifikat« gesungen, dreistimmig, der alte Lobgesang Marias: »Meine Seele preist die Größe des Herrn, / und mein Geist jubelt über Gott, meinen Retter. ...«

Danach rief er feierlich ein »Rosenkranzjahr« aus und fügte dem alten Gebet, das sich seit tausend Jahren in der Welt des Westens »unter dem Wehen des Geistes Gottes entwickelt« habe, fünf Geheimnisse hinzu. Zu der alten Gliederung des »freudenreichen« Rosenkranzes über die Jugend Jesu, des »schmerzensreichen« über seine Passion und des »glorreichen« über die Verherrlichung sollte in Zukunft in einem neuen »lichtreichen Rosenkranz« auch noch das öffentliche Leben Jesu in fünf Schlüsselszenen betrachtet und umkreist werden. Den Titel für den neuen Gebetszyklus hatte er dem Bericht über die Verklärung Christi entnommen: »Und er wurde vor ihren Augen verwandelt; sein Gesicht leuchtete wie die Sonne.«

Leichter Abendwind, auf den in Rom immer Verlass ist, kam aus dem Westen auf, als er seinen Namen unter das Papier setzte: »Ioannes Paulus pp II«. Seit dem Jahr 1572 hatte kein Papst mehr solch einen Eingriff gewagt. Seit Lepanto nicht. Das ist – wie manche vielleicht wissen – eine erlesene Brandy-Marke Spaniens. Ein besserer Markenname für das edelste Getränk des Hauses Osborne war den Weinbrandbrennern nicht eingefallen als der Ort der berühmtesten Seeschlacht aller Zeiten. Es war der überraschende Sieg über die Türken, der Europa vor der Balkanisierung und Islamisierung bewahrte und verhinderte, dass der Petersdom in eine Moschee verwandelt wurde. Es war das Wunder vom 7. Oktober 1571, als in der Straße von Korinth ein wackeliges Verteidigungsbündnis der Christen Europas die weit überlegene Flotte der Osmanen in einem Treffen schlug, gegen die alle Seeschlachten der beiden Weltkriege nur Geplänkel waren, der Angriff der Japaner auf Pearl Harbour und der Terroristen von Al Kaida auf die Twin Towers inklusive. Die Seeschlacht von Lepanto kostete rund vierzigtausend Gefallene an einem einzigen Tag das Leben. Bis dahin schien der Vormarsch der Türken unaufhaltbar. Als die Flotte der Christen im Morgengrauen vom Westen her in das Ionische Meer hinein segelte, traf sie direkt hinter der Meerenge auf die Schiffe der Osmanen. Es war eine perfekte Falle, die am Abend dennoch mit dem gewaltigsten Sieg der Christenheit endete. – Pius V., der die Koalition der christlichen Seemächte zustande gebracht hatte, hatte gleichzeitig zu einem Sturmgebet des Rosenkranzes aufgerufen. Während die Schlacht noch auf dem Meer tobte, zogen in Rom betende Bruderschaften durch die Straßen. Schon in der Stunde des Sieges teilte der Papst seinen Vertrauten eine Vision mit, die ihn gerade von dem Triumph der Christen unterrichtet hätte. Der Rosenkranz hatte damals nach Ansicht des Papstes Europa gerettet. Danach erklärte Pius V. den 7. Oktober zum Festtag »Unserer Lieben Frau vom Sieg«, bevor er später in den Festtag »Unserer Lieben Frau vom Rosenkranz« umbenannt wurde.

Den heiligen Papst hatten wir inzwischen schon in seinem Glasschrein in der Basilika Santa Maria Maggiore besucht. Doch das 59 Seiten starke Schreiben, das Johannes Paul II. damals unterzeichnete, habe ich erst jetzt vollständig gelesen. Damals habe ich nur darin geblättert. Zu viele unerledigte Aufgaben drängten die Lektüre beiseite. Im Oktober 2002 aber hatte er sein Schreiben über den Rosenkranz kaum unterschrieben, als es Ellen und mich nach Pompeji drängte. Am nächsten Wochenende waren wir da; wir gingen unterhalb des Vesuvs in Torre el Greco Fisch essen und schauten uns in der Krypta der Basilika den seligen Rechtsanwalt Bartolo Longo in seinem Glassarg an, den der Papst in seinem Schreiben mit den Worten zitiert hatte: »Wer das Rosenkranzgebet verbreitet, ist gerettet!« Der Mann, der da mit einer Silbermaske und dem Mantel der Ritter vom heiligen Grab von Jerusalem ruht, war ein Spiritist, bevor er hier zum »Apostel des Rosenkranzes« wurde. »Er war ein Satanist«, sagte unsere Hotelbesitzerin, »den der Rosenkranz in einen Heiligen verwandelte.« Der Wind trieb Wolken als kleine Boote durch das Blau über den mächtigen Vulkan. Es war herbstkühl geworden nach dem großen Sommer, in dem die Erinnerungen immer noch nicht weichen wollten, die sich wie Kumulus-Wolken über unserem Leben auftürmten, seit wir im Frühling in Rom angekommen waren, bevor wir davor zwei Jahre lang das Heilige Land durchstreift hatten. »Am Beginn eines neuen Jahrtausends«, sagte nun der Papst, »welches mit den Schauder erregenden Bildern des Attentates vom 11. September 2001 begonnen hat und jeden Tag in vielen Teilen der Welt neue Szenen von Blut und Gewalt aufweist, bedeutet die Wiederentdeckung des Rosenkranzes, sich in die Betrachtung des Geheimnisses dessen zu vertiefen, der ›unser Friede ist‹, indem er ›die beiden Teile vereinigte und die trennende Wand der Feindschaft niederriss‹.« In Jerusalem hatten wir jedoch erlebt, wie die trennende Wand der Feindschaft zwischen Israelis und Palästinensern jeden Tag ein paar Meter mehr in die Höhe wuchs. Man könne »den Rosenkranz nicht beten«, sagte jetzt der Papst ohne »besonderes Augenmerk auf das so schwer geprüfte Land Jesu, das uns Christen so teuer ist«. Es war das Heilige Land, das ich auch in Italien noch jede Nacht neu in meinen Träumen bereiste. »*He's gone native*«, hätte man dieses Phänomen in den Tagen des British Empire genannt, erklärte mir ein erfahrener Kollege, wenn ein Kolonialbeamter angefangen habe, plötzlich mit der einheimischen Bevölkerung zu fühlen. Ich hätte im Heiligen Land einen »*shellshock*« erlitten, sagten wohlmeinende Freunde.

Wie auch immer. Knapp ein Jahr später waren wir wieder in Pompeji, diesmal aber nicht allein, am 7. Oktober, dem Festtag Unserer Lieben Frau vom Rosenkranz. Menschenmassen waren aus allen Ecken und Winkeln Kampaniens vor die Marienbasilika geströmt. Eine Hubschrauberstaffel tauchte über Neapel auf. Der Papst nahm nun wirklich Abschied, zuerst von der Welt, dann von Europa, jetzt von Italien. Darum hatte mein Chef in Berlin mich schon wieder losgeschickt. Ellen hatte mich gefahren. Am Abend vorher waren wir schon angekommen und hatten uns in aller Früh vom Hotel zu dem Hauptplatz vorgekämpft. Wir hatten Platz neben dem Block der Strafgefangenen bekommen, die aus dem Zuchthaus vor die Marienbasilika gebracht worden waren.

Um den neuen »lichtreichen Rosenkranz« im Wechsel mit dem Papst zu sprechen, hatten die schweren Jungs Ehrenplätze rechts vor der Tribüne in der dichten Menge bekommen, neben Nonnen aus Neapel und einem lokalen Gesangverein. Als Johannes Paul II. endlich auf seinem Rollstuhl vor die Madonnen-Ikone geschoben wurde, heulten einige hemmungslos. Andere rissen ihre tätowierten Arme in die Luft. Zwanzig Meter vor uns lächelte der krank und alt gewordene Papst selig in sich hinein wie ein frisch genährter Säugling auf dem Schoß seiner Mutter, als er den Perlenkranz empor hob und mit der Menge zu beten begann. Nach der Feier war es fast unmöglich, mir durch die Massen einen Weg zurück auf mein Zimmer zu bahnen, um gegen die Uhr meinen Bericht in den Laptop zu tippen und nach Berlin zu funken. Ich war viel zu spät dran.

SEIN TESTAMENT nannte ich das Stück in großen Lettern. Danach schrieb ich den Text beinahe blind zu Ende: »Schwere Wolken hängen über dem Krater des Vesuvs. Undurchdringliche Massen wälzen sich am Fuß des Vulkans durch alle Straßen Pompejis. In der Via Lepanto stockt fast der Atem, und endlich jeder Schritt. Denn es ist keine Lava, die sich durch die Stadt ergießt. Es sind Menschen, die den Papst noch einmal sehen wollen, der sich hier vor 24 Jahren für seine Wahl bedankte, damals noch lächelnd, stark, heiter – und wo er jetzt Abschied nimmt, schwach und alt und krank geworden.«

Er konnte schon nicht mehr gehen, er konnte nicht mehr stehen, er konnte kaum noch sprechen. Doch für die Reise nach Pompeji hatte er sich noch einmal von den Rotoren eines Hubschraubers die Knochen durchschütteln lassen. Er sah gerädert aus, als er auf dem alten Sportplatz der Gladiatoren in den Ruinen aus der Maschine getragen wird – und glücklich. In diesem Moment war er beides. Als er vor der Basilika ankam, lächelte er wieder, endlich, der sonst nur noch mit Schmerzen eine Miene verziehen konnte. Hierhin hätte er sich auch noch auf einer Bahre tragen lassen. Der Himmel riss auf über der herbstkalten Stadt, als der Papst zusammen mit der Bevölkerung diesen Kranz erstmals gemeinsam betete, dem er in fünf neuen »Geheimnissen« nun auch noch das Glitzern des Jordan eingefügt hatte, Wasser und Wein aus den Brunnen Kanas, das blumensatte Grün der Hügel Galiläas, das Licht des Berges Tabor und das Leuchten des Zionsberges in Jerusalem. Sicher war für mich, dass er diesen Rosenkranz als sein Testament verstand. Das schrieb ich auf.

Denn in 500 Jahren wird den Menschen die ruhmreiche Sowjetunion und ihr Zusammenbruch so fern sein, wie uns schon lange die Einfälle der Mongolen geworden sind. Auch der unermessliche Anteil des Papstes an der Befreiung vom Joch der totalitären Herrschaft über die Hälfte des Erdkreises wird dann nur noch Geschichte sein. Die Erweiterung des Rosenkranzes aber wird auch dann noch unzählige Lippen und Herzen bewegen. Die Vervollständigung seines Lieblingsgebetes war sein wahres Vermächtnis. Darum war er noch einmal nach Pompeji gekommen, um diesen Akt mit letzter Kraft gegenzuzeichnen. Daran wollte er in Pompeji überhaupt keinen Zweifel lassen, wo die Wiederbelebung der antiken Stadt im 19. Jahrhundert durch Bartolo Longo als »*Città di Maria*« nur als ein Wunder begriffen wird. Vor 100 Jahren stand hier ein Dorf mit 300 Seelen, wo jetzt 30.000 Menschen wohnen. Die Stadt, die im Jahr 79 »von den Furien der Natur verschlungen worden ist«, sei auch ein Symbol für die noch viel grausameren Wunden, die sich die Menschen im Krieg zufügten, und für die Versöhnung, zu der sie auch fähig seien, sagte ein Monsignor Sorrentino in seinem Grußwort an den Papst.

Diesen Hintergrund müsse jeder mit in den Blick nehmen, der verstehen wolle, warum Johannes Paul II. im letzten Jahr das alte Gebet ein weiteres Mal veränderte, schrieb ich zum hastigen Schluss, um es wieder einmal in ein Sturmgebet zu verwandeln, nun allerdings nicht mehr für den Sieg, sondern für den Frieden, besonders im Heiligen Land, auf dessen Tragödie er in fast jeder seiner Ansprachen voller Schrecken hinweise. »7. Oktober 2003« schrieb ich unter den Text, verband den Laptop mit dem Handy, wählte die Nummer der Redaktion und drückte die »Sende«-Taste, gerade noch rechtzeitig, bevor ich aufs Bett fiel wie ein angezählter Boxer. Es war ein düsteres Hotelzimmer. Doch ich war glücklich und erhob mich auch schon wieder, um mit Ellen in einer Osteria nebenan endlich essen zu gehen, viel zu spät schon, doch mit umso größerem Hunger. Der Kellner brachte gerade eine dampfende Schüssel Nudeln an den Tisch, als eine Kollegin aus Berlin mich noch mit der Bitte anrief, ob ich in 20 Zeilen noch schnell zusammen stellen könnte, was ein Rosenkranz denn überhaupt sei.

Ich nahm die Serviette, kritzelte darauf ein paar Sätze und ging vor die Tür, um sie über das Handy noch nach Berlin zu geben: »Der Rosenkranz. – Das Rosenkranzgebet hat seinen Namen von einer Perlenkette mit fünf großen und 50 kleineren Perlen, die die Betenden als taktile Hilfe durch die Finger gleiten lassen. Bei den großen Perlen wird in gleichmäßigem Rhythmus ein Vaterunser gebetet, bei zehn kleinen jeweils ein Ave-Maria. Jeden dieser Teilabschnitte nennt man ein ›Gesätz‹, in dem jeweils ein Geheimnis der christlichen Heilsgeschichte reflektiert wird. Das sind im ›freudenreichen Rosenkranz‹ Ereignisse der Kindheitsgeschichte Jesu, im ›schmerzensreichen Rosenkranz‹ die Begebenheiten der Passion und im ›glorreichen Rosenkranz‹ die Auferstehung Christi mit ihren nächsten Folgen. Diesen drei traditionellen Zyklen hat Johannes Paul II. im Oktober 2002 einen vierten ›lichtreichen Rosenkranz‹ hinzugefügt, der verschiedene Ereignisse aus den letzten drei Lebensjahren Jesu beleuchtet.«

Warum das »Gesätz« nicht »Gesetz« heißt, wusste ich selber nicht. Doch in deutschen Redaktionen war das alte europäische Gebet ohnehin völlig unbekannt geworden. Am gleichen Abend war das Stück schon Wort für Wort ins weltweite Netz gestellt, am nächsten Tag sah ich in dem Kiosk bei den Kolonnaden am Petersplatz, dass die Kollegen den Artikel auch noch mit einem wunderschönen Foto versehen hatten. Zwei Stunden später bekam ich in Trastevere einen Anruf auf dem Handy. »Bitte«, sagte ich und hielt mir das andere Ohr in dem Straßenlärm zu. »Hier ist das Sekretariat des Heiligen Vaters«, hörte ich eine Männerstimme auf Italienisch mit schwerem ausländischem Akzent. »Und hier ist der Kaiser von China«, antwortete ich. Es war klar, dass mich einer meiner Freunde aus Deutschland verulken wollte. »Nein, nein«, lachte der andere, »hier ist wirklich Stanisław Dziwisz und ich rufe sie im Auftrag des *Santo Padre* an, der sie grüßen lässt und sich bei ihnen bedanken will. *Perche il articolo suo é molto bravo. Molto bravo!*« Er lachte noch einmal. In dem Moment reißt meine Erinnerung. Der Papst ließ mich anrufen! Er hatte mein Stück schon gelesen! Ich war nicht umgefallen, doch was ich antwortete, weiß ich nicht mehr. Wahrscheinlich habe ich irgendetwas gestammelt. Vielleicht stand mir auch nur der Mund auf. Neben meiner Frau standen noch die Schwiegereltern unserer Tochter als Zeugen um mich herum. Die Sonne schien. Es wäre ein Moment gewesen, um wieder einmal mit dem Rauchen anzufangen. Etwas zu behaupten ist eine Sache. Diese Behauptung vom Papst selbst bestätigt zu bekommen, ist natürlich noch einmal etwas ganz anderes. Ich hatte ins Schwarze getroffen: Der neue lichtreiche Rosenkranz war sein Vermächtnis. Er selbst verstand ihn als sein Testament.

Dass er ein Prophet war, hatte er schon oft bewiesen. »Wenn der Rosenkranz in guter Weise eingeführt wird«, heißt es am Schluss seines Lehrschreibens vom 16. Oktober 2002, »bin ich sicher, dass die Jugendlichen die Erwachsenen noch einmal überraschen können, indem sie sich dieses Gebet zu eigen machen.« Nach Pompeji dauerte es keine zwei Jahre mehr, bis die Jugendlichen die Erwachsenen und Alten überraschten. Das war, als sie am 2. April 2005 zum Sterben von Johannes Paul II. zu Abertausenden auf den Petersplatz strömten, in einer nicht enden wollenden Love-Parade, in einem menschlichen Mississippi aus Herzen, Händen und Füßen – zu einem wahren Frühling des Rosenkranzes.

Mein großer Bruder

Herbst 1947, Karl Josef und Maria Badde im Fotostudio Görtz, Breyell, Niederrhein

Ein Anruf aus Berlin, ein winziges Gebet aus dem Mund und der Feder von Engeln und Menschen, eine überraschende Einladung, zwei schwarze Schleier für die Frau und Tochter, salutierende Gardisten, und ein Geschenk des Papstes.

Als der Artikel über das Vermächtnis des Papstes erschienen war, rief mich jedoch nicht nur Stanisław Dziwisz aus Rom, sondern ein paar Wochen später auch mein Bruder Karl Josef aus Berlin an, der immerhin zehn Jahre älter war als ich. So etwas vergisst man unter Brüdern nie. Auf einem Foto meiner Mutter auf meinem Schreibtisch, auf dem sie mit mir schwanger ging, steht er schon als kleiner Prinz mit gepunktetem Schlips neben ihr beim Fotografen. Auch er hatte jetzt das Stück gelesen.

»Ich würde eine Woche für einen einzigen Rosenkranz brauchen«, hatte er mir vor Jahren am Telefon gesagt, als ich ihm erzählte, dass ich die zerschlissene Schnur wieder gefunden hatte, die unsere Mutter gebetet hat. Geheimnis für Geheimnis würde ihn viel zu sehr fesseln und bei dem Versuch wegtragen, sie zu ergründen. Darum wollte er gar nicht erst damit anfangen.

Jetzt wollte er in Berlin wissen, wie der Rosenkranz gebetet wird, sterbenskrank, am Abend des 17. November 2003. »Hör mal«, sagte er. »Du kennst doch den Rosenkranz. Kannst du mir sagen, wie er gebetet wird?« Ich sagte es ihm: »Fang so an: Vater unser im Himmel, geheiligt werde dein Name. Dein Reich komme. Dein Wille geschehe, wie im Himmel so auf Erden. Unser tägliches Brot gib uns heute. Und vergib uns unsere Schuld, wie auch wir vergeben unseren Schuldigern. Und führe uns nicht in Versuchung, sondern erlöse uns von dem Bösen. Amen.«

»Warum?«

»Weil das das Gebet ist, das von Jesus selber stammt. Auf einem Hügel Galiläas, nicht weit vom See Genezareth, hat er es so den Jüngern selbst beigebracht, als sie ihn fragten, wie sie beten sollten.«

»Und dann, weiter?«

»Danach betest du zehn Ave Maria.«

»Wie geht das noch mal?«

»Gegrüßet seist du, Maria, voll der Gnaden, der Herr ist mit dir.«

»Was soll das heißen?«

»Das weiß ich nicht. Aber so hat der Engel Gabriel Maria begrüßt, als er ihr verkündete, dass sie schwanger werden solle. So hat er sie angesprochen, doch ohne ihren Namen. Voll heißt voll: voll wie ein Ei! ›Voll der Gnade‹ heißt: In ihr ist kein Platz für die Sünde, auch nicht für die Erbsünde. Das ganze Dogma der Unbefleckten Empfängnis Mariens steckt schon in diesen ersten Worten, die der Engel an sie gerichtet hat. Es ist auch ein Wort der Propheten des alten Israel.«

»Warum?«

»Weiß ich nicht. Ellen meint, Maria hört diesen Satz einfach immer wieder gern, mit dem alles anfing: ihre Freude und ihr Leid und unsere Erlösung.«

»Und weiter?«

»Du bist gebenedeit unter den Frauen und gebenedeit ist die Frucht deines Leibes.«

»Was soll das heißen?«

»Wie soll ich das wissen?« Ich lachte. »Hast du mir nicht mal den Satz von Mark Twain geschickt, wo er sagt: Ich fürchte in der Bibel nicht das, was ich nicht verstehe. Ich fürchte nur das, was ich verstehe.«

Jetzt lachte mein Bruder leise.

»Stimmt«, sagte er, »aber sag mir jetzt, was du verstehst. Ich fürchte mich nicht mehr davor.« »Na ja, viel ist es nicht. ›Gebenedeit‹ heißt ›gesegnet‹. Mit diesen Worten begrüßte Marias schwangere Cousine Elisabeth ihre junge Verwandte, als Maria sie besuchen kam, nachdem sie mit Jesus schwanger geworden war. Der ›heilige Geist‹ habe sie dabei berührt, heißt es bei

Lukas. Bis hier sind es also nur Worte des Engels und Worte des heiligen Geistes.«

»Und weiter?«

»›Jesus‹, heißt es danach. Diesen Namen hat Papst Urban IV. im Jahr 1261 da eingefügt, habe ich gelesen. Er hat wohl auch den Namen ›Maria‹ dem Gruß des Engels noch hinzugefügt. Der Name ›Jesus‹ aber ist das Herzstück von jedem Ave Maria und damit das Herz jedes Rosenkranzes. Der Papst hat vor kurzem geschrieben, dass das Gebet des Rosenkranzes nichts anderes sei, als ›mit Maria unaufhörlich das Antlitz Christi zu betrachten‹. Deshalb könne die Betrachtung des Antlitzes Christi nicht beim Bild des Gekreuzigten stehen bleiben. ›Er ist der Auferstandene!‹ Im Grunde ist es jedenfalls ein einziges großes Jesus-Gebet, mit dem Namen Christi in der Mitte.«

»Und dann?«

»Heilige Maria, Mutter Gottes! Bitte für uns Sünder, jetzt und in der Stunde unseres Todes. Amen.«

»Ist das auch von einem Engel?«

»Nein. Die ersten vier Worte fassen hier den wichtigsten Beschluss eines Konzils aus dem Jahr 431 zusammen, als die Bischöfe in Ephesus gemeinsam festhielten, dass Marias Sohn ganz und gar Mensch, aber auch ganz und gar Gott war. Dass also Gott in Maria Mensch geworden war. Dass Maria wirklich Gott geboren hatte. In den vier Worten ist eigentlich die ganze Lehre über die Fleischwerdung Gottes enthalten.«

»Und der Schlusssatz?«

»Bitte für uns Sünder, jetzt und in der Stunde unseres Todes?«

»Ja.«

»Der stammt von einem einzelnen Bischof, nämlich von Papst Pius V., der diesen Satz drei Jahre vor der Seeschlacht von Lepanto im Jahr 1571 in das Ave Maria eingefügt hat.«

Kühner und genialer waren die beiden wichtigsten Momente unseres Lebens auch in einem biblischen Text kaum je zusammen gefügt worden, dachte ich mir dazu. Kein Bogen unserer

Existenz gründete auf dramatischeren Pfeilern, auf dem immer vorwärts wandernden »Jetzt« und auf der ultimativ einzigen und letzten Sekunde unseres Todes. Das sagte ich aber nicht. Auch mein Bruder machte eine kleine Pause.

»So ein winziges Gebet hat drei Autoren?« fragte er dann.

»Nein, noch mehr: den Erzengel Gabriel, Elisabeth aus Jerusalem, die versammelten Bischöfe von Ephesus und einen heiligen Bischof aus Rom. Das kleine ›Ave Maria‹ ist am Rosenkranz gereift wie eine Frucht, doch es wurde von verschiedenen Autoren geschliffen wie ein Brillant. Wahrscheinlich hat es deshalb nur einen einzigen Urheber, meint Joseph Ratzinger: den Heiligen Geist. Jedenfalls beten wir im Rosenkranz nicht mit eigenen, sondern mit deren Worten.«

Ich erklärte ihm das ganze Gebet, so gut ich konnte. Das Credo am Anfang, das den ganzen Glauben der Christen wie in einer Nussschale enthält, die Preisung des dreifaltigen Gottes nach jedem Gesätz, und so weiter.

»Kannst du mir das aufschreiben?«, fragte er. Ja, natürlich. Ob ich nicht vielleicht einen Rosenkranz hätte, den ich ihm schicken könnte. »Ja, sogar einen vom Papst. Ich schick ihn dir gleich.« Ich schrieb also das Glaubensbekenntnis, das Vaterunser und Ave Maria ganz auf, dazu alle Geheimnisse, alle Zyklen: den freuden-, schmerzens-, licht- und glorreichen Rosenkranz. Dann machte ich ein kleines Päckchen fertig, legte die Perlenkette des Papstes hinein und küsste das silberne Kreuz daran. Es war mein kleiner Schatz. Wir brachten das Couvert zum Vatikan-Postamt unter dem Fenster des Papstes und machten einen kleinen Abendspaziergang. In der Nähe des Pantheons klingelte das Handy. »Sind Sie morgen in Rom?«, fragte eine Stimme am anderen Ende der Leitung, aus dem Vatikan: »Und sind Sie gesund?« Ich war beides. »Dann kommen sie früh um zehn mit ihrem Pass zur Bronzenen Pforte! Der Heilige Vater empfängt Sie zu einer Privataudienz.«

Es war der 18. November. Für den Besuch zog ich meinen besten Anzug an. Meine Frau kaufte zwei schwarze Schleier, für sich und Christina, unsere jüngste Tochter, die noch bei uns wohnte. Gegen zehn warteten wir am Bronzeportal vor der »*Scala Regia*«. Die Gardisten salutierten. Fünfzehn Türen öffneten und schlossen sich von einem Vorhof zum nächsten. Wir gingen über drei Treppenhäuser, von einem Festsaal in den anderen, es war ein Traum, Raum hinter Raum. Das Fresko an einer Wand zeigte ein Boot im Sturm, ein nächstes die Kreuzigung Petri, mit dem Apostel kopfüber am Marterpfahl. In einem kleineren Saal erwartete uns schließlich der beleibte »*Decano di Sala*« des Apostolischen Palastes. Eine Kette klirrte leise an seiner Brust. Zwei kleine Christusporträts hingen neben der nächsten Tür, eins von Dürer, klassisch, und ein dunkel verzücktes von El Greco. Auf einem Wandteppich erschien Christus Maria Magdalena in einem Garten.

Ich sah den Papst sogleich, als sich die Tür öffnete. Licht flutete durch die Fenster und ergoss sich von einem Murano-Leuchter auf den Teppich, hinter dem der Nachfolger Petri in seinem Sessel auf uns wartete. Krankheit zeichnete ihn. Aus tausendjährigen Augen schaute er uns an. »Wie gut, dass es Sie gibt!«, sagte Ellen, als sie vor ihm das Knie beugte. Unsere Tochter strahlte ihn fassungslos an, als er seine Segenshand auf ihre Stirn legte. »Heiliger Vater!«, stammelte ich, ergriff die Hand und küsste seinen Ring. »Ich habe Ihnen Weihrauch mitgebracht, aus dem Heiligen Land, vom Zionsberg«. – »Danke!«, antwortete er in seinem alten Deutsch. »Gott segne dich!« Karol Wojtyla musterte mich mit wachen Augen, hob die Hand zum Segen und reichte mir einen Rosenkranz, wie zuvor schon meiner Frau und unserer Tochter. Es war exakt die gleiche Perlenschnur, die ich meinem Bruder am Tag zuvor geschickt hatte.

Reise nach Jerusalem

Donnerstag, 24. März 2001, Jerusalem vom Ölberg aus gesehen

Rückkehr zum Nabel und Herzen der Welt, ein Abschied auf gut Russisch, ein ungesuchter Auftrag und eine etwas großmäulige Korrektur des Schöpfers des Himmels und der Erde – auf dem Zionsberg, wo er selbst einmal Wohnung genommen hat.

Am 12. Dezember rief ich Karl Josef wieder an. Wir wollten über Weihnachten nach Jerusalem, sagte ich ihm. Ob ich vorher noch einmal bei ihm vorbeikommen sollte? »Ich freu mich immer, dich zu sehen«, sagte er. Das war neu. Ich nahm den nächsten Flieger, flog nach Berlin, nahm ein Taxi und fuhr zu ihm hin. Mein Bruder Pitter war bei ihm, seine Tochter Rebekka machte in der Küche mit Tränen in den Augen ein Abendessen, seine jüngste Tochter Mascha kniete an seinen Füßen, er hatte grausame Schmerzen und sah heiter aus, schöner als je zuvor. Wir sprachen über alles, was uns bewegte – nur nicht über den Tod. Wir machten Witze, verziehen uns wortlos alles, was wir uns gegenseitig je angetan hatten (was unter Brüdern immer ein Haufen ist), und setzten uns zu dritt auf sein großes Bett an der Wand, um den Rosenkranz zu beten, zum ersten Mal in unserem Leben, so selbstverständlich und natürlich, »wie Schnee von einem Bambusblatt fällt«, wie er oder ich es früher einmal gesagt hätten, in unseren ostasiatischen Phasen. Zen halt.

Nicht einmal als Kinder hatten wir das gemacht: freiwillig einen Rosenkranz zu beten (erst recht nicht als Kinder!), wie jetzt als drei alte Männer, der eine 65, der andere 59, ich mit 55. Mascha schnurrte wie eine Katze auf dem Bett. Undramatischer kann kaum ein Abschied sein. »Küss mich auf den Mund«, sagte er lachend. »Mach es auf gut Russisch!«, als der Taxifahrer wieder unten an der Tür klingelte, um mich zum Flughafen zu bringen. Jahrzehnte lang hatte er mir kaum eine Hand gegeben.

Zurück in Rom bekam ich einen Anruf aus Würzburg, von Guido Horst, dem Chefredakteur der »Tagespost«. Ob ich nicht für ihn ein Stück für die Jahresschlussausgabe schreiben könne, egal was. Nein, sagte ich, ich wollte endlich einmal ein paar Tage Urlaub machen – und rief ein paar Minuten später wieder zurück. Vielleicht könnte ich ja doch ein paar Sätze zum neuen »lichtreichen« Rosenkranz des Papstes liefern.

Denn gehört hatte ich den Rosenkranz ja zuerst bei meiner Mutter und in unserer Dorfkirche, geschenkt wurde er mir später wieder von einer jungen Frau, doch richtig kennen gelernt hatte ich ihn mit Ellen in Jerusalem. Hier hatten wir ihn im Jahr 2000 und 2001 um die siebenhundert Mal gebetet, als ich als Korrespondent für DIE WELT den Ausbruch der zweiten Intifada aus nächster Nähe wie ein letztes Vorspiel zum Dritten Weltkrieg erfahren und beobachtet hatte. Wir beteten ihn frühmorgens auf dem Ölberg, mit Blick in die Wüste, und spätabends mutterseelenallein vor dem leeren Grab Christi in der Grabeskirche. Es kamen keine Pilger mehr. Wir beteten ihn am See Genezareth, in Samaria, in Bethlehem und Hebron. Wir beteten ihn, wenn Steine wie Vogelschwärme geflogen kamen und im Kugelhagel. Da gibt es nichts Besseres. Jedes Wort der Evangelien hat hier einen Ort, hatten wir da erfahren, und darum besonders der Rosenkranz.

Denn der Eroberung der Welt durch immer mächtigere Scheinwelten widersetzt sich diese Stadt durch Plätze und Räume schierer Wirklichkeit. Im Labyrinth Jerusalems ist Jahrhunderte lang an der Bibel geschrieben worden. Neben dem Misttor wurde der Prophet Jeremias in die Jauchegrube geworfen. Die Psalmen, sie wurden dahinter in der Davidstadt verfasst: »Mag einer im Land der Philister geboren sein, in Kusch oder Tyrus – so gilt doch von Zion: / Dort ist ein jeder gebürtig!« Die Kuppeln der Grabeskirche überwölben einen alten Steinbruch, in dem die Passion Christi ans Ziel gelangte wie ein zitternder Pfeil.

Alle Massaker haben hier einen konkreten Ort und eine genaue Zeit. In Jerusalem liegen sie alle durch Zeit und Raum hindurch in guter Nachbarschaft: das Gemetzel an den Juden durch Nebukadnezar im Jahr 586 vor Christus ebenso wie das Blutbad an zahllosen Christen im Jahr 614 durch Perser und die Juden Jerusalems. Das war acht Jahre, bevor Mohammed von Mekka nach Medina floh und der Islam mit einer neuen Zeitrechnung begann. Von den 24.000 Toten, die von dem Massaker allein bei den Mamilla-Teichen verscharrt worden sein sollen, wurde 1992 ein Massengrab mit den Gebeinen von 562 gefunden, die seitdem unter der Parkhauseinfahrt der neuen *Mamilla-Mall* ruhen. Jeder Schreckensort lässt sich hier zu Fuß erreichen, vorbei an Tausenden großer Kinderaugen, die einen in dieser Stadt endzeitlicher Gleichzeitigkeit an jeder Ecke anschauen.

Die rosa Steine der Stadt durchziehen rote Schlieren, als halte ein Adernnetz die Stadt zusammen. Hier hatte ich die verschlissene alte Schnur und ein paar lose Perlen, die einmal den Rosenkranz meiner Mutter gebildet hatten, in einem alten Treppenhaus zum Erdinnern hinunter in das Grab Mariens geworfen. Ihn selbst zu beten war hingegen am schönsten unterwegs, im Auto, etwa auf der leeren Allon-Road durch das Gebirge, zwischen Himmel und Erde, oder auf der quasi autofreien Straße durch das Jordan-Tal. Angst hatte den Verkehr während der Intifada in dem besetzten Palästina fast zum Erliegen gebracht. Das Land ertrank in Angst. Angst war die Mutter der meisten Gewalt – und der schlechtesten Ratschlüsse. Mit dem Rosenkranz gab es keine Angst. Die vielen Soldaten und Bewaffneten, denen wir begegneten, hatten Angst. In unserem Auto aber kam Angst nicht mal als Schatten auf. Der Rosenkranz nimmt Angst, durch schlichtes Festhalten, nicht durch Zauberei.

Dass ich jemals ein andächtiger Beter war, kann ich nicht sagen. Mir fehlt dafür die Konzentration, auch der spirituelle Tiefgang. Meine Gedanken schwirren und schweifen immer ab. Natürlich unterbrachen wir deshalb den Rosenkranz, wenn uns unterwegs ein wichtiger Gedanke durch den Kopf schoss, oder irgendetwas, was wir gerade wieder einmal für wichtig hielten, und beteten dann weiter. Natürlich lachten wir, wenn uns dabei eine lustige Erinnerung durch den Kopf ging, und erzählten sie dem anderen mitten im Gebet; wir sind doch verheiratet. (Der Rosenkranz ist unser Intimstes.) Natürlich kennen wir beide das Wort Jesu, wo er sagt: »Wenn ihr betet, sollt ihr nicht plappern wie die Heiden, die meinen, sie werden nur erhört, wenn sie viele Worte machen.« Doch in diesem Fall möchte ich dem Herrn der Welt selbst widersprechen – und er wird es mir wohl hoffentlich nachsehen. Er hat ja Recht, wenn er dann weiter sagt: »Macht es nicht wie sie; denn euer Vater weiß, was ihr braucht, noch ehe ihr ihn bittet. So sollt ihr beten: ›Unser Vater im Himmel, dein Name werde geheiligt, dein Reich komme, dein Wille geschehe wie im Himmel, so auf der Erde …‹« – Das machen wir ja, gern. Es ist vielleicht eins der einzigen Gebote, von dem wir sagen können, dass wir sie ganz und gar erfüllen. Nicht, dass wir den Willen Gottes immer geschehen lassen, das nicht, aber dass wir doch das Vaterunser so beten, wie Jesus selbst es uns gelehrt hat, in jedem Rosenkranz mindestens sechs Mal am Tag.

Was ist aber, würde ich Gott weiter fragen, wenn die Alternative zum gedankenlosen Gebet heißen soll: gar nicht zu beten? Ist das besser? Klüger? Wahrhaftiger? Ja? – Nein, sage ich da. Spätestens in meiner Generation gab und gibt es nicht mehr die Alternative »gut beten« oder »schlecht beten« – sondern nur noch, viel einfacher, beten oder nicht beten.

Dringend verteidigen möchte ich also auch das plappernde, das leiernde, das unandächtige, das gedankenlose Gebet, das ich zahllose Male verrichtet habe. Das abgelenkte Gebet. So etwas nimmt sich ja keiner eigens vor. Doch wie gesagt, es geschieht halt immer wieder. Ich bin ja nur ein getaufter Heide. Vielleicht kommt das Plappern noch daher. Ich kann mich nur schlecht konzentrieren und versenken. Meditieren kann ich gar nicht. (Von Yoga und derlei Künsten gar nicht zu reden.) Sogar der leiernde, müde, monotone, gedankenlose Rosenkranz, haben wir aber immer wieder erfahren, belegt zumindest

Raum, also etwas vom Wertvollsten und Unwiederholbaren, das wir haben, vom Stoff, aus dem unser Leben gemacht ist: Zeit! Für Dich, lieber Gott! Ist es Dir nicht lieber? Muss es Dir nicht lieber sein, wenn wir zumindest die Lippen Dich loben und ansprechen lassen, wenn unsere Gedanken schon ständig abschweifen? Dass zumindest die kleinen Lippenmuskeln und der Kehlkopf und unser Atem eine Zeitlang ganz Dir gehören sollen an jedem Tag?

Und der Rosenkranz, egal, ob andächtig, oder unandächtig, ist doch das Lieblingsgebet deiner Mutter, wie sie es wer weiß wo und wie oft gesagt hat, wo immer sie erschienen ist. Wir wollen ja nichts von dir mit den vielen Worten, die du doch sowieso schon kennst. Sie sind doch nicht von uns, sondern von dir. Wir geben sie dir doch nur zurück. Willst du uns deshalb nicht heute auch das fromme Plappern erlauben? Für einen Zeitraum, wo es zumindest Zeit und Raum in unserem Leben belegt und beschlagnahmt? Zeit aus allem anderen Gemurmel und Denken. Ruhe in unserem ständigen Reden und Denken. Auch der unandächtige Rosenkranz nimmt doch dem Unsinn Raum für Sinn und stiehlt dem Unsinn Zeit. Für dich, lieber Gott! Und so weiter und so fort.

Das alles im Heiligen Land noch einmal als kleine Erinnerung eines schlampigen Beters und fußfaulen Pilgers aufzuschreiben, sollte kein Problem sein. Dass dieses Gebet also weniger eine besonders eindrucksvolle und großartige Anrede an Gott ist, bei dem Gottvater nur mit den Ohren schlackern kann über unsere kühnen Ideen, und die Muttergottes verzückt aus der Küche hergelaufen kommt wegen unserer gewagten Formulierungen. Wo Gott also nicht erbleicht vor unserer Sprachgewalt, sondern sich nur ganz einfach freut über unser schlichtes Hinwenden zu ihm, zum lieben Gott, für die Dauer eines kurzen Abwendens von uns selbst. Denn einzuschüchtern bräuchten wir IHN ja nun wirklich nicht. Und so weiter und so fort.

59 Kugeln und ein Kreuz

Dienstag, 23. September 2003: ein Rosenkranz – Detail im Maria-Schnee-Altar der Pfarrkirche in Stuppach bei Bad Mergentheim von Mathis Gothart-Nithart (genannt Mathias Grünewald) von 1517

Ein Kranz aus Rosen: das große Gebet des Westens aus dem Heiligen Land. Zwanzig Geheimnisse, die durch das Labyrinth des Lebens zum Eingang des Paradieses führen: als Seil für angeschlagene Boxer – und letzte Fessel um die Hände meines Bruders.

Als ich das aber alles zusammen fügen wollte, lebten wir bei den Benediktinern auf dem Zionsberg – gleich außerhalb des von Schüssen zernarbten Zion-Tores –, und da war Weihnachten mit all den Feiern rasch vorbei, bevor ich auch nur eine einzige Zeile geschrieben hatte. Am Tag des Evangelisten Johannes, dem 26. Dezember, ging ich deshalb noch einmal zum Grab Bargil Pixners auf dem kleinen Friedhof der Abtei, zu seinem schlichten Grabstein an der Mauer, und erinnerte mich. An seine große klobige Gestalt, den Schalk in seinen Augen, seinen Eigensinn, den gepflegten weißen Bart, den kahlen Schädel, die altertümliche Brille.

Wir kannten uns nur zwei Jahre und waren doch noch einmal Freunde geworden in einem Alter, wo man eigentlich keine neuen Freunde mehr gewinnt, er um die 80, ich um die 50 Jahre alt. Mitten in der Intifada war ich auf die Schnapsidee gekommen, ihn für ein zukünftiges Rosenkranzbuch zu interviewen, weil er das Heilige Land kannte wie kein zweiter. Er hatte sofort eingewilligt. Wir hatten verschiedene hastige Sitzungen hinter uns gebracht, in denen ich ihn nach den genauen Orten befragte, in denen sich das Evangelium entrollt hatte. Doch abgehört hatte ich die Tonbänder nie, weil sich zu viele andere Aufgaben für mich dazwischen schoben und für Bargil ein plötzlicher Tod. Das war nun schon zwei Jahre her.

Doch jetzt setzte ich mich nach dem Besuch an Bargils Grab in mein Zimmer an den Schreibtisch, schaute aus dem Fenster und spürte, dass die Worte zum Rosenkranz auf diesem Berg plötzlich wie aus einer Quelle sprudelten: »In Jerusalem blühen auch im Winter Rosen«, notierte ich. Danach ging es los wie von selbst: Dunkelrot, rosa und weiß wie Schnee leuchten sie mir in der Dämmerung entgegen, schrieb ich weiter, wenn ich in der Früh durch den Garten zur Abtei »Mariä Heimgang« hinüber gehe. Wo auf der Welt könnte es friedlicher sein? Sogar die Vögel zwitschern auf dem Zionsberg anders, besonders morgens in der Früh, wenn sie die Schreie der Hähne und Rufe der Muezzine begleiten, die der Wind über das Kidrontal herüberweht. Jetzt ist vor meinem Fenster wieder ein Wiedehopf in den entlaubten Feigenbaum geflogen und spreizt seinen Federkamm gegen den Himmel. Hinter dem Baum umschließt ein Gitter die Ruine, wo die Apostel die Gottesmutter nach ihrem Tod aufbahrten, bevor sie die Jungfrau unten im Tal Josaphat neben dem Garten Gethsemani begraben haben, wie die christlichen Jerusalemiter es sich seit Generationen erzählen.

In der Christnacht waren wir zu Fuß nach Bethlehem geeilt. Sanftes Licht der Sterne beschien die Stacheldrahtgebinde auf den Hirtenfeldern. Am Abend war im Osten der Gipfel des Ölbergs kupfern aufgeleuchtet, darüber ein Himmel in türkis, darin eine Wolke, im gleichen Glühen wie die Erde darunter, gerade so, als sei es eine zweite Schöpfung in der Höhe. Himmelfahrtsleuchten. Es war so schön, dass man sich unwillkürlich bekreuzigen möchte. Es war der letzte Blickwinkel Marias, den wir da teilten.

Hier hat sie gelebt. Gerade hinter dem Garten, wo jetzt die Rosen blühten, ist sie gestorben. Im Nachbarhaus war sie beim ersten Pfingstfest dabei, gerade eine Viertelstunde von Golgatha entfernt – gerade so weit wie von unserer alten Wohnung in der Helena Hamalka Street –, wo sie die Passion Christi aus allernächster Nähe mit erlitten hat: den Foltertod ihres Sohnes, »der für uns Blut geschwitzt hat, gegeißelt und mit Dornen gekrönt wurde, das Kreuz durch die Straßen der Stadt geschleppt hat, am Kreuz gestorben ist – und den sie hier auch zu Elisabeth getragen, in Bethlehem geboren, da vorne im Tempel aufgeopfert und nach drei Tagen wieder gefunden hat« – nachdem sie ihn mit Josef in der Stadt verloren hatte. Keine Frage: Jerusalem ist die Stadt des Rosenkranzes.

Ja, jedes Wort hat hier einen Ort. Das gibt es nicht einmal in Rom. Auch in der schönsten Stadt der Welt gibt es nicht diese Offenbarung Christi im Andenken der Steine wie in Jerusalem. Jerusalem ist der Ort des Rosenkranzes. Jeder Rosenkranz verbindet mit dieser Stadt. Die Zeit des Rosenkranzes aber ist überall und jederzeit. Besonders in Zeiten großer Not. Im Rosenkranz schauen uns vier mal fünf Ikonen der Heilsgeschichte an. Die zwanzig verschiedenen Geheimnisse darf man sich deshalb auch vorstellen wie Schlüssellöcher in den Raum der Evangelien, durch die wir immer mehr von der Wirklichkeit der Erscheinung Gottes in Jesus erfassen – und zwar »mit den Augen seiner Mutter«, wie Karol Wojtyla sagte.

Im Rosenkranz schauen wir »durch die Worte hindurch wie durch ein Fenster auf das Leben Christi«, schrieb Joseph Ratzinger, »und schauen nicht bloß hin, sondern werden auch seine Zeitgenossen. Er wird unser Zeitgenosse, wir gehen mit ihm, er geht mit uns.« So gesehen, ist der Rosenkranz Theologie pur, allerdings für alle und nicht nur für Theologiestudenten – und es ist eine Theologie, die vom Gebet umrahmt ist und nicht vom Gerede. Es ist ein Sehen, das nicht seziert, sondern zusammenfügt. Keine Ideologie kann sich dieser Schau bemächtigen und kein Zeitgeist. Sie setzt den Verstand nicht aus, sondern befreit ihn.

Darum sind die Finger auch so wichtig – und die Schnur mit ihren 59 Kugeln und dem Kreuz für das Fingerspitzengefühl. Es ist eine Art Blindenschrift, um die Augen nicht abzulenken und den Verstand. Sie sollen sich nicht mit dem Zählen aufhalten müssen; das können sie hier ganz den Fingern überlassen. Deshalb lässt er sich auch überall beten, im Gehen und Stehen, im Bus und in der Bahn – im immer neuen Blick auf die Kindheit Jesu, auf seine drei letzten Lebensjahre, auf seine Passion, auf seine Auferstehung. Jeder Rosenkranz vernäht die christliche Existenz mit dem Heiligen Land. Jeder Kranz ist eine kleine Pilgerreise. Den Rosenkranz beten heißt: Pilgern mit den Fingern. Darum beten Fußpilger ihn auch so gern. Dazu ist es aber auch das einfachste – und süßeste – aller Gebete. Mit ihm geht es wie mit Mehl, das man im Mund kaut. Je länger man es zwischen den Zähnen hat, je mehr verwandelt sich die Stärke in Zucker. Der Rosenkranz erschließt sich deshalb erst vollständig in der häufigen, absichtslosen – und am besten täglichen – Wiederholung. Auch hier gleicht er dem Atmen der Pilger. Keiner bricht nach Santiago auf und legt dann am nächsten Tag schon eine Pause von zehn Tagen oder drei Wochen ein. Wer nach Santiago will, pilgert jeden Tag weiter. Diese Stetigkeit gehört auch zum Rosenkranz. Mit ihr aber gestaltet er das ganze Leben um. Ja, der regelmäßige Rosenkranz verändert das Leben.

Deshalb kann man ihn langsam oder schnell beten, das ist schon fast egal. Zwanzig Minuten sind eine gute Zeit. Er kann länger, er darf kürzer sein. Pater Pio sollen die Perlen wie Forellen durch die Finger geschossen sein. Man darf den Rosenkranz auch unaufmerksam beten. Natürlich kann man ihn halb oder ganz beten. Er ist kein Gesetz und kein Seminar. Eher ist er ein Garten, in dem man sich aufhält. Und wenn man über dem Rosenkranz einschläft, hieß es früher, beten ihn die Engel weiter. Warum sollte das heute also anders sein? Das Wichtigste scheint nur zu sein: Nicht los zu lassen! Dass man sich an dem Kranz festhält wie ein angeschlagener Boxer an den Seilen. Dass man ihn so wenig loslässt wie Theseus den Faden der Ariadne. Dann führt er uns sicher in jedes Labyrinth hinein und aus jeder Verirrung wieder hinaus. Dann wird er zum Ariadne-Faden Gottes, zum roten Faden unserer Existenz.

Deshalb ist der Rosenkranz auch kein Gebet, das durch unsere besondere und angestrengte Andacht gewinnt. Im Gegenteil: Er macht andächtig. Er lehrt uns, den Faden nicht zu verlieren. Er nimmt keine Zeit, er schenkt Zeit. Und Ruhe. Und Frieden. Und Furchtlosigkeit. Und Gelassenheit. Nicht wir müssen dieses Gebet verändern. Dieses Gebet verändert uns. Es ist kein Gebet, das sich »verstehen« lässt, jedenfalls nicht allein mit den grauen Zellen, sondern auch mit den Fingerspitzen, den Lungenflügeln und dem Herzmuskel. Der Kranz ist ein Glück. Er macht den ganz, der ihn betet. Er fügt die zusammen, die ihn zusammen beten. Sich etwa als Ehepaar Tage lang einen Streit zu leisten, geht mit dem Rosenkranz nicht mehr. So hat er unser Leben schön gemacht – und kürzlich sagte mir ein Bekannter, für ihn sei es das Schönste, in seinem BMW mit seiner Frau den Rosenkranz zu beten. Das sei für die beiden, wie Rosenblätter aus dem offenen Verdeck auf die Autobahn regnen zu lassen.

Im Jüngsten Gericht Michelangelos sehen wir ihn als eine Kette, die Verdammte sogar noch aus der Unterwelt empor hebt. In Lourdes hatte Maria selbst den Rosenkranz in der Hand und betete ihn mit Bernadette, in Fatima tat sie das Gleiche mit drei Hirtenkindern, die ihn davor mit der Erscheinung eines Engels einübten. Wir können ihn überall beten, allein oder – am schönsten – in Gemeinschaft: im Wechsel mit der Frau oder dem Mann, mit der Freundin, dem Freund, der Gefährtin und dem Gefährten, im Auto, im Taxi, in der Bahn.

Darum ist er das Pilgergebet schlechthin. Denn dieser Wechsel ist dem Rosenkranz auf ganz besondere Weise eigentümlich: dieser Dialog, wo die eine Hälfte des Vaterunsers von der einen Seite gebetet wird, die zweite von der anderen. Beim Ave Maria ebenso – bei allen Wallfahrten, und allen Prozessionen. In Italien gibt es bei großen Erschütterungen bis heute keine Menschenmenge, mag sie so weltlich sein wie auch immer, wo nicht viele in das Gebet einsetzen, wenn nur einer unter ihnen auf der Piazza den Rosenkranz laut beginnt. Darum lässt er sich auch leicht in mehreren Sprachen beten, weil jeder und jede die Einsätze kennt und fast schon im Schlaf richtig einfallen kann, auf polnisch, italienisch, kroatisch, französisch, koreanisch, an allen Pilgerorten, in jeder Sprache der Erde, in einer Symphonie der Nationen.

Doch auch allein gibt es mit dem Rosenkranz keinen Stau mehr, keine Flughafenwartehalle, sondern nur noch Gelegenheiten zur Ruhe und zum Frieden. Er lässt sich natürlich andächtig beten, und konzentriert, aber auch schläfrig, müde, abgespannt. Der Rosenkranz füllt leeren Raum, wie Regen trockenen Boden tränkt. Er wässert den Boden der Existenz. Er macht leicht. Und er ist so einfach. Im Lärm, in der Stille, in Freude und Not. Er ist ein Gebet, das sich in der regelmäßigen Wiederholung unserem Leben einweben lässt wie ein immer festerer Teppich unter den Füßen. Wie die Liebe, sagte Henri-Dominique Lacordaire im 19. Jahrhundert, »sagt er immerzu das Gleiche und wiederholt sich dennoch nie.« Er ist kein Stoßgebet. Außerhalb von Klostermauern ist er die Tür in eine andere Lebens- und Daseinsform – als Mutter eines Gebetslebens, das den Namen verdient. Der Rosenkranz verändert unser Leben und unseren Tod.

Ich hatte den Artikel auf dem Zionsberg gerade fertig geschrieben, bis auf den Schluss, da starb mein Bruder Karl Josef in Berlin mit dem Rosenkranz in der Hand. Sechs Wochen zuvor hatte er ihn erstmals nach einem Menschenalter wieder in die Hand genommen und nicht mehr losgelassen. – »Ich höre es und sehe meinen Bruder vor mir«, schrieb ich jetzt zusammen mit Karl Josef den Schluss, »wie ich ihn von Kindesbeinen an geliebt und verehrt habe, und schaue aus dem Fenster auf die Lichter und Sterne Jerusalems und weiß und spüre und erfahre, dass uns durch alle Trauer in diesem Kranz aus Rosen eine Freude verbindet, die stärker ist als jedes Sterben und aller Tod.«

Das war am 28. Dezember 2003. Am Abend zuvor hatte ich noch mit Karl Josef am Telefon gesprochen. Er hatte große Schmerzen. »Ich habe keine Angst«, sagte er. »Du weißt«, sagte ich meinem ältesten Bruder etwas altklug, »der Ernstfall ist das ewige Leben.« – »Ja, ich weiß«, sagte er. Zwei Tage zuvor hatte ich nachts auf dem Fußweg von Jerusalem nach Bethlehem mit Bruder Antonius noch einen Rosenkranz für meinen sterbenden Bruder gebetet. Eine Woche später flogen wir zu seinem Begräbnis mit der Nachtmaschine von Tel Aviv nach Berlin, wo wir gerade noch rechtzeitig ankamen, um ihm Erde des Heiligen Landes in sein offenes Grab zu streuen. Es fing leicht zu schneien an. Seit damals hält er in Berlin den Rosenkranz des Papstes unter der Erde um die Hand gewickelt, den ich ihm Wochen zuvor aus Rom geschickt hatte. Es war Erde vom Grab Bargil Pixners, die ich ihm mitgebracht hatte.

Ein Sohn der Freude

Montag, 16. Juli 2001, Bargil Pixner OSB in der Grabkammer der Grabeskirche von Jerusalem

Ein wieder gefundenes Fragment: Verschollene Aufzeichnungen von fünfzehn Gesprächen mit Bargil Pixner aus Jerusalem, aus den Tagen der letzten Intifada, über erste und letzte Dinge, mit der Präzision einer stehen gebliebenen kostbaren Uhr.

Bargil Pixner war ein Mönch und »*a mentsch*«, wie man im Jiddischen sagen würde, aber keiner, der von seinen Mitbrüdern deshalb nur geliebt worden wäre. Mit rund 50 Jahren war der Sohn eines Messner-Ehepaars aus Untermais in Südtirol nach Jerusalem gekommen. Er kam also als ausgewachsener Mann, der sich in das Klosterleben mit all seinen Regeln nicht mehr so einfach einfügen ließ wie ein Zwanzigjähriger. Vorher hatte er zehn Jahre als Missionar auf den Philippinen gelebt, davon sechs Jahre unter Aussätzigen, wo er die »schönsten Jahre seines Lebens« verbracht hatte, wie er sagte. Ganz zu sich selbst kam Bargil dennoch wohl erst als benediktinischer Mönch – in Jerusalem und in Tabgha am See Genezareth. Und als er im Alter noch anfing, Archäologie und Topografie zu studieren und zu unterrichten, und als er auf dem Zionsberg das »Tor der Essener« freilegte. Weil deshalb ein paar US-Sendeanstalten auf ihn aufmerksam geworden waren, galt er als »*hot shot*« unter amerikanischen Jerusalem-Pilgern – was die Liebe seiner Mitbrüder zu diesem eigenwilligen Benediktiner allerdings auch nicht wirklich zu steigern vermochte. Ihn hat das kaum bekümmert. »Virgil Pixner« stand in dem Pass, den er der Einwanderungsbehörde vorlegte. »Virgil?«, fragte der israelische Beamte, »Virgil? Kennen wir nicht«, und schrieb stattdessen »*Bargil*« in das Formular. »Sohn der Freude« bedeutete das auf Aramäisch. Diesen neuen Vornamen behielt er auch bei, als er seine ewigen Gelübde als Mönch ablegte, bei denen seine Mitbrüder ihre alten Namen normalerweise abstreifen wie einen alten Rock. Ich lernte ihn kennen, als er schon zu einem modernen Heinrich Schliemann des Heiligen Landes geworden war – vom Zionsberg bis zum Nordufer des Sees Genezareth.

Eigentlich war ich seinem Geist deshalb schon rund zwanzig Jahre vorher auf einem einsamen Hügel Galiläas über Tabgha am See begegnet, als ich da dem Gedanken verfiel, nur dort und nirgendwo anders müsse der Ort der Bergpredigt Jesu gewesen sein. Es war eine Art große Muschel auf einem Hügel, wie geschaffen für einen Mann, der einer größeren Menge etwas vortragen will. Bis jetzt sehe ich das Gras noch vor mir, das der Wind vor meinen Augen bewegte, und die blauen Blumen. Den See dahinter. Jahre später fand ich dann genau dort einen aufgestellten Stein, auf dem stand: »Hier war der Ort der Bergpredigt!« Bargil Pixner war inzwischen da gewesen. – Er war freilich nicht nur mit den überreizten Sinnen eines aufgewühlten Pilgers dort angekommen. Er brachte auch starke Argumente für seine kesse Behauptung mit. In diesem Fall war es der früheste Pilgerbericht der Spanierin Egeria, die im 4. Jahrhundert den damals schon hoch verehrten Ort der Bergpredigt exakt über der Eremos-Höhle lokalisierte – die genau unterhalb jener Stelle liegt, auf der ich gesessen hatte, versteckt im Abhang des gleichen Hügels, als jenen Ort, in den Jesus sich nach dem Zeugnis der Schrift wohl am liebsten zum einsamen Gebet zurückgezogen hatte.

Hier war Bargil zuhause. Er liebte die Weinberge seiner Südtiroler Heimat, doch im Heiligen Land hatte er zu einer beinahe schon märchenhaften Vertrautheit mit Jesus und der Urgemeinde gefunden, aus der er sich bis zum letzten Atemzug die Freiheit immer neuer kühner Ansichten auf die Gründungsereignisse der westlichen Welt erlaubte. Mitten im Gespräch schlurfte er bisweilen wie auf Pantoffeln vom Englischen ins Hebräische hinüber, oder vom Deutschen ins Italienische (oder sogar ins Philippinische, wenn Pilger aus Manila danach verlangten). Er hatte eine Begabung zur Freundschaft und ging seinen Mitbrüdern dennoch, wie gesagt, oft auf die Nerven, weil er immer Neues entdeckte. Unter den Armeniern der Nachbarschaft erzählte man deshalb folgenden Witz über ihn: Weil er hier immerzu etwas Neues ausgrub – gestern das bei Flavius Josephus erwähnte Tor der Essener, heute die Grundsteine der ersten »Kirche der Apostel« und vorgestern ein gut erhaltenes jüdisches Ritualbad der Muttergottes (neben der Toilette der Basilika vom ›Heimgang Mariens‹) –, schickte der Abt der Abtei seinen unruhigen Mitbruder schließlich zum Ausruhen in die Niederlassung der Benediktiner an den See Genezareth. Kaum war Bargil da, erreichte den Abt schon ein Telegramm: »Habe Bethsaida entdeckt! Bargil«

Inzwischen erzählt den Witz schon lange keiner mehr, seit unzweifelhaft ist, dass Bargil Pixner auch damals, 1981, wieder einmal einen Volltreffer gelandet hatte, als er gegen das Gelächter vieler Kollegen neben der Einmündung des Jordan in den See wenige verfallene alte Mauern in unwegsamem Gestrüpp als Überreste Bethsaidas identifizierte – wo seitdem das antike Dorf inzwischen fast vollständig ausgegraben werden konnte, aus dem die ersten Apostel Andreas, Petrus, Jakobus und Johannes stammen. Das Heilige Land, sagte er immer wieder, sei ein »fünftes Evangelium«, das dringend mit gelesen werden müsse, um die ersten vier Evangelien richtig aufzuschließen.

Im Vergleich mit vielen Wissenschaftlern, die immer ein wenig vor oder hinter oder neben der Wahrheit liegen, kam mir Bargil in seiner schusseligen Liebenswürdigkeit darum oft vor wie eine stehen gebliebene Uhr – die zweimal pro Tag exakt wie keine Atomuhr die absolut richtige Zeit anzeigt: mit allerhöchster Präzision. An diese lasergenaue Treffsicherheit kommt kein anderer Wecker heran. Und weil er den Rosenkranz eben so liebte, hatte ich ihn eines Tages – wie gesagt – gebeten, er möge mir doch an verschiedenen Abenden zu jedem Geheimnis etwas aufs Tonband sprechen, damit sein legendäres Wissen über die Ortstraditionen Jerusalems mit seinem Tod nicht völlig verloren ginge. Denn für ihn hatte das Heilige Land selbst eine Stimme: Das waren die lokalen Überlieferungen, die er als Kommentare zur Bibel immer ernst nahm. Es war mitten in der Intifada und keiner wusste, was sich aus diesem

Brand noch entzünden könnte. Einen Tag später fingen wir im Besprechungszimmer der Abtei mit den Gesprächen an. Mein Tonband surrte daneben, ein alter Apparat, meistens hatte ich viel zu viel zu tun, als dass ich die Interviews gut hätte vorbereiten können. Meinen Fragen merkt man das jetzt noch an. Manchmal sind sie ganz einfach roh und doof und abgelenkt – und wirklich nie »*sophisticated*«, wie es normalerweise mein Ehrgeiz war. Da bitte ich alle Leser jetzt schon um Nachsicht. Bargil hingegen hatte immer Zeit wie ein Buddha. Manchmal fassten wir verschiedene Orte und Szenen zusammen, weil die Zeit so drängte. Den »lichtreichen Rosenkranz« von Johannes Paul II. gab es noch gar nicht.

Ich wollte alles später mit ihm bearbeiten und auch die letzten Orte mit ihm aufsuchen, wo wir noch nicht gemeinsam gewesen waren, doch im Februar 2002 ging unsere Reise von Jerusalem nach Rom weiter, wobei Bargil auf dem ersten Streckenabschnitt, von Jerusalem zum See Genezareth, noch einmal auf dem Beifahrersitz saß und Ellen auf dem Rücksitz. Es ging erneut über die Allon-Road, wo er unterwegs wieder zu jedem Hügel eine Geschichte und zu manchem gleich drei oder vier kannte. Auf den Verkehr brauchten wir wieder kaum zu achten. Frühling auf allen Hügeln. Unser Schiff fuhr am nächsten Abend von Haifa ab, einem Aschermittwoch. Auf dieser letzten Strecke, weiß ich, haben wir den ersten Rosenkranz gemeinsam gebetet, über den wir vorher so oft gesprochen hatten. Bargil holte dazu seinen Perlenkranz aus altem Olivenholz hervor, und wo ich sonst mit Ellen manchmal zwischendurch in ein Gespräch abschweifte, erzählte und erläuterte Bargil die Geheimnisse immer noch ein wenig ausführlicher. Es war ein Traum.

Er wollte uns in Rom besuchen kommen. Am Freitag der Osterwoche 2002 machte sich Bargil Pixner dann jedoch urplötzlich ins himmlische Jerusalem auf. Er wird es nicht mehr weit gehabt haben. »Christus ist auferstanden – und ich auch!«, hatte er nach einer letzten Krankheit am Ostersonntag zum Schmunzeln seiner Mitbrüder noch gesagt. Und dann war er plötzlich tot und wurde im Kapitelsaal aufgebahrt. Abgehört habe ich die meisten Tonbänder später aus lauter Zeitnot dennoch nie, seine vertraute Stimme aber habe ich noch im Ohr. Erst jetzt liegen Abschriften der Befragungen vor mir. Freunde haben mir die Arbeit abgenommen. Die Aufzeichnungen sind ein Fragment geblieben, mit dem wir im Folgenden noch einmal in das Heilige Land aufbrechen, das Johannes Paul II. so lieb und teuer war und von dem Bargil sich so sehr wünschte, dass es endlich zu dem Paradies werden könnte, als das Gott es geschaffen hat. Die Stacheldrahtgebinde um Bethlehem sind inzwischen durch eine monströse Mauer ersetzt worden, die ihm sicher das Herz gebrochen hätte.

Doch auch jetzt, mit jedem Meter Stacheldraht, mit allem Beton lässt sich das Heilige Land insgesamt noch immer als eine Ikone Gottes betrachten, vielleicht mehr als je zuvor. In Jerusalem gibt es immer noch den »Blutacker«, der von den 30 Silberlingen gekauft wurde, für die Judas Jesus verraten hatte. In Nablus wird jetzt noch aus dem Brunnen getrunken, den der Patriarch Jakob vor 3500 Jahren für sich und seine Herden gegraben (40 Meter tief!) und aus dem Jesus von Nazareth vor 2000 Jahren getrunken hat. Klarstes Wasser bis auf den heutigen Tag. In diesem Land ist Gott aus allen Legenden und Sagen und Gerüchten über ihn in unsere Welt eingetreten. Hier hat er schließlich endgültig und für immer sein menschliches Gesicht gezeigt. Im Heiligen Land gibt es deshalb in merkwürdiger Weise auch jetzt noch keine Vergangenheit, Gegenwart und Zukunft, sondern immer nur alles zusammen, in kosmischer Gleichzeitigkeit. Und natürlich begegne ich auch Bargil und Johannes Paul II. in diesem Land des Rosenkranzes deshalb immer wieder neu, beide lebendig und beide immer ganz gegenwärtig.

Die nächsten 20 Kapitel führen nacheinander zu jenen Orten, in denen die vier mal fünf Geheimnisse des freudenreichen, des lichtreichen, des schmerzensreichen und des glorreichen Rosenkranzes betrachtet werden.
Im freudenreichen Rosenkranz ist das der Ort der Empfängnis Jesu durch Maria, der Wohnort Elisabeths, wo die schwangere Maria sie besuchen kam, der Platz der Geburt in Bethlehem und das Fundament des alten jüdischen Tempels in Jerusalem, wo Jesus zuerst »aufgeopfert« und später von seinen Eltern wieder gefunden wurde.
Für den lichtreichen Rosenkranz widmen sich fünf Kapitel der Taufstelle Jesu im Jordan, der Hochzeit von Kana, den Hügeln, auf denen Jesus von Nazareth in Galiläa das Himmelreich ausrief, danach dem Berg Tabor und dem so genannten Coenaculum auf dem Zionsberg in Jerusalem: dem Berg und Ort des letzten Abendmahls.
Der schmerzensreiche Rosenkranz führt zuerst in den Garten Gethsemani, dann dahinter zu einer alten Säule, danach zum Ort der Dornenkrönung Christi und schließlich über die Via Dolorosa auf den Gipfel des Golgatha.
Mit dem letzten (glorreichen) Rosenkranz suchen wir den Ort der Auferstehung Christi auf, die Stelle seiner Himmelfahrt, noch einmal den Zionsberg, wo der Heilige Geist in die Welt einbrach, das Grab Marias im Tal Josaphat und den Himmel über Brüssel, für einen kurzen Blick auf die Krönung Marias durch ihren Sohn.
Entsprechende Texte der Schrift zu diesen zwanzig Geheimnissen finden sich vorne und hinten in den Innenseiten des Bucheinbands.

Auf dem Lorbeerhügel

Mittwoch, 16. Februar 2000, Loreto in den italienischen Marken mit der Basilika des »Heiligen Hauses«

Vom ersten Geheimnis des Rosenkranzes. Ein gewandertes Haus in den italienischen Marken, der Besuch eines Engels, der leise Urknall der Christenheit, erste Bausteine des Ave Maria und die Steine der Mauer, an denen Jesus mit Josef lehnte.

Ja, jeder Rosenkranz ist eine Pilgerreise durch Heiliges Land. Vielleicht fängt er auf geheimnisvolle Weise darum auch nicht in Israel und Palästina an, sondern an der italienischen Adria. Das Elternhaus Jesu von Nazareth befindet sich nicht in Nazareth, sondern auf einem mit Lorbeer bestandenen Hügel, fünfzehn Autominuten südlich der Hafenstadt Ancona. Schon von der Autostrada, die am Meer entlang nach Pescara führt, ist die herrliche Kuppel zu sehen, die die kleine Kammer seit dem 16. Jahrhundert überwölbt. Im Innern des Doms umkleidet ein kostbarer Marmorschrein den leeren Raum. Ich weiß nicht, warum ich Ellen vor unserer Auswanderung nach Jerusalem noch dringend zwei Bilder in Europa zeigen wollte: die Birken von Birkenau und diese winzige Kammer in Loreto. Ich dachte nur, ich musste es. Es war im Februar 2000 und in Italien fast ebenso kalt wie in Polen. In der billigen Pension funktionierte die Heizung nicht. Am Morgen war ich so früh wie möglich in der Kirche, um ungestört einige Fotos der »*casa sancta*« zu machen, des heiligen Hauses der Menschwerdung Gottes. Doch kaum eine Minute zwischen 6 in der Früh und 7 am Abend ist die Kammer menschenleer. Die roten, weißen, schwarzen, grauen und gelben Steine sind bis zur Augenhöhe glatt und weich gestreichelt und geküsst worden. Immer lehnt irgendein Beter an ihnen.

In diesem Zimmer hat der Engel Gabriel das erste »Ave« gesprochen. Hier hat er sie, vom Himmel her, mit dem Ehrentitel »voll der Gnaden« belegt: voll wie ein bis an den Rand gefülltes Weinglas. Ohne Sünde. Ohne Bosheit. Hier hat Maria ihren Sohn empfangen. Zwischen diesen Steinen fand der leise Urknall der christlichen Offenbarung statt.

Die Geschichte ist natürlich ein wenig unglaublich. Kaum zu verwundern ist, dass sie seit den Tagen Voltaires fast nur noch belächelt wird. Millionen Pilger, die viele Jahrhunderte lang in diesen bedeutendsten Marienwallfahrtsort des alten Europa gezogen sind, haben die Sache dennoch nie ernsthaft bezweifelt. Sie haben in dieser *Casa sancta* abwechselnd das Haus des heiligen Geistes verehrt, das Heiligtum der verborgenen Jahre Jesu, das Heiligtum des heiligen Joseph und der heiligen Familie – oder auch das Heiligtum des »Hauses auf dem Weg«. Denn Engel selbst, so hieß es lange in Italien, hätten dieses Häuschen auf ihren Schultern von Nazareth durch die Lüfte hierhin getragen.

Es ist jedoch keine Legende, sondern in Dokumenten im Archiv des Vatikan belegt, dass im Jahr 1294 ein gewisser Nicoforo de Angelis (einer »in Palästina reich begüterten Familie«) dem König von Neapel »heilige Steine« geschenkt hat, »weggetragen aus dem Haus unserer lieben Frau und Gottesmutter«. Dreißig Jahre zuvor war die Verkündigungskirche in Nazareth im Heiligen Land von Sultan Baibar zerstört worden, in der seit frühester Zeit das »heilige Haus« verehrt wurde. Im Jahr 1291 war mit Akkon der letzte Kreuzfahrerhafen gefallen. Und kein Märchen ist es auch, dass die Kammer von Loreto aus Steinen besteht, die nach Weise der Nabatäer behauen sind, als völlige Fremdkörper in der Gegend der italienischen Marken. Frühchristliche Graffiti zieren manche der Steine, wie sie auch in Galiläa gefunden wurden. Splitter von Straußeneierschalen wurden in dem Zement gefunden, wie auch im Heiligen Land in vielen christlichen Heiligtümern.

Schließlich ergaben Ausmessungen, dass sich dieses kleine Haus in Loreto an jenes Treppenhaus im Fels, das in Nazareth bis heute noch als Verkündigungs-Grotte verehrt wird, anpasst wie ein Ei in einen Eierbecher. Diese Treppe ist Teil einer Höhle, wie sie an unzähligen Orten rings um das Mittelmeer zu finden sind. Die Kammer in Loreto war dieser Treppe wohl als ein Vorbau im Freien angefügt, bis sie dann abgetragen und verschifft worden ist. Es waren also wohl wirklich »*Angeli*«, die das Haus aus Palästina nach Italien geschafft haben, so wie im letzten Jahrhundert die Ruinen von Abu Simpel vor den Fluten des Assuanstausees gerettet wurden. Das Haus wurde noch viele Male in Europa nachgebaut, doch das Original ist unvergleichlich in seiner Schlichtheit. Ein Altar schließt den Raum an der Stirnseite ab. HIC VERBUM CARO FACTUM EST ist darüber in Messingbuchstaben zu lesen. »Hier ist das Wort Fleisch geworden.«

Es gibt kein aufreizenderes Dogma. Dass Jesus übers Wasser ging, dass er Kranke heilte, selbst seine Auferstehung von den Toten, die Annahme also, dass er am Kreuz starb und nach drei Tagen wieder ins Leben zurück kehrte, ist vielleicht starker Tobak, doch wer es glauben will, kann daran glauben. Das ist nicht so schwer. Die »Menschwerdung Gottes« aber, die Vorstellung also, dass der Schöpfer des Himmels und der Erde, der Urheber aller sichtbaren und unsichtbaren Dinge, der Herr des Universums, der Sonne, des Mondes und aller Sterne auch meine Frau und mich, die Gattung der Elefanten, die Katze des Nachbarn und jede noch so kleine Amöbe in die Existenz gerufen hat, dass dieser Gott sich eines Tages als Samenzelle in das Ei einer jungen Jüdin einnistete, um Mensch wie wir zu werden, das ist einfach nicht mehr zu glauben. Da treffen sich der Atheist und der Christ, wenn er ehrlich ist. Dieses Dogma sprengt jede Vorstellung und jeden Verstand. Es ist unfassbar. Alles andere ist klein dagegen, der Engel, die Verkündigung, die Geburt durch die Jungfrau. Dieser Glaube aber ist das Fundament der ganzen Christenheit.

Das sah auch Bargil so, doch sonst stellte er sich alles ganz anders vor. Nach dem Evangelisten Lukas trat der Engel »ein, wo Maria war«. Bargil aber sah in Maria eine Gott geweihte Jungfrau und ihr Haus bei der heutigen Anna-Kirche in Jerusalem. Von da hatte sie es nicht weit bis zum Tempel, direkt nebenan, knapp hundert Meter weiter südlich, wo das Hämmern und Klopfen vor ihrer Haustür damals nur am Sabbat ruhte. Es war die Zeit, als Herodes den jüdischen Tempel neu bauen ließ, und damit alles, was wir davon heute noch in Jerusalem sehen können: von der Klagemauer bis zu den Hulda-Toren. Vor Marias Elternhaus lag in ihrer Kindheit die gewaltigste Baustelle des Nahen Ostens. Sie hatte den Tempel ständig vor Augen. Dort hatte sie lesen gelernt. Als der Engel sie aufsuchte, war sie etwa sechzehn Jahre alt. Ihre Eltern hatten sie Gott geweiht und mit ihrem Einverständnis hatte sie ein Enthaltsamkeitsgelübde getan, erzählt das Protoevangelium des Jakobus, dem Bargil in dieser Hinsicht zusätzlich zu den Evangelien ebenso vertraute wie den Ortstraditionen der Stadt.

Und Josef? »Er war ein Nazoräer, er stammt aus dem Klan der Nazoräer, der Davididen. Er war Witwer. Seine erste Frau war gestorben und hat ihn mit vier Jungen und wahrscheinlich zwei Mädchen zurück gelassen. Der Vater Marias hat mit diesem Josef gesprochen und gefragt, ob er nicht bereit wäre, dieses Mädchen, das diesen Enthaltsamkeitseid abgelegt hatte, anzunehmen. Da hat Josef gesagt – so steht es nirgends geschrieben, aber ich kann es mir vorstellen: ›Dieses Mädchen kann mir gut helfen, die Kinder zu erziehen, die jetzt ohne Mutter sind.‹ So ist es dann zur Verlobung gekommen. Dazu kam es wohl in Nazareth.«

Und wo haben sich die beiden kennen gelernt, in Jerusalem oder Nazareth? »Josef war nicht nur Zimmermann, sondern ein *Tekton*, einer, der überhaupt Bauarbeiten gemacht hat, auch mit Steinen. Das war einer, der einen Hausbau übernimmt und ein Haus baut. Weil die meisten Materialien in Nazareth Steine sind, hat er Steine verarbeitet. Bei Gelegenheit auch eine Tür gemacht oder einen Dachstuhl. Das war seine Arbeit. Er hat alles getan, was damals zu einem Bauunternehmen gehörte. Weil wenig Arbeit war in Nazareth, kann man sich vorstellen, dass er auch viel unterwegs war, etwa in Sepphoris, der Hauptstadt von Galiläa. Die war nur eine Stunde entfernt. Herodes Antipas hat da viel gebaut, Theater, Wasserleitungen. Da wird Josef später auch Jesus mitgenommen haben. Sepphoris war sehr stark hellenistisch geprägt. Deshalb sprach Josef wohl auch griechisch oder verstand es gut. In Bethsaida am See war es ähnlich, wo einige der Apostel herkamen. Sicher ist Josef auch nach Jerusalem gekommen, als der Tempel wieder aufgebaut wurde. Da brauchten sie viele Handwerker, da gab es Arbeit in Hülle und Fülle. Vielleicht hat auch Jesus ja an diesem Tempel mit gebaut, als Josef ihn mitnahm. Das kann ich mir gut vorstellen. Nach der Verlobung Josefs mit Maria war die Erscheinung des Engels nach Lukas jedenfalls in Nazareth. Nach Matthäus ist es nicht ganz klar. Nach dem Protoevangelium war es in Jerusalem. Da heißt es, sie habe den Vorhang des Tempels gestickt und da sei ihr der Engel erschienen. Zuerst ist sie herausgegangen zum Brunnen, da hat sie diese Stimme gehört und ist davongelaufen.«

Und Josef? Lukas zufolge ging Maria gleich nach der Verkündigung ihrer Schwangerschaft zu Elisabeth. Josef wird damals irgendwo gearbeitet haben, und als Maria nach drei bis vier Monaten zurückkam, waren die Zeichen der Schwangerschaft unübersehbar.

»Josef kam nach dem Bericht des Protoevangeliums erst nach sechs Monaten wieder von einer seiner Arbeitsstellen nach Jerusalem zurück und sieht plötzlich, sie ist schwanger. Vielleicht hatte er die älteren Söhne bei sich gehabt. Jakobus soll schon zwölf Jahre gewesen sein. Vielleicht hatte er sie auch bei seinem Bruder Kleophas gelassen, in Nazareth.«

»Bei dem Kleophas, der nachher im Evangelium auftaucht, der Mann mit dem ›brennenden Herzen‹, dem sich später auf dem Weg von Jerusalem nach Emmaus der Auferstandene zugesellte, den er am Anfang nicht erkannte?«

»Könnte sein. Er hatte einen Sohn, der hieß Simeon, der wurde der zweite Bischof von Jerusalem. Es gibt zwei verschiedene Ansichten über die Brüder Jesu: Hieronymus sagt, das waren Cousins Jesu. Die alten Kirchenväter sagen: Josef war Witwer und hatte diese Söhne von der ersten Frau. Entweder waren es Stiefsöhne, Halbbrüder oder Cousins. Es ist nicht ganz sicher, wie es war. Nun kommt Josef jedenfalls nach Jerusalem und sieht, Maria ist schwanger. Er ist entsetzt. Er klagt sich an, dass er nicht genug auf sie geschaut hat. Er ist besonders entsetzt gegen den Mann, der sie verunreinigt hat. Zu Maria sagt er: ›Warum hast du das getan? Wie konntest du das? Du bist doch eine vom Jungfrauentempel? Ich habe dich als solche empfangen.‹ Sie fängt an zu weinen. Sagt, sie sei unschuldig. Dann geht alles vor den Priester. Der entscheidet: Beide sind unschuldig. Dann nimmt Josef Maria an als Frau, dann heiraten sie. Sie war ein Mädchen, sechzehn Jahre alt. Wie wollte sie richtig begreifen können, was ihr geschehen war? Mit wem wollte sie das besprechen? Darum ist sie dann auch zu ihrer Cousine Elisabeth gegangen.«

Ob Bargil mit diesen Mutmaßungen die Realität getroffen hat? Ob er an diesem Tag wie der stehen gebliebene Zeiger einer Uhr wieder mal die ganz und gar richtige Zeit anzeigte, zumindest einen Aspekt davon? Er hätte wohl gelacht bei der Frage. Das Lukas-Evangelium jedenfalls erzählt die Geschichte anders und schöner. Vieles wird Bargil heute besser wissen. Sicher hatte er nicht in allem Recht. Doch die Orte haben Recht – und die Zeugen und der Staub der Materie, in die Gott eintrat, als er Mensch wurde. Fassbarer als viele Worte sind heute deshalb die Steine in Loreto, das Haus, in dem der Menschensohn heran wuchs, der Türsturz, unter dem er es betrat, die Wände, an denen er lehnte, fast dreißig Jahre lang, mit Josef, mit Maria: als Kind, als Jüngling und junger Mann. Fassbarer ist, dass nur da, wo der Höchste sich einmal so tief hinab gebeugt hatte, dass er sich als Same in das Ei einer jungen Frau einnistete, Menschen irgendwann auch der Idee verfallen konnten, sich vor keinem Menschen mehr zu beugen. Die Idee von der vollen Freiheit des Menschen ist diesem Moment entsprungen wie einer Quelle, die im Lauf der Geschichte zu einem immer mächtigeren Fluss wurde. Und gewiss ist auch, dass seit diesem Gruß des Engels an die Jungfrau, seit diesem allerersten Ave Maria, jedes menschliche Leben immerzu und überall schon von seinem allerersten Moment an heilig und geheiligt ist, mit dem vollständigen und unverwechselbaren DNA-Satz, mit dem jeder später wieder zu Staub zerfallen wird. Und auch das Antlitz Jesu muss im Moment seiner Empfängnis durch Maria schon ganz und gar da gewesen sein: im Blick der niedergeschlagenen Augen seiner Mutter, der er wie aus dem Gesicht geschnitten war.

Tanzende Embryos

Freitag, 7. September 2001, Eisenbahnwaggon der Deutschen Reichsbahn in der Holocaustgedenkstätte Yad Vashem in Jerusalem, mit Blick auf die Kirche der Heimsuchung Marias in Ein Kerem im Bergland von Judäa

Vom zweiten Geheimnis. Der zweite Baustein des »Ave Maria«, diesmal nicht aus Engelsmund, sondern von einer schwangeren Cousine. Besuch eines der lieblichsten Täler des Heiligen Landes zwischen zwei der tragischsten Hügel seiner jüngeren Geschichte.

Wer heute die Stelle sucht, an der das Kind im Leib Elisabeths vor Freude über den Besuch der schwangeren Maria hüpfte, nimmt sich im Zentrum Jerusalems am besten ein Taxi und fährt zuerst einmal nach Yad Vashem hinter dem Herzl-Berg, zu der mythischen Höhe des Staates Israel, wenn er den längeren Weg nicht zu Fuß nehmen will. Nach Yad Vashem muss jeder hinkommen, der nach Jerusalem kommt, jeder König oder Präsident muss sich hier vor dem unfassbaren Schrecken verneigen. Unvergessen der Tag, als Johannes Paul II. sich hierhin schleppte. Wie gesagt, auch wir waren gerade angekommen. Über der Halle der Erinnerung an den Massenmord Nr. 1 der Weltgeschichte brummten Helikopter wie böse Insekten. Ein Heer von Sicherheitsleuten umringte den Ort. In der Halle schmerzhaft angespannte Stille. Im Dämmer der Halle auf seinen Stock gebeugt, starrte der Papst in die ewige Flamme. Ein Mädchenchor stimmte »*Eli, Eli*« an: »Mein Gott, mein Gott«, die letzten Worte Christi am Kreuz. Hanna Senesch aus Budapest hatte das Lied 1942 in Palästina aus den ersten Worten gedichtet, die sie auf Hebräisch gelernt hatte, bevor sie sich zur Fallschirmspringerin ausbilden ließ, hinter den deutschen Linien absprang und gefangen, gefoltert und umgebracht wurde. »Das Rauschen der Wellen, das Blau des Himmels, das ist das Gebet der Menschen.« Das Blau des Himmels wölbte sich über Yad Vashem.

Der Papst stand vor der Flamme und zitterte, dass man Angst um sein Lebenslicht haben konnte. Ein Abschiedsbrief aus dem Abgrund der Hölle wurde vorgelesen, von einer Frau Genya Klepfisz-Judzka vom 27. September 1943: »Liebes Fräulein Bronja, schreckliche Dinge sind in letzter Zeit mit mir geschehen. ... Ich bitte dich, hab gut Acht auf meinen Sohn, sei du ihm eine Mutter. Ich fürchte, dass er sich erkältet – er ist doch so zart und verletzlich. ... Jeden Tag bete ich zu Gott, dass du um meiner Leiden willen Glück in der Zukunft finden mögest, dass du nie von deinen Kindern getrennt werden musst, und dich wie eine Mutter um sie sorgen und lieben darfst. Kannst du diese Qual verstehen? ... Achte bitte darauf, dass er sich warm anzieht und auch Socken trägt. Ich kann nicht weiter schreiben. Mir sind alle Tränen ausgegangen. Gott schütze euch beide. Liebe und Küsse, Genya.«

Ein Kantor sang. Sechs Überlebende wurden dem Papst aus Polen vorgestellt, darunter – in Tränen – Edith Tzirer aus seiner Heimat, die am Tag der Befreiung ihres KZs mit Tuberkulose und kraftlos am Zaun des Lagers von einem jungen Priester aufgefunden wurde, der ihr das erste Stück Brot und eine Tasse Tee gab und sie auf seinem Rücken drei Kilometer zur nächsten Bahnstation getragen hat. Seinen Namen hat sie nie vergessen: Karol Wojtyla. Dann bewegte sich der alt gewordene Priester an das Pult, mit einem Psalm König Davids: »Ich bin wie ein zerbrochenes Gefäß geworden. Ich höre das Flüstern von so vielen – Schrecken von allen Seiten, wie sie sich gegen mich zusammen rotten, wie sie sich verschwören, um mir das Leben zu rauben. Ich aber baue auf dich, mein Herr: ich sage ›Du bist mein Gott‹.«

Handys pfiffen, die Laptops der Journalisten begannen zu flimmern, der März-Himmel über Yad Vashem bezog sich grau, während noch einmal das letzte Bild der Rede des Papstes über die Bildschirme huschte: »Ich höre das Wispern von so vielen – Schrecken überall um mich herum. Ich aber setze auf dich, mein Herr: ›Du bist mein Gott‹.« – Nicht weit vom Papst ragten Eisenbahn-Gleise in die Luft, in den Abgrund, darauf einer der letzten Güter-Waggons der Deutschen Reichsbahn, in denen das »Volk der ersten Liebe« Gottes wie Vieh nach Auschwitz verschleppt wurde. In einer unterirdischen Halle wird eine flackernde Kerze unzählige Male in der Dunkelheit reflektiert, zur Endlosschleife eines Tonbandes mit den Namen, dem Alter und dem Geburtsort von 1,5 Millionen ermordeten Kindern. Nicht weit davon wird in einem Steinbruch im »Tal der Gemeinden« auf über 100 Felswänden der über 5000 jüdischen Gemeinden gedacht, die ganz oder teilweise in Europa ausgelöscht wurden.

Der Hügel von Yad Vashem schiebt sich unterhalb Jerusalems als Nase in die zum Meer hin abfallenden Hügel Judäas. Wer von der Spitze des Hügels seinen Blick schweifen lässt, sieht deshalb auch links unter sich im Tal den Kirchturm von Ein Karem, wo Maria ihre Base Elisabeth aufsuchte, und rechts auf einem Nachbarhügel das moderne Givat Scha'ul, das 1909 gegründet wurde.

Daneben, in dem modernen Har Nof, gibt es einige Häuser eines älteren Dorfes, das einmal einen ganz anderen Namen hatte. Dessen Geschichte hat auch mit der Schoah in Europa zu tun, und es gibt dazu, wie über fast jedes historische Ereignis der letzten 100 Jahre im Heiligen Land, »*conflicting theories*«, wie es hier oft heißt: widerstreitende Meinungen. Verschiedene Wahrheiten wird es dennoch nicht geben. Unbestritten ist, dass der Rumpf des älteren Dorfes innerhalb von Givat Scha'ul früher Deir Jassin hieß.

Dem Teilungsplan der UN zufolge sollte es nicht Teil jenes jüdischen Staates werden, den Politiker und Diplomaten nach dem Ende des britischen Mandats am 14. Mai 1948 neben einem arabischen Staat im Heiligen Land vorgesehen hatten. Auch Ein Karem sollte nicht dazu gehören, der Ort der »Heimsuchung« Marias. Es war sogar unklar, ob Jerusalem dazu gehören sollte. Die UN hatten eine internationale Verwaltung für die komplizierte Stadt vorgesehen. Wer auf die Landkarte schaut, sieht, dass Jerusalem quasi in der Fingerspitze eines Fingers liegt, der sich von dem israelischen Kernland nach Osten in den arabischen Teil Palästinas bohrte. Wie es zu diesem »Finger« kam, davon erzählt der Name Deir Jassin.

In Jerusalem hatten sich schon seit Jahrhunderten wieder viele Juden um die Trümmer ihrer alten Heiligtümer unter den Arabern niedergelassen. Hier aber war im März 1948 noch ganz und gar arabisches Gebiet. Rein militärisch war der Korridor von Tel Aviv nach Jerusalem bis zum Abzug der Briten nicht mehr frei zu kämpfen. Palästinenser kontrollierten einen guten Teil der Straßen im Gebirge. Die Gewalttätigkeiten hatten schon lange vor dem Unabhängigkeitskrieg Israels begonnen und auf beiden Seiten viele Opfer gefordert. Im Februar hatte ein mit Sprengstoff beladener LKW in der Ben Jehuda Straße 50 Menschen in den Tod gerissen. Da entsannen sich auch einige der Kämpfer auf der israelischen Seite einer Geheimwaffe, die sie zuvor unter der Schreckensherrschaft der Nazis in Europa kennen gelernt hatten. Der Name der Waffe: Terror. – So erzählt es die eine Seite. Die andere Seite besteht darauf, dass die jüdischen Kämpfer hier endlich aus der Verteidigung zum Angriff und zur Initiative übergehen wollten.

Früh in der Nacht am Freitag, dem 9. April 1948, griff jedenfalls ein Kommando von rund 70 Männern der radikalen »Stern-Bande« (aus der Untergrundbewegung des Irgun) unter Führung Menachim Begins aus Polen Deir Jassin an. Widerstand kam so gut wie nicht aus den Häusern, sagen die einen. Andere behaupten, der Widerstand sei stark gewesen. Das Dorf hatte etwa 750 Einwohner, und gegen Mittag waren es über 100 weniger, die wahllos umgebracht worden waren, die Hälfte von ihnen Frauen und Kinder. Von einem Panzerwagen waren die Menschen vorher mit einem Megaphon aufgefordert worden, sich zu ergeben oder nach Ein Karem zu fliehen. Dort seien sie sicher. 25 Männer wurden in einem offenen LKW zu einem nahen Steinbruch gebracht und dort erschossen. Die New York Times sprach am 13. April von 254 Toten. Die Angreifer hatten fünf Kämpfer verloren. Das »Massaker«, wie es bald hieß, war so spektakulär, dass Ben Gurion sogar eine Entschuldigung an den jordanischen König Abdullah nach Amman schickte, in dem er jede Beteiligung seiner provisorischen Regierung an der Bluttat abstritt. Begin aber schilderte die Folgen später so: »Überall im Land wurden Araber, die von den immer wilderen Geschichten des Irgun-Gemetzels hörten, von kopfloser Panik ergriffen und begannen um ihr Leben zu fliehen, in einer verrückten, unkontrollierbaren kopflosen Massenflucht. Die politische und wirtschaftliche Bedeutung dieser Entwicklung kann nicht hoch genug eingeschätzt werden.«

Die Eroberung Deir Jassins war wirklich ein Durchbruch. Mehr noch als die Israelis verbreiteten arabische Sender die Nachricht. Das Gerücht vom Terror in Deir Yassin war stärker als viele Bataillone. Der Schock der Gewalt gegen die Zivilisten löste unbeschreibliche Panik unter der palästinensischen Bevölkerung aus. Fünfunddreißig Tage später waren schon an die 300.000 von ihnen geflohen. Es sollten noch über 700.000 werden, die Platz machten für Überlebende des Holocaust – und für Juden aus Marokko, dem Irak und anderen Ländern der Welt. 400 palästinensische Dörfer und Städte wurden so entvölkert. Ein Teil der Häuser wurde gesprengt, Bulldozer ebneten viele Friedhöfe ein. Im September 1948 nahmen Neueinwanderer aus Polen, Rumänien und der Slowakei das entvölkerte Deir Jassin in Besitz, das bald in Givat Scha'ul Bet umbenannt wurde, gegen die Einwände Martin Bubers. Buber wollte das Dorf als Mahnmal erhalten haben wie Yad Vashem. Ganz werden sich die Ereignisse nie mehr rekonstruieren lassen. Zu sehr haben sich Gerüchte und Propaganda beider Seiten über den genauen Hergang gelegt. Dass die Opferzahlen hoch waren, ist unbestritten. Deir Jassin war tatsächlich ein Durchbruch.

Das Dorf selbst aber lässt sich heute nicht mehr nach Spuren absuchen. Inmitten von Har Nof ist das Ensemble seiner alten palästinensischen Häuser in eine geschlossene Anstalt umgewandelt worden. In den alten Häusern von Deir Jassin, in denen 1948 ein Massaker den Weg der Israelis nach Jerusalem frei sprengte, ist jetzt die Nervenklinik Jerusalems untergebracht, wo auch Patienten mit dem so genannten »Jerusalem-Syndrom« eingeliefert werden, wenn ihnen die Gleichzeitigkeiten dieser Stadt zu Kopf gestiegen sind. Deir Jassin wurde zur Irrenanstalt Jerusalems. Auch Menachim Begin verbrachte hier seinen Lebensabend, der für das Massaker verantwortlich war – nachdem der Tod seiner Frau ihn umnachten ließ.

Längst gehört jedenfalls Deir Jassin wie Jad Vashem zu Groß-Jerusalem. Unterhalb der beiden Viertel ist das alte Dörfchen Ein Karem bis heute einer der lieblichsten Orte des Heiligen Landes. Der Dunst über den sanft nach Westen abfallenden Hügeln lässt das Meer noch in 70 Kilometern Entfernung ahnen. Große Rosmarinbüsche säumen die kurvige Straße hinunter.

Zwei Kirchtürme ragen aus dem alten palästinensischen Dorf hervor, das zu einer Art Künstlerkolonie der Jerusalemiter geworden ist. Es sind die Kirche des heiligen Johannes und die Kirche der »Heimsuchung« Marias.

Am Ortseingang links findet sich auch ein phantastisches libanesisches Restaurant, mit bestem Hummus und Hühnchen und einem außergewöhnlichen Knoblauchsalat. Bargil hatte uns dahin geführt, Wein gab es hier nicht, aber den ließ der Wirt für uns vom Kiosk gegenüber holen, er war warm, doch es machte nichts, dafür war das Essen zu gut und die Gesellschaft mit Bargil zu anregend. »Was macht die Begegnung zwischen Maria und Elisabeth, von der die Bibel erzählt, so bedeutend«, fragte ich, »dass sie ausgewählt wurde, unter die fünfzehn ausgewählten Geheimnisse des Rosenkranzes aufgenommen zu werden?«

»Deswegen, glaube ich: Hier begegnen sich zwei Frauen, Elisabeth, eine ältere Frau, die schwanger wurde, und die junge Maria, die auch schwanger war. Beide haben sich natürlich gefreut, guter Hoffnung zu sein. Elisabeth hat sich vielleicht aber auch irgendwie geschämt: Erst jetzt wird sie schwanger, eine ältere Frau. Und da kommt nun dieses Kind zu ihr, Maria, mit einem Kind unter dem Herzen. Die Begegnung ist die erste Begegnung zwischen dem Vorläufer und dem Messias selbst, Johannes der Täufer und Jesus, den Johannes später im Jordan taufen sollte. Hier begegnen sich das Alte und Neue Testament. Hier ist es schon eins geworden: das letzte messianische Judentum. Maria ist wohl aus Jerusalem gekommen. Dass dieses fünfzehn-, sechzehnjährige Mädchen ganz allein von Nazareth hierher gekommen ist, kann ich mir einfach nicht vorstellen. Es ist also keine weite Reise gewesen für Maria. Das kann kaum zwei Stunden sein, da müsste man das laufen können von der Tempelgegend bis hierhin nach Ein Karem. Lukas, der von all dem erzählt, kennt Galiläa nicht. Jerusalem kennt er sehr genau und die ganze Gegend um Jerusalem. Maria hat durch den Engel gehört, dass Elisabeth auch empfangen hätte. Weil sie jetzt mit diesem großen Geheimnis ist, wollte sie das jemandem mitteilen, der sie verstehen konnte. Wer konnte denn so etwas verstehen? Dass sie jetzt auf einmal, ohne Zutun eines Mannes, schwanger ist? Wer konnte so etwas begreifen? Dass Gott diese ganzen vielen tausend Jahre gewartet hat und auf einmal entscheidet, er wird einschreiten: Er tritt ein in das menschliche Verhältnis, die menschliche Situation, er wird selbst Mensch. Da wählt er dieses Mädchen, das ihm Mutter sein soll. Es ist ein Ereignis, das die Welt aus den Angeln hebt. Dass Gott eintritt und ein menschliches Schicksal teilt, das ist so außerordentlich, so verblüffend und so ungewöhnlich, dass es niemand verstehen kann. Auch Maria nicht. Maria kann sich nur wundern. Weil sie dieses Geheimnis hat, muss sie mit jemandem sprechen. Die eine, die sie verstehen konnte, ist diese Base Elisabeth. Da geht sie hin. Sie war im hohen Alter. Auch ihre Schwangerschaft war außerordentlich und die von Maria noch außerordentlicher. Deswegen sind sich diese Frauen dort begegnet.«

»Maria sei unter allen Frauen gesegnet, habe Elisabeth ihr zur Begrüßung zugerufen, erzählt der Evangelist. Der Gruß wurde zum zweiten Baustein des Ave Maria. Hatte Elisabeth erkannt, wen sie selbst in sich trug?«

»Sie wusste, dass es ein Sohn war, schon das ist verwunderlich, und wusste, dass Maria auch empfangen hatte.«

»Ist das ›Magnifikat‹, der große Gesang Marias bei dieser Gelegenheit, authentisch oder Dichtung? Gibt es dafür Anhaltspunkte? Oder hat sich das Ereignis in der Erzählung aufgelöst wie Zucker im Kaffee?«

»Ich glaube kaum, dass Maria damals in Ein Karem schon diese Worte gesprochen hat. Aber es ist sehr leicht möglich, dass sie später, nach der Auferstehung, dieses Lied gedichtet hat. Es baut auf einem alten Lied auf, auf dem Lobpreis der Hanna im Buch Samuel. Das kannte sie bestimmt. Und ganz bestimmt war es ja nicht nur Dichtung, sondern prophetische Empfindung und Eingebung. Es ist gut möglich, dass sie selber den Text verfasst hat, aber wohl nicht damals, sondern später, als sie darüber nachdachte. Denn ›Großes hat an mir getan der Mächtige‹, das ist ihr erst bewusst geworden nach der Auferstehung. Ganz früh ist das Lied dann auch auf dem Zion gesungen worden, das bis heute von jedem Priester und Ordensmann mindestens einmal am Tag gebetet wird.«

»Was sagst du denn zu der Verwandtschaft von Maria und Elisabeth und von Jesus und Johannes. Theologen behaupten gern, frühere Theologen hätten das fabriziert und in die Evangelien hinein gelegt. War das ein reales Verwandtschaftsverhältnis? Haben Jesus und Johannes sich öfter gesehen und sind sie miteinander aufgewachsen? In der Barockzeit war ja das ja ein beliebtes Motiv der Maler.«

»Ich glaube nicht. Maria ist mit Josef und Jesus nach Nazareth gezogen, das ist ziemlich weit weg von Jerusalem. Vielleicht hatten sie Kontakt, wenn die Familie nach Jerusalem kam zu Festen. Das kann man sich vorstellen.«

»Was ist denn mit dem Brunnen hier vorn, der Marien-Brunnen heißt? Was sagt die Archäologie dazu?«

»Die Kirchen hier sind alle aus der Kreuzfahrerzeit. Sie ruhen aber auf byzantinischen Fundamenten. Die Tradition Ein Karems geht also sehr früh in die Geschichte zurück. Und Brunnen sind meistens besonders stabil. Wo Maria das Wasser geholt hat, weiß ich nicht. In Nazareth heißt es, dass sie zum

Brunnen ging und vom Brunnen zurückkam. Dabei hätte sie die Stimme des Engels gehört. Im Hause sei er ihr dann erschienen. Die verschiedenen Traditionen sind wie verschiedene Muster eines Stoffes. Brunnen spielten damals im Leben jeder Frau eine wesentliche Rolle. Die Häuser, in denen Maria und Elisabeth hier gewohnt haben, wird keiner mehr finden. Der Brunnen aber ist nicht versiegt. Dort hat sie, wie andere Frauen auch, das Wasser geholt.«

Wir haben unser Auto nicht weit von dem Brunnen geparkt. Das Wasser sprudelt wie vor 2000 Jahren in ein Becken. Eine schwangere Frau geht vorbei. Ist sie Israelin? Palästinenserin? Jüdin? Muslima? Christin? Wir können es nicht erkennen. »Ich weiß nicht, warum diese Begegnung zwischen Elisabeth und Maria in den Rosenkranz aufgenommen wurde«, sagt Bargil. »Doch es gibt ja kaum ein elementareres Bild als die schwangere Maria, so jung noch, als sie hier zu Fuß über die Hügel kommt.« Als sie Jesus zu seiner ersten Pilgerreise nach Ein Karem hinabtrug, unsichtbar, schaukelnd und geschaukelt, als versonnen lächelnder Embryo im Leib der Gottesmutter.

Die Wurmwerdung Gottes

Samstag, 10. November 2001, Beginn des Mauerbaus um Bethlehem: abgesperrte Hauptstraße am Eingang der Stadt beim Grab Rachels, der Frau des Patriarchen Jakob

Vom dritten Geheimnis. Besuch einer eingekerkerten Stadt. Himmlische Erinnerung in einem Hochsicherheitstrakt: die erste Weihnachtsnacht in den Hügeln Judäas, leises Mondlicht und die nicht nachlassenden Geburtswehen des Volkes Israel.

Die Betonmauer, die Bethlehem einsperrt, lässt sich nicht mit der ehemaligen Berliner Mauer vergleichen. Sie ist etwa doppelt so hoch und hat die Stadt Davids heute in einen Hochsicherheitstrakt verwandelt, der von der Jerusalemer Innenstadt so weit entfernt liegt wie der Gendarmenmarkt von der Gedächtniskirche in Berlin. Das Heilige Land ist kein christliches Land. Dennoch ist es ein Herzzerreißen, was hier mit dem Geburtsort Christi geschieht. Das Städtchen ist ein Zentrum der Rosenkranzknüpfer, doch keiner kauft ihnen die Gebetschnüre mehr ab. Hinter Bethlehem blüht immer noch jedes Jahr neu die Wüste für ein paar Tage gegen Ende des Winters. Auf dem Weg zu dem Kloster Mar Saba hinunter schimmern Frühling für Frühling manche Berge und Hügel unter einem so zarten, vergänglichen Blütenteppich, als habe Gott sie persönlich in der letzten Nacht noch einmal angehaucht: gelb, rot, rosa. Nahrung satt für die Bienen und Ziegen, für die Milch und den Honig, die diesem Landstrich für alle Zeiten verheißen sind.

Wie zwei Kronen sitzen Jerusalem und Bethlehem oben auf dem Kamm dieser Lieblingslandschaft des Schöpfers. Doch die beiden alten Königsstädte liegen in zwei verschiedenen Welten, die nun der neue »Schutzwall« trennt, von dem Witzbolde gesagt haben, dass Israel damit versuche, ein Rührei in zwei Spiegeleier zurück zu verwandeln. Doch es handelt sich hier nicht um zwei Eier, sondern um zwei Völker, die sich im Streit um das eine Heilige Land in einem ausweglosen Konflikt ineinander verkrallt haben. Nichts daran ist ein Witz. Zum 2000-jährigen Geburtstag des Gottessohnes schien Bethlehem schier vor Hoffnung zu zerreißen – bevor die Resignation wieder zurückkehrte. Der Papst war aus Rom angereist. Bethlehem brannte vor Erregung. Fahnen, Trommeln und Pfeifen überall. Soldaten, Polizisten, Pfadfinder, Kinder, Alte, Journalisten, Christen und Muslime liefen wie in einem erregten Basar durcheinander.

Der Papst würde alles, alles ändern. Der Papst, der ja nicht nur den Staat Israel 1993, sondern schon 1984 die nationalen Rechte der Palästinenser anerkannt hatte. Der Himmel war grau. Doch den Bethlehemitern schien er golden, als der gebeugte alte Mann in Weiß mühsam dem Hubschrauber unter den rotierenden Blättern entstieg. Er schaffte es nicht mehr, wie früher den Boden zu küssen. So wurde ihm hier eine goldene Schale mit palästinensischer Erde an die Lippen gehalten.

»Schon im ersten Jahr meines Pontifikats war es mein Wunsch, hier Weihnachten feiern zu können«, sagte er auf dem Krippenplatz vor der Geburtskirche mit fester Stimme. »Vor 2000 Jahren hat sich hier eine Hoffnung der Menschheit erfüllt. Deshalb ist Bethlehem das Herz meiner Pilgerreise in diesem Jubiläumsjahr. Hier ist immer Weihnachten. Und mit den Engeln der Christnacht kann ich heute sagen: Ich bin gekommen, euch eine große Freude zu verkünden. Habt keine Furcht, habt keine Furcht ...«

Der Platz war bis auf den letzten Quadratzentimeter gefüllt. Zur Messfeier werden dem Papst ein Brot, ein Ölbäumchen und ein junges Lamm von einem alten Schäferehepaar die Treppen hinauf getragen, die Frau in der Tracht Bethlehems, die Kreuzfahrer im Mittelalter einmal vom Rhein hierhin gebracht haben. Ergreifender arabischer Gesang des jüdischen Propheten Jesaja hat die Feier eingeleitet: »Das Volk, das im Finstern wandelte, hat ein großes Licht gesehen.« – »*Allahu akbar!* Gott ist größer!«, setzt der Muezzin vom Minarett am anderen Ende des Platzes gerade in dem Moment ein, als der Papst seine Predigt mit »*Assalem aleikum*« geendet hat, nachdem er »das Geheimnis der Erlösung in der Schwäche eines Neugeborenen« gepriesen hatte, mit dem der Name Bethlehem für immer in die Weltgeschichte eingeritzt worden sei.

Monate später fegte eine regennasse Bö nach der anderen vom Mittelmeer auf den Bergrücken zu. Kein Stern hatte es in der Nacht zuvor geschafft, durch die dichte Wolkendecke hindurch zu funkeln. Es goss in Kübeln über die Wasserscheide zwischen Abend- und Morgenland. Keinen Hund würde man bei dem Wetter aus dem Haus und auf die Straße jagen. Vor den Stadtmauern Jerusalems hatten die beschlagenen Autofenster den Pegel des Dauerhupkonzerts noch einmal ansteigen lassen. Im nahen Bethlehem aber war es totenstill. Vor der Stadt wiesen durchnässte Soldaten am Checkpoint fast jeden Wagen ab, der in die Stadt hinein wollte, selbst schwer beladene Lastwagen. Seit einem Monat war die Geburtsstadt Christi »verschlossen«, »verriegelt« oder »versiegelt« – wie alle anderen Städte des Westjordanlandes, aus dem in diesem Herbst eigentlich der neue Staat Palästina hätte werden sollen. Die Stadt war ein Käfig geworden.

Ein Jahr später kam uns am ersten Morgen des Herbstes vier Kilometer vom Stoßverkehr Jerusalems auf der nördlichen Hauptgeschäftsstraße Bethlehems nur noch das Gespenst des Krieges entgegen. Keine Katze strich über das Pflaster. Alle Läden geschlossen. Ein Hubschrauber kreiste in der Luft. Automatische Waffen bellten vor und hinter uns. Durchsiebte Autos parkten quer am Bordstein, platt gewalzte Mülltonnen versperrten den Weg, Panzerketten hatten das Pflaster aufgerissen wie ein Blumenbeet, viele Wagen demoliert und ein Auto wie mit einer Schrottpresse platt gewalzt. Aasgeruch hing über den umgekippten Müllcontainern. Vor dem Krippenplatz hallte eine Straße wider vom Heulen der Klageweiber, deren Männer ein Kind zu Grab trugen, das am Abend zuvor erschossen worden war. Das Straßenschild zum »*Shepard's Field*« war mit Fotos eines Ministranten überklebt, dessen Leben ein Querschläger auf dem Krippenplatz ein Ende gesetzt hatte. Hinter der nächsten Biegung sprangen uns Bethlehems lebendige Kinder entgegen, mit kreiselnden Steinschleudern in den Händen, wie sie schon König David als junger Hirt in dieser Stadt geschwungen hatte. Es war eiskalt, mit weihnachtlichen Nebeln. Eine schwere schwarze Wolke senkte sich auf Bethlehem herab.

Wenige Kilometer unterhalb der Geburtsstadt verwehte der Wind über den Hügeln jedes andere laute Geräusch. Nur ein Schaf blökte, ein Lamm antwortete mit hellem Gemecker. Ein Hund bellte. Dann war wieder Stille. Der Regen der letzten Tage hatte wie eh und je genügt, die ersten Hügel über Nacht wieder grün werden zu lassen, die seit April braun und verbrannt waren, eine Höhe hier, einen Abhang da, und dazwischen die feuchteren Erdfalten der ausgetrockneten Natur. Mitten im Dezember hatte der Frühling angefangen. Vor diesem Grün und Blau und Tau und Regen und Wachsen und Sprießen in verbrannter Erde hatte Jesaja schon in der Eisenzeit nach Jerusalem und zum Himmel hinauf geschrien: »Ihr Wolken, regnet und taut die Gerechtigkeit herab!« Das war vor 2700 Jahren, damals wie heute in ausweisloser Lage, wie heute ohne Hoffnung auf die Weisheit der Politiker, wie heute in einer Lage, in der keine Redaktion der Welt Jesaja einen Platz als Leitartikler einräumen würde.

Auch der Platz vor der Basilika der Geburt Christi war menschenleer. Es regnete durch das Dach des palästinensischen Doms. Nur unter seiner Apsis, in der Geburtsgrotte, war es wieder ganz und gar trocken und warm. Das Licht fiel aus. Plötzlich erhellten nur noch einige blakende Öllämpchen den silbernen Stern im hintersten Winkel dieses Raums, auf dem geschrieben steht: HIC DE VIRGINE MARIA JESUS CHRISTUS NATUS EST – »Hier wurde von der Jungfrau Maria Jesus Christus geboren«. Rostrote Flecken wie von altem Blut umgeben den Stern auf dem zerbrochenen Marmorboden. Hier hat Maria den Ich-bin-der-ich-bin geboren. Es war kein Krachen und Blitzen und Donnern. Es war nicht der Göttervater Zeus, der über die Berge kam und in die Täler stiefelte. Nur leiser Gesang der Engel und Dudelsäcke der Hirten umrahmten seine Ankunft. Es war nicht die kosmische Geburt eines Sterns: die unvorstellbar laute Explosion einer Super-Nova. Es war ein winziges Wimmern. Der Schöpfer der Sterne und des Universums, hier ging er durch den Geburtskanal. Hier hat er erstmals sein Gesicht gezeigt. Erstmals ist hier auch die Vorstellung eines »lieben Gottes« in die Welt gekommen, eines »lieben Heilands«, nicht nur eines liebenden Gottes. Gott als Knirps, auf Liebe angewiesen wie auf Luft zum Atmen, völlig hilflos. Ohne Liebe ginge er unter, bevor das erste Wort über seine Lippen gekommen wäre. Laufen konnte er noch nicht, krabbeln konnte er noch nicht. Hier lag er bloß im Stroh. Nackt und zitternd und winzig. So verrückt kann nur Gott sein, das ist klar. Verrückt vor Liebe.

Jetzt war wieder niemand da, eine halbe Stunde lang, eine Stunde lang. Helles Licht drang durch das ausgetretene Treppenhaus in das Dämmerlicht der Tiefe. Es war alles, wie und was es immer war: unglaublich, und vielleicht mehr als je zuvor. Hier hat Josef den Erlöser der Welt nach seiner Geburt ins Stroh gelegt, zwischen blakenden Öllampen und warm atmenden Tieren. Der Tod wird nicht das letzte Wort behalten, sagt hier jeder Stein. Bethlehem steht für eine Hoffnung gegen alle Hoffnung, sagt dieser Ort, grün wie das Gras der judäischen Hügel. Das Fleisch gewordene Wort Gottes, da lag es. Frisch geboren. Er duftete noch nach Fruchtwasser. Seine Haare waren noch verklebt. Fünf winzige Finger an jeder Hand, fünf winzige Zehen an jedem Fuß, zwei Öhrchen, ihm fehlte kein einziges Glied. Gleich macht er das erste Mal ins Stroh. Jetzt schläft er erstmal selig ein und atmet ruhig. Gott sei Dank.

Doch die Geburt Christi ist nicht die einzige Geburt, durch die Bethlehem als eine Art Morgenstern in die Geschichte einging. Auch König David wurde hier geboren, rund 1000 Jahre früher, noch früher Benjamin, der letzte der zwölf Söhne von Israels Stammvater Jakob, dem Sohn Isaaks, dem Enkel Abrahams. Ben-Oni, »Unglückskind«, wollte Rachel, die Stammmutter Israels, den Allerjüngsten mit ihrem letzten Atemzug nennen, als ihr in den Wehen gewahr wurde, dass sie die

Schmerzen nicht überleben würde. Ben-Jamin, »Glückskind« nannte der Vater seinen letzten Stammhalter dann aber, bevor er seine Frau am Stadtrand Bethlehems begraben hat. »Jakob errichtete ein Steinmal über ihrem Grab«, heißt es in der Bibel. Mit dem letzten Kreischen der Kreißenden und dem ersten Schrei Benjamins taucht Bethlehem zum ersten Mal in der Heiligen Schrift vor uns auf. Auch darum gibt es jetzt die neue, monströse Mauer. Nun liegt das Grabmal Rachels außerhalb Bethlehems, als schwer bewachte Burg, in deren Innern fromme Jüdinnen und Juden unter dem Schutz der Armee den Samtvorhang eines alten Schreins mit ihren Küssen und Gebeten bedecken.

Im »*Abu Shanab*«, unserem Lieblingsrestaurant, waren wir mit Bargil wieder die einzigen Gäste. Mantel und Schals behielten wir an. »*What we can do?*«, sagte der Chef des Hauses, der inzwischen auch Koch und Kellner seines Etablissements geworden ist, und hob die Schultern, als er uns Brot und Salat aus frischem Thymian mit Öl und Zitronen an den Tisch brachte. »Uns geht es noch am besten«, sagte der jüngere der beiden Brüder, weil ihre Lammkoteletts auf Holzkohle ihnen immer noch ein paar ausländische Gäste sicherten. Er hing frisch gewaschene Gardinen an den Fenstern auf, hinter denen sich die Neubauten von Har Homa wie ein judäisches Manhattan als letzter spektakulärer Siedlungsneubau Jerusalems über dem nächsten Hügel erheben. »Aber von 14 Angestellten haben wir mittlerweile auch schon zehn Leuten kündigen müssen; von diesen zehn sind mittlerweile drei erschossen worden. Zwei andere wurden so schwer verletzt, dass ihnen in Deutschland die Beine amputiert werden mussten.«

Ja, es gab zu viele Tote. Bethlehem bleibt Zeuge einer Geburt, wie sie kaum dramatischer sein könnte – auch wenn hier jetzt kein Messias und kein letztes Lieblingskind des Hauses Jakob das Licht der Welt erblicken soll und will. Jetzt krümmt sich das so lange von den Völkern verstoßene Israel vor Schmerzen unter der quälend langen Geburt ihres ungewollten letzten Kindes, von dem der wahre Name schon wieder einmal nicht feststeht. Soll es Ben-Oni oder Ben-Jamin heißen? Wird die Geburt Palästinas den Leib Israels zerreißen oder wird es das letzte Glückskind jener Nation werden, dem Gottes erste Liebe galt? Leichter macht Bethlehem Antworten auf Fragen nach seiner Vergangenheit. »Bargil«, fragte ich, während Abu Shanab weitere Vorspeisenteller und Wein aus Beit Dschallah an den Tisch brachte, »Lukas spricht nicht von einer Höhle in Bethlehem. Wieso wird hier dennoch eine alte Höhle verehrt?«

»Die beiden Jugendberichte zu Jesus, der Bericht des Matthäus und des Lukas, sind total verschieden. Sie haben nur zwei Traditionen gemeinsam. Das ist die Geburt in Bethlehem und die Jungfrauengeburt. Das müssen ganz alte Traditionen der Familien gewesen sein, die da aufgenommen wurden. Lukas spricht nicht davon, was das für eine Krippe war, in die Jesus hinein gelegt wurde. Erst später hören wir, dass es in einer Höhle war, bei Justinus von Neapolis, dem heutigen Nablus. Das war um 130 oder 140 herum. Der war ein Mann vom Ort. Er wusste, wovon er schrieb. Kurz danach hat dann eine andere Tradition diese Höhle quasi versiegelt. Das war um 135, als die heiligen Orte der Juden und der Judenchristen in heidnische Kultstätten umgewandelt wurden, um die Juden und Christen vor ihnen abzuschrecken. Kaiser Hadrian war so erbost über die Juden durch diesen zweiten Krieg unter Bar Kochba, dass er sie aus Jerusalem verbannte. Über Golgatha ließ er einen heidnischen Tempel bauen. In Bethlehem geschah dasselbe. Hier wurde über der Höhle ein Hain angelegt, in dem der Jugendgott Adonis verehrt wurde. Dadurch blieb die Erinnerung an den Ort der Geburt Christi erhalten. Maria muss schon der Urgemeinde davon erzählt haben. Doch Heiden haben diese Erinnerung quasi versiegelt. Der liebe Gott hat Humor, und so hat er die Dinge oft geschehen lassen. Um ungefähr 200 kommt dann Origenes, der große Schriftsteller, nach Bethlehem und erzählt von diesem Hain, von dem die Leute sagen, in der Höhle darunter sei der Gott der Christen geboren.«

»Aber das ist doch einfach nur ein Loch in einem Berg. Wie kann man sich vorstellen, dass jemand zur Geburt hier Zuflucht sucht? Wie alt ist diese Höhle?«

»Es gibt viele solcher Höhlen. Sie haben den Vorteil, dass sie im Sommer kühl sind und im Winter warm. Deswegen haben Menschen oft dort gewohnt. Hirten haben da ihre Schafe untergebracht. Es ist eine ziemlich tiefe Höhle. Spirituell berührt es mich natürlich sehr, dass Jesus hier gleichsam im Leib der Erde geboren wurde. Ich weiß nicht warum. Gott hat seine eigenen Gedanken. Was er damit bezwecken wollte, weiß ich nicht. Die Geburt Jesu sei am Ende der Höhle gewesen, heißt es. Und wirklich gibt es hier am Ende der Höhle eine sehr alte Krippe im Felsen, wo Futter für die Tiere eingestreut wurde.«

»Eine Krippe im Felsen?«

»Ja, es gibt solche Steinkrippen. Ich kenne eine südlich von Bethlehem, die ich gern den Pilgern zeige, nicht weit von der alten Zwingburg des Königs Herodes. Da dienen bis jetzt mehrere Höhlen der Gegend verschiedenen Hirten und ihren Tieren als Unterschlupf für die Nacht und vor dem Regen, mit grob ausgehauenen Steintrögen als Futterkrippen in der Wand – gerade so wie in der Grotte von Bethlehem, wo sie zur Wiege der Christenheit wurde.«

»Gibt es einen Satz in diesem Weihnachts-Evangelium, der dich am meisten bewegt, seit du den Ort nun schon so lange kennst?«

»Am meisten? ›Maria aber bewahrte alles, was geschehen war, in ihrem Herzen und dachte darüber nach.‹ Der Satz ist für mich der Schlüssel der ganzen Erzählung. Maria war die erste und wichtigste Zeugin. Sie hat nicht irgendetwas daher erzählt. Das ist überhaupt nicht vorstellbar. Darum wird auch alles so nüchtern berichtet. Der Kern dieser Erzählung ist ganz authentisch. Sie bewahrte alles in ihrem Herzen. Ich sehe zu Weihnachten deshalb jedes Mal neu das Gesicht Jesu als Neugeborenen vor mir, im Licht des Mondes, neben dem Kohlefeuer. Die Mutter hält den Kopf in der hohlen Hand. Ein Wurm, ein Würmchen.

Hinter vermauerten Toren

Freitag, 7. September 2001, die vermauerten Hulda-Tore des alten Jüdischen Tempels in der südlichen Stützmauer des Tempelbergs in Jerusalem

Vom vierten Geheimnis. Der beschnittene und aufgeopferte Gottessohn. Verwehte Plastiktüten und anderes Gerümpel im Treppenhaus zum alten Tempel, wo jeder Schritt aufregender und unglaublicher ist als der erste Fuß auf dem Mond.

Von Bethlehem führte der alte Fußweg zum Tempel von Jerusalem am Schluss durch das zerklüftete Hinnom-Tal, das einmal der »*Gehenna*«, der Hölle, ihren orientalischen Namen gab. Der Name hält bis heute fest, dass es in dieser Schlucht war, wo die Stadtbewohner Jerusalems in der Bronze- und Eisenzeit nicht von jenen Kindsopfern lassen wollten, die sie dem Götzen Moloch darbrachten, um sich der Huld des Himmels zu vergewissern. Die Bibel ist voll vom Zorn Gottes gegen diesen Götzendienst und von den Klagen seiner Propheten über solche Scheußlichkeit. Das Tal ist eigentlich eine Schlucht, die sich bis heute vom Jaffa-Tor wie ein Lindwurm unter dem Zionsberg entlang windet und unterhalb Silwans in das Kidrontal mündet. Da geht es dann nach rechts durch das Wadi al-Jos nur immer weiter und tiefer zum Toten Meer hinab und nach links sehr steil zum Tempel hoch, damals wie heute. Heute geht es hier hinauf zuerst an Silwan vorbei, einem palästinensischen Viertel mit rabiat militanten jüdischen Siedlern. Denn unter Silwan ruhen die Reste Ur-Jerusalems im Boden, das König David den Jebusitern in der Bronzezeit entrissen hat. Hier ist immer Spannung. Wir hatten ein starkes Auto, doch auf dieser Strecke spürte ich jedes Mal von neuem, wie der Motor – zusammen mit mir – tief Luft holen musste. Denn da oben stand ja der alte Tempel des Herodes wie eh und je.

Es sind die gleichen mächtigen Mauern, über denen sich jetzt die silberne Kuppel der Al-Aksa-Moschee wölbt. Vielleicht hat Josef, der Bräutigam Marias, ja wirklich mit an diesen Mauern gebaut, wie Bargil vermutete. Sicher hat Maria in ihrer Kindheit ständig das Klopfen und Hämmern der Steinmetze gehört, wenn es stimmt, dass sie auf der anderen Seite dieses

Komplexes geboren wurde, beim Löwentor, das die Palästinenser bis heute Bab Maryam nennen: Marientor. Ganz sicher ist Josef mit Maria und dem Kind auf dem Arm jedenfalls da oben, da vorne, über die großen Freitreppen durch einen der drei Bögen der Hulda-Tore in den Tempelkomplex hinauf gestiegen. Die Tore sind schon seit Ewigkeit zugemauert. Doch drei kleine vergitterte Fenster über den Torbögen verraten noch jetzt einen Hohlraum dahinter; das ist das alte Treppenhaus dahinter. Vom Süden her gab es keinen anderen Eingang zum Tempel.

Vor zwei Jahrzehnten konnte ich oben auf dem alten jüdischen Tempelplatz, der schon seit 1400 Jahren den Muslimen gehört, noch einen Wärter mit einer Handvoll Dollar bewegen, dass er mir links neben der Al-Aksa-Moschee für ein paar Minuten zwei Stahltüren im Boden öffnete, damit ich ein paar Schritte die Stufen hinunter gehen konnte, die zu den vermauerten Toren führen. Ein bisschen Gerümpel lag in dem Schacht, ein zerbrochener Stuhl, ein paar Plastiktüten, Staub und Geröll, das war's. Etwas Licht und frische Luft kam nur durch das kleine Gitterfenster in diesen Raum. Über diese Stufen ist Jesus immer wieder mit seinen Aposteln auf den Vorplatz des Tempels gezogen. Als ich noch ein paar Stufen tiefer steigen wollte, auf die Mauer zu, rief mich der Wärter schon wieder nervös hoch. Das Gold des Felsendoms spiegelte sich in seiner verspiegelten Sonnenbrille. Dahinter Wolken wie Rauchschwaden als Vorboten der Al-Aksa-Intifada, mit der sich der Tempelberg schon bald in einem ersten Erdstoß wieder als der Vulkan zu erkennen gab, der in seiner Tiefe schlummert.

Solch ein Besuch ist für Fremde längst undenkbar geworden. Eine alte jüdische Treppe in einem muslimischen Heiligtum? Gibt es nicht. Hat es nie gegeben! Die zugemauerten Hulda-Tore bleiben aber weiter klar in der enormen Wand zu erkennen, die den Tempelberg im Süden abstützt. Zur Zeit Jesu dienten sie »als Eingang und Ausgang« zum Tempelvorplatz der Juden. Vor der Mauer wurden vor Jahren breite Freitreppen freigelegt, als Teil jenes Archäologie-Parks, mit denen die Israelis nach der Eroberung der Altstadt das architektonische Wurzelgeflecht der Stadt frei gelegt haben. Kurz danach besuchte der amerikanische Astronaut Neil Armstrong die Ausgrabungen. »Stimmt es«, fragte er damals, »dass Jesus über diese Treppen zum Tempel hinaufgezogen ist?« Ja, natürlich, wurde ihm bedeutet. Jesus sei doch Jude gewesen, und diese Treppe führte zum Tempel. Also sei er genau hier hinauf gestiegen. Der Raumfahrer blieb stehen. »Wenn das so ist«, sagte er entgeistert, fände er es aufregender, »diese Steine zu betreten als den Mond.« Er musste es wissen. Am 21. Juli 1969 um 4:46:20 Uhr Jerusalemer Zeit war er der erste Mensch gewesen, der seinen Fuß auf den Mond gesetzt hatte. Zwanzig Meter höher schauen jetzt zwei Palästinenser durch die Stacheldrahtrollen neben der Al-Aksa herunter. Ihr Ausblick muss einmalig sein.

»Was war das für ein Fest, diese Aufopferung des Kindes?«, fragte ich Bargil. Er zögerte nicht lange: »Jede jüdische Mutter galt 40 Tage nach der Geburt als unrein. Nach Ablauf dieser Frist musste nach dem Gesetz des Moses ein erstgeborenes männliches jüdisches Kind Gott geweiht werden. Damit wurde daran erinnert, wie Gott die Erstgeburt der Ägypter schlug, damit der Pharao Israel endlich in Freiheit ziehen ließ. Seitdem wurden die Erstgeborenen Israels Gott geweiht. Bei dieser Gelegenheit opferten sie ein Lamm, ein Schaf oder eine Ziege, oder – wenn sie ärmer waren – eine Turteltaube. Wenn sie ganz arm waren, gaben sie ein Mehlopfer. Das alles wurde im Tempel verbrannt. Josef ging mit Maria etwa zwei Stunden von Bethlehem nach Jerusalem zum Tempel, als Jesus vierzig Tage alt geworden war.«

»Wann war er denn beschnitten worden?«

»Acht Tage nach der Geburt, wie Lukas berichtet. Es war Vorschrift, männliche Nachkommen nach acht Tagen zu beschneiden, übrigens aus einem schönen Grund, wie manche Rabbinen sagen. Weil die Beschneidung nämlich ein schwerer Eingriff ist für einen Säugling, und nicht 100prozentig ungefährlich, sollte mindestens einmal die ›Königin Sabbat‹ den Knaben angelächelt haben, bevor das Messer an ihn kam. Acht Tage also. Bis zum letzten Konzil feierten Katholiken deshalb acht Tage nach Weihnachten noch immer das Fest der Beschneidung Christi. Seitdem ist der 1. Januar der Gottesmutter geweiht.«

»Fand die Beschneidung auch im Tempel statt?«

»Ich glaube nicht. Josef und Maria sind nach der Geburt nicht lange in der Höhle geblieben, dann sind sie in ein Haus über gesiedelt. In Bethlehem wird östlich der Geburtskirche in der Milchgrotten-Straße noch jetzt ein Haus verehrt, in dem die drei nach der Geburt Jesu gewohnt haben. Da bekam er bei der Beschneidung auch den hebräischen Namen *Jeshua*, auf griechisch *Iesous*. Gott rettet, Gott heilt. Das heißt: Gott rettet, Gott erlöst, Gott heilt. Auf Deutsch: Heiland.«

»War der Name ungewöhnlich?«

»Das kann man nicht sagen. Im Gegenteil. Er war fast so üblich wie Moses oder Moshe. Denn Jeshua oder Jehoshua war ja ein populärer und prominenter Mitstreiter des Moses, der die Israeliten über den Jordan in das Gelobte Land geführt hatte.«

»Wer hat den Namen vorgeschlagen?«

»Der Engel hat diesen Namen Maria bei der Verkündigung genannt und danach auch Josef mitgeteilt. Es waren zwei verschiedene Botschaften. So bekam er diesen Namen Jeshua.«

»Aber heißt es nicht bei Matthäus, dies alles sei geschehen, ›damit sich erfüllte, was der Herr durch den Propheten gesagt hat: Seht, die Jungfrau wird ein Kind empfangen, einen Sohn wird sie gebären, und man wird ihm den Namen Immanuel geben, das heißt übersetzt: Gott ist mit uns.‹ – Was soll das heißen? ›Gott mit uns‹?«

Bargil lachte. »Was das heißt«, sagte er, »habe ich noch nie besser gehört oder gelesen als bei dem Zisterzienserabt Aelred von Rievaulx aus dem 12. Jahrhundert. Warte, ich hol es dir.« Er stand mühsam auf, ging an einen Schrank und kam mit einem Buch zurück »Hier ist es, horch! ›Immanuel – das heißt übersetzt: Gott mit uns. Bis dahin war er der Gott über uns, oder unser großes Gegenüber. Doch nun ist er der Gott mit uns. In unserer Natur, in unserer Schwachheit, mit uns in seiner Güte. Mit uns in unserem Elend, mit uns in seiner Barmherzigkeit. Mit uns durch die Liebe, durch die Familienbande, durch sein Mitleiden. Ihr habt nicht in den Himmel steigen können, um mit Gott zu sein. Gott steigt vom Himmel herab, um mit uns zu sein. Klein wie ich, schwach wie ich, nackt wie ich, arm wie ich – in allem ist er mir ähnlich geworden. Er nimmt an sich, was mir gehört, und gibt, was sein ist.«

»Durfte jedermann in den Tempel hineingehen?«, lenkte ich ab.

»Natürlich. Der Tempel hatte viele Teile: einen Außenteil, wo auch die Heiden hingehen konnten. Da war eine Mauer, die verbot den Heiden weiter zu gehen als bis dorthin. Dann kam der Vorhof der Frauen, da konnten die Frauen noch hineingehen. Dann ging es ein paar Stufen hinauf zum eigentlichen Heiligtum. Im Tempel selbst gab es wieder einen Vorraum, in den die Priester hineingehen konnten. Dann gab es das Allerheiligste ganz drinnen, am Ende, in einem kleinen Winkel. Das war ein kleiner Raum, in dem überhaupt nichts war. Ursprünglich war die Bundeslade da; aber die war nicht mehr da. Da durfte nur der Hohepriester einmal im Jahr hineingehen.«

»Wie ging dann die Aufopferung vor sich? Hat Josef das persönlich gemacht oder war ein Priester dabei?«

»Es war ein Priester dabei und die Turteltauben wurden ihm übergeben. Der Priester besprengte Maria mit einem Zweig mit Wasser, dann reichte sie ihm das Kind. Jesus ist dabei aufgewacht, denke ich mir. Der Priester wird es hoch gehoben und mit einem Segenswort zum Allerheiligsten hingestreckt haben. Das war die ganze Zeremonie. Das war die Aufopferung. Doch nun tritt aus der Menge ein gebeugter Greis auf Maria zu und bittet sie, doch auch das Kind einmal halten zu dürfen. Maria schaut ihn an und gibt es ihm vorsichtig. Der Kopf muss ja noch immer eigens gehalten werden, vier Wochen nach der Geburt kann die Muskulatur des Halses ihn noch nicht alleine tragen. Jeshu greift mit den Händen noch nach allem, was ihm vor die Augen kommt, mit diesen hilflosen eckigen Bewegungen. Greift er jetzt in den Bart Simeons? Der Alte wird ihn jedenfalls anschauen wie eine Erscheinung, beglückt. Er weint. Simeon ist ein Zaddik, ein Chassid, ein Gerechter und Frommer, dem vom heiligen Geist offenbart worden war, dass er den Tod nicht schauen werde, bis er den Messias Israels gesehen habe. Jetzt ruft er: ›Nun lässt du, Herr, deinen Knecht, wie du gesagt hast, in Frieden scheiden. Denn meine Augen haben das Heil gesehen, das du vor allen Völkern bereitet hast. Ein Licht, das die Heiden erleuchtet, zur Herrlichkeit für das Volk Israel.‹ Vielleicht denken einige der Umstehenden, der Alte sei gaga geworden. Die Eltern bestimmt nicht. Hier enthüllte sich das Geheimnis weiter, das schon seit der Empfängnis um diesen Sohn schwebte.«

»Es klingt so schön. Wird es dann nicht eine Legende sein?«

»Das glaube ich nicht. Die Darstellung Jesu im Tempel ist ein großartiges Ereignis. Über die Begegnung ist übrigens noch eine zweite Tradition im Ortsgedächtnis Jerusalems erhalten geblieben. Wahrscheinlich geht sie auf die Familie Jesu zurück, und auf Maria selbst, die das ihrer Familie erzählt hat, von der das dann weiter gegeben wurde. Vor wenigen Jahren hat man zwischen Bethlehem und Jerusalem, direkt neben der Hauptstraße, die Fundamente einer achteckigen Kirche frei gelegt, wo Maria gerastet haben soll. ›Maria Rast‹ war eine berühmte Kirche, wo auch das erste Mal eine Lichterprozession gefeiert worden war. Darum heißt das Fest dieser Darbringung noch heute ›Maria Lichtmess‹. Das Licht kam nach Jerusalem. Das Licht der Welt kam in den jüdischen Tempel. Diese Prozession geht in das dritte Jahrhundert zurück. Theodosius, ein berühmter Mönch, hat damals schon davon geschrieben.«

Jetzt geht über dem Ölberg der Mond wieder auf, auf den Neil Armstrong in der Nacht des 21. Juli 1969 seinen Fuß gesetzt hatte. Elf Jahre zuvor war früh morgens mein Vater gestorben, den seine Eltern noch nach Josef aus Nazareth, dem Bräutigam und Mann Marias, benannt hatten. Es sei »ein kleiner Schritt für einen Menschen, ein großer Sprung für die Menschheit«, nuschelte Armstrong in dieser Julinacht atemlos in das Mikrophon im Helm seines Raumanzuges. Es war unglaublich. Und wohl dennoch wahr. Unglaublicher wird aber für immer der Allerhöchste sein, vierzig Tage nach seiner Geburt, wie er mit hilflosen Bewegungen nach dem Bart des Simeon greift. Er saugt an jedem Zipfel, der vor seine Lippen kommt. Süßer Reflex eines winzigen beseelten Säugetiers. Unglaublicher bleiben Gottes suchende Augen in dem gerade erwachten Säugling.

Der durchbohrte Fels

Montag, 10. September 2001, der muslimische Felsendom über den Resten des ehemaligen jüdischen Tempels von Jerusalem

Vom fünften Geheimnis. Der verlorene und wieder gefundene Gottessohn. Pferdeäpfel vor Gebetsteppichen, Flammenkugeln im Fundament des Tempels, ein Ausbruch im apokalyptischen Vulkan und unter dem Krieg der Kinder der wahre kleine Prinz.

Schwarze Silhouetten von zwölf Reitern kommen die Straße der Fallschirmspringer hinab geritten. Ein Offizier der berittenen Streife schaut zu uns herüber, bedrohlich wie ein spanischer Konquistador im alten Mexiko. Kleine spielen zwischen unseren Beinen mit einer leeren Plastikflasche Fußball. Soldaten in Kampfausrüstung lehnen an der gegenüber liegenden Ecke. An diesem neuen »Tag des Zornes« hat Israel die Altstadt in eine eiserne Hand genommen. Die Stadt gleicht einem Heerlager. Die Stadt steht unter Strom. Polizei- und Armeeeinheiten lagern vor jedem der sieben Tore, wo sich die Jugendlichen des Heiligen Landes im stillen Hass begegnen, die einen mit schusssicheren Westen, Helmen und Schnellfeuergewehren, die anderen in T-Shirts und Sandalen. Letzte Woche durften nur die Palästinenser Jerusalems zum Freitagsgebet auf den Tempelberg. Heute darf zum Freitagsgebet kein Beter unter 50 den heiligen Hügel betreten, der sich vor einer Woche in einen spuckenden Berg verwandelt hatte, als 3000 Jugendliche nach dem Gebet alle Straßen rings um die Mauern mit Steinen übersäten.

Der Markt vor dem Damaskustor glich deshalb diesmal schon am Vormittag einem Hexenkessel. Geschrei erhob sich aus einem Menschenauflauf. Ein Prediger mit schwarzem Turban und langem Bart und Kaftan zog Kameraleute an wie ein Magnet Eisenspäne, vor sich eine Menge, zu der die Soldaten hinüber schauten wie auf ein schwer atmendes, schwer berechenbares Ungeheuer. Um den Prediger rollten viele mitten im Schmutz ihre Gebetsteppiche aus. Jetzt mussten sie nicht auf ihrem heiligsten Boden, sondern auf diesem bevorzugten Umschlagplatz der Taxikutscher den Herrgott um seinen Beistand gegen alle Ungläubigen anrufen. Die lauten Klagen gingen durch Mark und Bein. Allah wird diesen Skandal nicht mehr lange zulassen! Hoch zu Ross überwachten vier Polizisten nervös das Treiben, verstärkt von einer Hundertschaft, die die Menge ebenfalls scharf im Auge behielt. Ein Pferd hob seinen Schweif und ließ sechs dampfende Pferdeäpfel vor die Beter auf das Pflaster fallen, über das sie nicht zum Tempelberg weiterziehen dürfen: in Friedenszeiten bester Dung für die Champignonzucht. Vor den Gebetsteppichen düngten sie an diesem neuen »Tag des Zorns« nur Hass und den Boden für neue junge Attentäter. Von allen Seiten strömten neue Jugendliche heran, denen nach Beten kaum der Sinn stand. Gerüchte von anderen Toren sprangen von Mund zu Mund und Ohr zu Ohr.

Hinter den Rössern prüften doppelte Polizeiketten die Papiere jedes Passanten, der die Treppen hinuntersteigen wollte. Eine zweite Kette prüfte im Torhaus die wenigen, die durchgelassen wurden, noch einmal, und in den Gassen zum Tempelberg folgten drei weitere Absperrungen. An der Via Dolorosa kniete noch ein Mann auf dem Boden, der bis hierhin durchgelassen wurde, aber nicht weiter. Aus der Ferne waren Schüsse zu hören. Plötzlich stürmte ein Trupp Soldaten auf uns zu und an uns vorbei wie eine Kohorte römischer Legionäre. Natürlich würden Ungläubige wie wir zum Freitagsgebet auf den Tempelplatz ohnehin nicht durchgelassen. Doch kurz vor dem Tunnel zum inneren Ketten-Tor öffnete sich plötzlich nach rechts eine Tür in ein altes Haus, dahinter ging es eine enge Treppe hoch, in einer Wohnung wurde dem Fremden Mokka gereicht, und eine Leiter, um auf das Dach zu steigen, und von dort zum nächsten Dach, wo schon Journalisten aus aller Welt den Platz vor dem Felsendom beobachteten, wo die Beter einem anderen Prediger lauschten, dessen Stimme von Lautsprechern bis über das Kidrontal getragen wurde. Der Kollege von CNN hatte einen Übersetzer dabei, der jedes arabische Wort auf Englisch wiedergab. »Im Dschihad werdet ihr eure Würde wieder finden! Ruft Gott an, dass er die Feinde des Islam vernichtet.

Muslime Jerusalems, ihr seid die Wachen des Heiligen Landes! Gott hat euch von allen Nationen bevorzugt. Die Massaker der Besatzer waren nicht die ersten und werden nicht die letzten sein. Doch diese Massaker sind geheiligt durch euren Kampf für die heilige Al-Aksa-Moschee!«

Ich ging zur Brüstung des Flachdaches und schaute auf den Tempelplatz hinunter. Wie eine offene Hand lag der Platz unter mir, für das schwer klopfende Herz der ganzen Welt. Es war, als ließe sich der Erdball von hier aus wie ein Kreisel drehen. Gerade vor mir, zum Greifen nah, glänzte die Goldkuppel des Felsendoms. Was die Twin Towers für New York waren, ist dieser Tempel für Jerusalem. Es ist aber kein Tempel. Es ist das schönste Heiligtum des Islam. Und unter ihm ruhen die Fundamente des alten jüdischen Tempels im Boden, in dem Jesus noch ein und ausging. Das Plateau ist das explosivste Stückchen der Erde. Es ist der Berg Moria, der Berg Abrahams und Isaaks. Hier hat Gott selbst dem Stammvater Israels und Ismaels das Messer aus der Hand genommen, als Abraham ihm Isaak opfern wollte, den erstgeborenen Sohn seiner Frau Sarah. Hier nahm der Allerhöchste später selber erstmals Wohnung unter den Menschen, im Allerheiligsten, in dem das Volk Israel seine zehn Gebote verwahrte, das heilige Gesetz vom Sinai. Auf diesem Berg hörte deshalb das Blut der Tieropfer später für Jahrhunderte nicht mehr auf zu strömen, als heiliger Ersatz, zur Ehre Gottes, seit König Salomo im Jahr 966 vor Christus dort den ersten Tempel der Juden errichtete. Den zerstörten die Babylonier im Jahr 587.

Einundsiebzig Jahre später wurde der Tempel an der gleichen Stelle wieder aufgebaut und im Jahr 20 vor Christus von Herodes noch einmal gewaltig erweitert. Der Rauch Abertausender Brandopfer hing als Fahne über dem heiligen Viereck. An hohen Festtagen wurden Zehntausende von Tieren geschlachtet und verbrannt. Es waren die Ganzopfer, ein heiliges »holocaustum«, wie die Griechen sagten. Blut aus unzähligen Kehlen sprudelte wie aus einer Quelle auf diesem Gipfel, bevor die Römer die Tempelanlage im Jahr 70 insgesamt in eine Rauchsäule verwandelten und keinen Stein mehr auf dem anderen ließen. »Der Tempelberg schien vom Grund her zu glühen und rings in Feuer gehüllt«, schrieb Flavius Josephus in seinem detailgenauen Bericht über die Zerstörung der Stadt durch die Römer, »aber noch voller als die Flammenbäche schienen die Blutströme zu fließen.« Das war links da vorne. Der Platz blieb danach ein Trümmerfeld, den rebellischen Juden zur Mahnung.

Im Januar 363 aber wollte Kaiser Julian den jüdischen Tempel aus den Trümmern noch einmal neu errichten lassen. Kosten spielten keine Rolle. Denn die alten Stützmauern der Anlage waren so mächtig gewesen, dass große Teile sich der Zerstörung widersetzt hatten. (Diese fassen den Hügel bis heute noch von vier Seiten ein.) Julian wollte die Christen brüskieren, die nach Jahrhunderten der Verfolgung inzwischen im ganzen Römischen Reich die Herrschaft an sich rissen. Sein Vorgänger Konstantin hatte ihnen die Freiheit gegeben. Ihm aber waren die Emporkömmlinge verhasst, die die alten Altäre der römischen Götter verachteten. Doch als sich die Arbeiter des heidnischen Kaisers ans Werk machen wollten, brachen bei den Grundmauern des zerstörten Tempels »Flammenkugeln« hervor, die jedes Arbeiten unmöglich machten. Einige Arbeiter verbrannten. »Da sich die Materie auf diese Weise gegen das Vorhaben sträubte, kam es bald zum Erliegen«, schrieb der zeitgenössische Historiker Ammianus Marcellinus dazu. Schon im März wurde der Versuch wieder eingestellt. Der Schrecken über das Ereignis aber wurde in Windeseile um das Mittelmeer getragen und geriet nie in Vergessenheit – ebenso wenig wie Kaiser Julian, den »Abtrünnigen«, wie ihn die Christen nannten, der vergeblich versucht hatte, das Rad der Geschichte noch einmal zurück zu drehen.

Ein »durchbohrter Felsen« wurde hier aber auch danach noch weiter in den Trümmern und Ruinen von Juden verehrt. Für sie war es der Felsen, »über den Abraham seinen Sohn

Jitzchak auf einen Holzstoß gebunden hat«. Dafür kamen sie aus allen Orten der Verbannung immer wieder nach Jerusalem zu diesem Platz zurück gepilgert, wo sie über ihren zerstörten Tempel klagten und sich unter Tränen Asche auf das Haupt streuten. Im Jahr 638 nahmen dann die Muslime das Areal unmittelbar nach ihrer Eroberung der Stadt in Besitz, um über dem Trümmerfeld sofort das erste große Heiligtum des Islam zu errichten. Das waren da vorn der Felsendom und da drüben die Al Aksa-Moschee. Im Wesentlichen sind auch diese beiden Prachtbauten bis heute unverändert geblieben, seit 1600 Jahren schon, wie die älteren jüdischen Stützmauern des Tempelbergs. Jetzt aber liegt der »durchbohrte Felsen« im Untergeschoss des Felsendoms unter der Spitze der goldenen Kuppel, wo ihn nun schon so lange Muslime als Nabel der Welt verehren. Das ganze Areal gilt ihnen als »erhabenes Heiligtum«. Israelis haben es im Juni 1967 erstmals nach der Vertreibung der Juden aus dem Heiligen Land wieder in ihre Gewalt gebracht – und zogen sich damals gleich erneut in einer Art heiliger Scheu vor die Klagemauer zurück.

Ihnen ging es wie Jesus 2000 Jahre zuvor. Wenn er in Jerusalem war, zog ihn der riesige Komplex um das Allerheiligste magnetisch an. Es war das »Haus seines Vaters«, wie er es nannte. Hier hatte ihn der greise Simeon als Säugling gesegnet, und vielleicht hatte er als Jüngling ja wirklich seinen Ziehvater Josef zu Arbeiten hierhin begleitet und mit geholfen und Steine getragen, wie Bargil es für möglich hält. Davor aber begegnen wir ihm hier noch einmal, jetzt nicht mehr als Säugling auf dem Arm der Mutter, sondern als Knaben zwischen Schriftgelehrten, die ihm gebannt lauschen. »Wie sollen wir uns das vorstellen, Bargil? Josef war doch Handwerker. Hat Jesus eine theologische Ausbildung bekommen? Hatte er studiert, wie heute so viele junge Männer in den Talmudschulen Jerusalems?«

»Ich glaube kaum, sicher nicht in Nazareth. Nazareth war ein kleines Dorf – vielleicht mit 120 bis 150 Leuten. Es wurde erst um das Jahr 100 vor Christus von Leuten besiedelt, die aus

Babylon kamen und sich *Nazoräer* nannten. Das heißt auf Deutsch: Abkömmlinge. Sie sahen sich als Nachkommen König Davids. Dort war Jesus aufgewachsen. Vieles, was er in der Kindheit gehört hat, stammte sicher von der Mutter, die eine gute Ausbildung im Tempel gehabt hat. Doch auch sie staunte über die Tiefe der Vernunft, aus der ihr Sohn schon als Knabe schöpfte.«

»Wie lange hatte ihre Reise nach Jerusalem gedauert?«

»Es ist eine lange Wanderung. Insgesamt waren es wohl wenigstens zehn Tage. Als Jesus zwölf Jahre alt war, hatte er das Alter erreicht, wo ein junger Mann ein *Bar Mitzwa* wird: das heißt ein Sohn des Gesetzes. Das war ein ganz besonderer Anlass. Da wird er ausgefragt von Lehrern im Tempel, da muss er Antwort stehen, was er weiß vom Gesetz Israels. Zum Staunen der Lehrer wusste er Vieles, was sie nicht einmal selber wussten. Dann hat er aus dem Gesetz vorgelesen. Dabei bekam er vor den Kopf ein Täfelchen, die Hände wurden ihm mit Gebetsriemen gebunden. So ist er ein Bar Mitzwa geworden, ein Sohn des Gesetzes, das er auch in den Verzweigungen der Halacha, des Midrasch und der Haggada kennen sollte, dazu die Psalmen, die Segensworte, die wichtigsten Gebete. So ist es für Zwölf- oder Dreizehnjährige heute noch Brauch. Von dem Tag an sind junge Juden selbst verantwortlich für ihr Tun und Lassen. Davor waren es die Eltern. Jetzt sind sie volljährig. Es ist eine Menge, was Knaben da abverlangt wird. Es ist eine ganze Menge. Um so mehr muss es deshalb bei Jesus gewesen sein, dass er bei dieser Gelegenheit sogar die Schriftgelehrten in Staunen versetzte.«

»War er da allein? Waren Vater und Mutter nicht dabei?«

»Die waren schon dabei. Doch scheinbar waren diese Lehrer sehr interessiert, den jungen Burschen nach der Zeremonie weiter auszufragen. Als die Eltern dann mit der Gesellschaft weggegangen sind, ist er da geblieben. Die Griechen glauben hier, dass sie bis zu einem gewissen Ort gekommen sind, hinter Ramallah, wo sie gemerkt haben: Jesus ist ja gar nicht bei uns.

Da ist ein großer Brunnen, wo die Pilger, die nach Jerusalem kamen, oft gerastet haben. Dann gingen Josef und Maria wieder zurück nach Jerusalem und suchten ihn drei Tage lang überall bei den Verwandten. Maria ist ja dort geboren und aufgewachsen. Da haben sie wohl dort nachgeschaut. Keiner wusste, wo Jesus war. Dann gingen sie noch einmal in den Tempel und sahen ihn dort unter den Schriftgelehrten, die gar nicht fassen konnten, was in dem jungen Burschen steckte.«

»Aber wenn man eine Reise von einigen Tagen macht, schaut man doch zuerst, dass alles zusammen ist, dass die Koffer gepackt sind, dass nichts vergessen wird, und schon gar nicht der Sohn. Wie konnten Josef und Maria einfach so losziehen?«

»Es waren immer Gruppen unterwegs. Die Frauen sind gewöhnlich zusammen gewandert. Die Männer sind auf einer Seite gewandert, und auf einer anderen Seite die Jungen. Am Abend, als die Gruppen zusammen kamen, haben die Eltern gemerkt: Er ist gar nicht da, er ist nirgends zu finden. Dann sind sie zurück nach Jerusalem. Mehr als alles andere hat die Eltern aber wohl die Antwort auf ihre Frage überrascht, als sie ihn endlich wieder gefunden hatten. ›Sohn, warum hast du uns das getan?‹, fragen sie – und er sagt: ›Warum habt ihr mich gesucht? Wusstet ihr nicht, dass ich in dem sein muss, was meines Vaters ist?‹ Sie wussten, es ist ein besonderes Kind. Doch dieses Wort hat auf Maria einen ganz eigentümlichen Eindruck gemacht. Es ist wohl das Letzte und Eindrucksvollste, das sie später über die ganze Kindheit Jesu erzählt hat. Bis er dreißig war, hat er danach mit Maria und Josef gelebt, und auch mit denen, die seine Brüder genannt werden und wohl die Söhne Josefs waren, dessen Tod in diese Zeit fiel.«

»Jesus war zwei Tage im Tempel insgesamt?«

»Man kann das nicht sagen. Ich glaube, diese Nazareth-Gruppe hat das Paschafest auf dem Zion gefeiert, und zwar im gleichen Gästehaus, das später für das letzte Abendmahl benutzt wurde. Später hat er einmal gesagt: Wo ist mein Gästehaus? Das war wohl eine Anspielung, dass er auch früher, zusammen mit den anderen Brüdern, dieses Gästehaus schon benutzt hat und es auch für das letzte Abendmahl benutzen wollte.«

»Aber war es möglich, dass Jesus zwei Tage im Tempel war? Wurde die Anlage nicht am Abend zugemacht?«

»Da konnte man ziemlich frei ein- und ausgehen. Er ist sicherlich nicht immer im Tempel gewesen. Vielleicht ist er auch noch in das Haus gegangen, in dem seine Mutter geboren war, das lag ja neben dem Tempel. Oder er ist auf den Zion gekommen, wo Jakobus gute Verbindungen hatte, sein ältester Halbbruder. In Jerusalem hat er sich seit seiner Jugend nicht schlecht ausgekannt.«

»Kannst du dir vorstellen, was er gesagt und wovon er gesprochen hat?«

»Das ist so unmöglich, wie ergründen zu wollen, was er Jahre später, als ihm hier – am gleichen Ort! – im selben Tempel eine Ehebrecherin vorgeführt wurde, was er da mit dem Finger in den Staub geschrieben hat. Dies Schriftstück blieb der einzige geschriebene Text aus seiner Hand. *Gone with the wind.* Vom Winde verweht.« Bargil gluckste in sich hinein.

Der Boden aber ist immer noch da, der Tempelberg, da vorne, und der Staub. Er wird sich in zwei Jahrtausenden nicht vollständig ausgewechselt haben. Er stieg mal hoch im Wind und hat sich wieder gesenkt. Im Jahr 1506 hat Albrecht Dürer die Szene im Tempel noch einmal gemalt, tausendfünfhundert Jahre später. Es ist das Bild, wie die Eltern ihren Sohn nach langem Bangen wieder finden: ein junges blondes Kerlchen, zwischen einer Bande von bärtigen Alten. Mit dem ausgestreckten Zeigefinger seiner Rechten berührt er den Daumen seiner Linken, als sage er gerade: »Erstens!« Das Erste ist die Liebe.

Sicher war alles ganz anders, vor allem auch die staunenden Schriftgelehrten um ihn herum in diesem Vorhof. Nicht weit von ihnen ruhte damals wie heute der durchbohrte Stein, auf dem Isaak seinem Vater Abraham neu geschenkt wurde. Diesmal wurde Jesus an dieser Stelle Maria und Josef wieder geschenkt, siebzehn Jahre, bevor er mit Vollmacht zum Tempel zurück kehrt. Er steht aufrecht wie eine brennende Kerze unter den sitzenden Gelehrten. Erster Flaum umgibt sein Kinn. Seine Haare sind geschnitten, die Locken sind weg, nur an seinem Mittelscheitel wurde ein Büschel übrig gelassen, als Zeichen der erstgeborenen Söhne. Drei Tage war er verschollen, wie später im Grab. Jetzt steht er erstmals auf. Ein junger Knabe mit beunruhigend ruhigem Blick. Der wahre kleine Prinz. Bernsteinfarbene Augen.

Der Jordan bei Jericho

Mittwoch, 7. Januar 2004, verschlossener Zugang zur Taufstelle Jesu im Jordan, hinter der Staatsstraße 90 östlich von Jericho

Vom sechsten Geheimnis. Ein Heerführer namens Jesus, der das Volk Israel nach dem Tod des Moses über den Jordan in das Gelobte Land führt, eine Stimme vom Himmel, verstaubte Schriftrollen in staubtrockenen Höhlen und eine Militäroperation der X. Legion.

Die Taufstelle Jesu am Jordan ist militärisches Sperrgebiet. Normalerweise kommt da kein Mensch mehr hin. Auch meine Frau bekam von der einsamen Stelle deshalb nur die Sicherheitszäune der Israelischen Armee zu sehen, die den Ort mit einem riesigen Sicherheitsabstand absperren. Es ist eine Mondlandschaft. Ein paar Kilometer weiter flussabwärts mündet der Jordan ins Tote Meer. Vor Jahren habe ich mich von der anderen, der jordanischen Seite, einmal da heran gepirscht. Es ist zwar auch dort Sperrgebiet, aber eben von Arabern bewacht, die leichter zu überreden waren. Wie bei den Israelis sind auch drüben ein paar Panzer eingegraben, doch neben dem kleinen Erdbunker ihres Beobachtungsstandes hatte die vierköpfige Mannschaft auf der jordanischen Seite noch ein altes Messingbett herbei geschafft, auf dem ein junger Offizier es sich im Freien unter dem gefiederten Fächerdach einer Terebinthe neben einer gluckernden kleinen Quelle mit einer Illustrierten auf der durchhängenden Matratze bequem machte. Er mochte vielleicht 22 sein. Und wenn nicht alles täuschte, waren sie alle vier bekifft. Die Sicherheit Jordaniens gefährdeten sie damit nicht. Die Grenze am Jordan ist mehr als stabil. Zwischen den flimmernden Büschen und einem glitzernden Nebenlauf des Jordan machten sie mir in dem Kiesbett des Flusses einen der besten Tees meines Lebens, zuckersüß.

Am Abend zuvor war ich von Amman mit dem Taxi zum nahen Berg Nebo gefahren, zum einen der atemberaubenden Perspektive wegen, doch vor allem wegen Moses, der das Volk Israel vor rund 3200 Jahren aus Ägypten bis dorthin geführt hat, nachdem sie 40 Jahre mit ihm durch die Wüste gezogen waren. Die Stelle wollte ich sehen. Unterwegs bat ich den Taxifahrer in dem kleinen Städtchen Madaba, kurz vor der Georgskirche zu halten, um mir rasch die älteste Karte Jerusalems anzuschauen, die dort als Mosaik in den Boden eingelassen ist, mit allen wesentlichen Gebäuden und Straßen und Kirchen aus der Mitte des 6. Jahrhunderts. Es war aber fast schon zu dunkel, um das weltberühmte Schmuckstück zu erkennen, das in jedem Bibel-Atlas reproduziert ist. Schnell fuhren wir danach im Wettlauf mit dem sinkenden Sonnenball einen schmalen Bergrücken entlang nach Westen weiter und kamen gerade auf dem Gipfel des Nebo an, als die Sonne feuerrot über den Bergen der judäischen Wüste verschwand.

Näher als hierhin ist Moses dem gelobten Land nie gekommen. Auf genau diesen Felsvorsprung – in dieses gleiche Vogelgezwitscher hinein! – hatte Gott ihn geführt, um ihm das Land zu zeigen, das er nicht mehr betreten durfte. Genau diesen Blick eröffnete er ihm. Auch der Papst hatte im Jahr 2000 deshalb hier seine Pilgerreise ins Heilige Land begonnen. Wie heute lag auch damals schon da unten die Oase Jericho, voller Quellen, zum Platzen fruchtbar, darin die tiefste Stadt der Welt. Noch heute schießen Palmen wie Springbrunnen aus den Gärten Jerichos hervor, soweit das Auge reicht. Sprudelnde Quellen und überquellende Obststände sind ein Wahrzeichen Jerichos, das ganze Jahr über, dazu Bougainvillea-Sträucher in allen Farben, knallrote Feuer-Akazien, wilde Gummibäume und eine verschwenderische Blütenpracht aller Bäume. Die älteste Stadt der Erde ist immer noch ländlich wie ein Dorf. Darüber duften die Hügel und Klüfte nach Thymian. Viele Monate habe ich die Stadt abgesperrt wie einen Käfig erlebt, dennoch hat hier jeder Tag seine eigene Freude.

Bei meinem letzten Besuch da unten war ich in eines der wenigen sintflutartigen Regengewitter geraten, die vielleicht einmal pro Jahr über den Ort nieder gehen. Die Stadt dampfte. Die Kinder quietschten vor Vergnügen. Alle Pfützen konnten gar nicht tief genug sein, um nicht mit ihren Schuluniformen da hinein zu springen.

Jetzt zerrte der Wind an Jackett und Hemd auf dem Nebo. Schnell wurde es kühl, dann kalt, während sich die Nacht wie eine Wolke in das riesige Tal zu unseren Füßen senkte. Minutenlang leuchtete das Tote Meer links unter uns silberblau und silberrosa auf, dann versank es schimmernd in der Nacht. Geradeaus machten in der Ferne – hinter dem Kopf des Toten Meeres – Busse bei der Cafeteria von Qumran ihre Scheinwerfer an und setzten sich in Bewegung, um die letzten Touristen zurück in ihre Hotels zu fahren. Rechts funkelten schon überall die vereinzelten Dörfer aus der Tiefe als verstreut blinkende Geschmeide von den Hügeln: Hisban, Al'Adasiyya, Suwayma oder da hinten – am Fuß der Berge – Jericho. Und ein wenig links davon, hoch oben auf dem Horizont, war es, als hätten sich einige verirrte Sterne der Milchstraße auf die Erde und diesen letzten Bergrücken im Westen niedergelassen. Das waren die Lichter Jerusalems.

Auch bei den jordanischen Grenzsoldaten am nächsten Morgen konnte ich beim Tee wieder auf der letzten Hügelkette oben im Westen den Turm der russischen Himmelfahrtskirche auf dem Ölberg von Jerusalem erkennen. Überall am Unterlauf des Jordan ist Jerusalem an klaren Tagen mit dem bloßen Auge in der Höhe zu erkennen, das war früher nicht anders als heute. Hier unten hat sich seit der Erkaltung der Erde nicht viel am Profil der Landschaft geändert. Es ist die Handschrift Gottes, die hier noch jedem Hügel eingeschrieben ist. Es war wenige Meter über der tiefsten Stelle der Erde, wo wir im Flussbett saßen. Ein Adler kreiste über uns in der Höhe. Zartestes Vogelgezwitscher hüllte uns ein. In dieser Tiefe ist auch Jesus in die Taufe eingetaucht.

Vor zwanzig Jahren war ich einmal mit einem Pulk Journalisten vom Israelischen Pressebüro eingeladen, eine feierliche Prozession der Franziskaner zur Taufstelle zu begleiten, für die die Militärbehörde an diesem Tag den Zaun öffnen wollte. Und auch da, an der Taufstelle selbst, wo der Jordan durch die Wüste mäandert, war, als ich mich umdrehte, hinten in der

Ferne – in rund 40 Kilometer Luftlinie –, Jerusalem auf der letzten und höchsten Bergkette von diesem Punkt in der Tiefe zu erkennen. Es war das einzige Mal, dass ich die Taufstelle je persönlich sehen konnte.

»Wieso wollen Christen den Ort eigentlich so genau kennen?«, fragte ich Bargil Jahre später. »Die Evangelien machen doch überhaupt keine Angaben darüber, wo Jesus genau getauft wurde.«

»Stimmt«, sagte Bargil. »Dennoch ist die Stelle ziemlich eindeutig. Davor war nämlich schon fast 1500 Jahre lang in Israel an die Furt im Jordan erinnert worden, über die der Heerführer Jeshua die Israeliten nach dem Tod des Moses in das Gelobte Land und gegen Jericho geführt hat. Hier hat die Landnahme Israels begonnen, die Eroberung Kanaans in der Westbank: westlich vom Jordan. Diese Stelle im Jordan war deshalb nie vergessen worden. Es lag nur zu nahe, dass Johannes der Täufer die Zeichenhandlung seiner Taufe an der gleichen Stelle vollzog. Ich bin deshalb sehr überzeugt, dass Jesus genau hier getauft wurde, an der Einfallsstelle ins Gelobte Land. Auch er hieß ja Jeshua, den erst die Griechen Iesous nannten.«

Doch auch noch etwas anderes lag damals sehr nahe. Das war Qumran, das man vom Berg Nebo aus ebenfalls mit bloßem Auge sehen kann. Es war ein essenisches Kloster für die erste monastische Gemeinschaft der westlichen Welt, von der wir Kenntnis haben, ohne Skandale, ohne Sex, ohne Geld, wo Armut – erstmals – als eine Tugend gepriesen wurde. Jedes Flüstern ist in dem Wadi unterhalb des Plateaus, das sich wie eine Tatze der Berge zum Toten Meer hinstreckt, hundert Meter weit zu hören. Bis heute werden hier immer noch die Ruinen eines großen zusammenhängenden Komplexes ausgegraben. Es war eine heiße Siedlung mit sprudelndem Wasser, das da hindurch geleitet worden war. Die Essener waren narrisch nach Wasser und immer neuen Ritualbädern. Es war eine Täuferbewegung. Hier hatten sie ihren prominentesten Ort: ein endzeitliches Kloster, wo heilige Liebesmähler, rituelle Bäder und eine heilige Gemeinschaft den unheiligen Tempel von Jerusalem ersetzen sollten. Essener waren die ersten, die Scheidungen und Vielweiberei vollkommen verboten hatten. Sie sprachen von einem Neuen Bund. Sie hatten einen Zwölferrat, sie hatten den Kapitel-Saal erfunden und das Refektorium, den gemeinschaftlichen Esssaal, dessen Ruinen inzwischen wieder ausgegraben wurden. Die essenischen Mönche konnten hier mit bloßem Auge sehen, wie sich die X. Legion der Römer im Sommer 68 in Jericho gegen sie in Bewegung setzte, um ihr Kloster in Schutt und Asche zu legen und ihrer gemeinschaftlichen Existenz ein Ende zu machen. Sie hatten gerade noch Zeit, die Schriftrollen ihrer Bibliothek in Tonkrüge zu stopfen und in den 1000 trockenen Höhlen der Gegend zu verstecken. Vierzig Jahre zuvor konnten sie von hier oben natürlich auch sehen, wie sich Prozessionen zum Jordan hinbewegten, zu Johannes, der dort die Menschen in großen Mengen taufte.

»Sag, Bargil, war Qumran und waren die Essener nicht einfach zu nahe, als dass sie nicht einen großen Einfluss auf Johannes und Jesus ausgeübt haben mussten? Johannes hat Jesus doch getauft, als dieses Kloster noch in voller Blüte stand. Und muss Johannes mit seiner Taufe nicht selbst ein Essener gewesen sein? Gibt es da nicht zwingende Verbindungen, wie man es auch drehen und wenden will?«

»Weißt du was«, sagte Bargil darauf, »da musst du meinen Freund David fragen. David Flusser ist nicht nur sehr witzig, er kennt sich in dem Thema auch besser aus als jeder andere, den ich kenne.«

»Kommen Sie, treten Sie ein«, sagte David Flusser ein paar Tage später, als hätte er auf mich gewartet, als ich in der Alkalei-Straße in Jerusalem vor seiner Tür stand. Seine Frau konnte mir noch kurz mit schiefem Lächeln die Hand geben, dann schob er mich auch schon in die enge Küche, wo er mir ohne Umstände und Zögern über dem Wachstischtuch eine seiner kleinen Vorlesungen gab, für die diese Küche schon längst weit über Jerusalem hinaus berühmt geworden war. Der international angesehene Erforscher der frühen Christenheit an der Hebrew University war in Wien geboren und als Kind nach Prag gekommen. Kurz vor dem Beginn des Zweiten Weltkrieges hatte er sich von dort nach Palästina retten können. Seinen Wiener Schmäh hatte er nach Jerusalem mitgenommen, wo er seit vielen Jahren zum intellektuellen Urgestein des neuen Staates zählte. Nach seiner Überzeugung war die Abspaltung der Christenheit vom Judentum die verhängnisvollste Weichenstellung der Weltgeschichte.

»Ah, die Essener interessieren Sie, und was die wohl mit Jesus zu tun hatten«, fiel er gleich mit der Tür ins Haus, als ich mich gerade gesetzt hatte. »Brauchen Sie ein Glas Wasser? Nein? Gut, also ganz einfach: Die Essener waren nach meinem Geschmack eine unangenehme, etwas unappetitliche Sekte. Doch eins waren sie und Johannes und Jesus gewiss: Sie waren alle Nachbarn. Natürlich wollen Sie auch wissen, ob Jesus ein Essener war. Das ist natürlich Unsinn. Jesus war ein Mozart, die Essener waren eine Bande von griesgrämigen und neidischen Salieris. Es stimmt: Alles, was sie produziert und geschrieben haben, war vorchristlich, und zwar kurz vor Christus, das ist klar erwiesen. Doch sie haben es uns auch extra schwer gemacht. Sie haben kein Tagebuch geführt, keine Chronik, keine Geschichte. Wahrscheinlich hatten sie keine Zeit dafür aus lauter frommem Stress. Paulus hat gesagt, die Antwort auf die Gnade ist der Glaube. Die Essener sagten: Die Antwort auf die Gnade ist, dass man den Willen Gottes tut. Na Servus, damit hatten die allerhand zu tun und kamen doch nie ans Ziel. Den Willen Gottes tun, jo mei, damit hatten sie wirklich zu tun.« Es war ein atemberaubender Monolog, in den David Flusser sogar Fußnoten einschaltete. Fragen brauchte ich ihm keine mehr zu stellen, nachdem er einmal das Stichwort aufgegriffen hatte: Qumran und die Essener.

»Die Bibel ist aus vielen, vielen Zuflüssen gespeist worden, müssen Sie wissen, aber Jesus hatte doch etwas ganz Neues in das Judentum und in die Welt gebracht. Flavius Josephus schrieb über die Essener, sie sähen immer aus wie Schüler unter der Fuchtel des Lehrers. Seien Sie also froh, dass Sie nicht unter der essenischen Fuchtel groß geworden sind. Und dennoch! Vorsicht! Das Gedankengut der Essener kommt – ähnlich wie die Ansichten der ketzerischen Gnostiker – immer wieder zurück, auch in der Kirche, als suche es sich immer neu unterirdische Kanäle und Tunnel, durch das sie wieder zu Tage treten wollen. Unter Calvin in Genf tauchten essenische Elemente und augustinische Verdrehungen plötzlich mitten in der Christenheit wieder auf. Plötzlich glaubten da auch Christen wieder an die Vorherbestimmtheit aller Geschehnisse wie die alten Essener. Überall, wo unter den Christen mit schiefem Kopf gepredigt wird und wo zerknirschte Beter sitzen, sind die Essener ein Stück zurückgekommen.«

Professor Flusser schaute mich an, ob ich vielleicht doch noch eine kleine Frage hätte, atmete tief und startete neu durch, ohne irgendeine Frage von meiner Seite, pausenlos, ohne jede Unterbrechung und voller Leidenschaft. »Die Essener haben gewartet. Darum haben sie nicht geheiratet. Sie warteten auf den Messias. Jesus aber sagte: ›Ich bin der Weg, die Wahrheit und das Leben.‹ Die Essener hatten einen ›Lehrer der Gerechtigkeit‹, der ständig meinte ›Gott hat mir gesagt‹ oder Dämonen ›im Namen Gottes‹ austrieb. Jesus aber sagte den Menschen wie den Dämonen, die er austrieb, immer wieder: ›Ich sage euch, tut dies und das. Verschwindet!‹ Er sprach völlig ungeschützt, ohne Berufung auf andere, ohne Rückversicherung: ›Ich bin es, der gekommen ist.‹ Er war kein Essener, er war Jude. Doch für Juden war sein Anspruch natürlich nicht zu schlucken, bis heute nicht, und ich weiß, wovon ich rede. Die Wasserscheide zwischen ihm und den Essenern und dem Judentum ist bis heute seine eigene Person – und sein unglaublicher Anspruch. Eine andere Unterscheidung ist natürlich sein Erfolg, wenn Sie so wollen, und der Misserfolg der Essener. Die Christen, die auf Christus getauft sind, haben die Milliardenmarke schon hinter sich. Die Essener, die den lieben langen Tag immer von Neuem in ihre ziemlich schmuddeligen Ritualbäder stiegen, um rein zu werden, diese Essener gibt es schon lange nicht mehr. Die Leute in Qumran starben im Alter zwischen 30 und 40, an Schlangenbissen, Skorpionen, an der Hitze, an dem Durst, der Trockenheit und überhaupt ihrem ganzen Lebensstil. Damals starben die Leute in Jerusalem sogar schon zwischen 50 und 60 Jahren, nur 40 Kilometer weiter. Das war also nicht wahnsinnig attraktiv, trotz all ihrer hohen Töne. 200 Jahre bestand ihr Unternehmen, ungefähr fünf Generationen lang. Etwa 200 Leute sind in Qumran beerdigt. Es gibt also viel mehr Schriftrollen von ihnen, als es zu ihren Lebzeiten von ihnen Leute gab. Na, servus. Die haben wohl vor allem einen großen Rummel um ihren Betrieb gemacht. Es war aber nicht so viel dahinter, wie sie taten.«

Er schaute mich schelmisch an, atmete aber auch so schwer, dass ich die Zeit für gekommen hielt, ihn, seinen Wiener Humor und sein Ein-Mann-Talent nicht länger zu beanspruchen. Tage später wollte ich ihn wegen einer Frage noch einmal anrufen. »Er ist nicht mehr«, sagte seine Frau am Telefon und reichte den Hörer weiter. Am letzten Freitagmorgen sei sein Vater dem Herzleiden erlegen, das ihn schon so lange geplagt hatte, sagte sein Sohn Jochanaan. Er starb am 15. September 2000, an seinem 83. Geburtstag, doch bis zum Schluss »hatte er die Neugier eines Zweijährigen«.

»Bargil, dein jüdischer Freund ist gestorben«, sagte ich meinem benediktinischen Freund beim nächsten Mal. Er wusste es natürlich schon, er hatte ihn mit beerdigt. »Er war kaum älter als du. Jetzt musst du mir also noch einige Fragen beantworten, mit denen ich ihn verschont habe. Folgendes: Über die Jahre Jesu zwischen seiner Bar Mitzwa und der Taufe im Jordan verraten die Evangelien beinahe nichts. Gibt es Indizien, wie sehr er in dieser Zeit mit der Welt der Essener in Berührung kam?«

»Ja, da gibt es Einiges. Ich glaube, die Familie Jesu war essenisch beeinflusst, die Familie des Joseph und dessen ältere

Söhne. Das waren sehr fromme Leute. Mehr möchte ich nicht sagen. Jesus ist in Nazareth aufgewachsen in dieser Gruppe. Gerade Johannes der Täufer hat ihn aber wohl auch angeleitet, diesen Kreis zu verlassen. Das essenische Denken war zu eng für die Aufgabe des Johannes. Für Jesu Aufgabe war es noch viel enger. Deswegen hat er Nazareth verlassen, seine Familie verlassen und ist hinunter nach Kapharnaum zum See. Dort hat er seine eigene Zwölfergruppe um sich versammelt, die ganz normative Juden waren, nicht mehr diese hyperfrommen. Die Apostel und Jünger waren mehr pharisäisch, nicht essenisch. Jesus war und wollte ein Jude sein, der ganz nach dem Gesetz lebte – ohne Sonderregeln und ohne Sonderstatus. Seine ganze öffentliche Tätigkeit war so. In manchen Fällen stand er sogar konkret gegen die Essener auf. Bei den Essenern galt es etwa als Tugend, die besonders zu hassen, die nicht gläubig waren. Die Feinde Gottes musste man hassen. Deswegen hören wir von Jesus: ›Zu den Alten ist gesagt worden, ihr sollt die Freunde lieben, aber die Feinde hassen. Ich sage euch: Ihr sollt die Feinde lieben.‹ Das ist vollkommen gegen das essenische Prinzip. Nein, Jesus ist gewöhnlich zum Tempel gegangen wie andere Juden auch. Die Feste hat er nicht mehr nach essenischem Kalender, sondern nach dem normativen Kalender, dem so genannten Mondkalender gefeiert.«

»Aber das früheste Viertel der christlichen Ur-Gemeinde auf dem Zionsberg war ein altes Essener-Viertel. Du selbst hast da oben das alte Essener-Tor ausgegraben?«

»Ja, ich habe es ausgegraben und bin wohl vertrauter als viele andere mit dieser alten jüdischen Sekte. Darum glaube ich auch Folgendes: Jesu Brüder waren mit diesen Leuten verbunden. Jesus selbst aber hat zu ihnen Distanz gehalten, weil sie der Auffassung waren, dass sie allein der heilige, kleine und treue Rest Israels seien. Darum haben sie die anderen als Söhne der Finsternis verachtet. Sie allein waren Söhne des Lichtes. Jesus hat keinen verachtet. Mit einer solchen Ideologie auch innerhalb seiner großen Familie konnte Jesus nichts anfangen.

Als er später nach Jerusalem kam und den Tempel reinigte und die Tische dieser Verkäufer und Schafhändler und Taubenhändler umstieß, da haben viele Leute und eben besonders die Essener, die grundsätzlich gegen diese Tempelwirtschaft waren, geglaubt, das ist vielleicht der Gottessohn, das ist vielleicht der Messias. Doch es heißt dann bei Johannes: Er vertraute sich ihnen nicht an, denn er wusste, was im Menschen war. Er hat sich nicht mehr mit den Essenern eingelassen. Er kannte sie zu gut.«

»Fing diese Trennung mit der Taufe durch Johannes an?«

»Ich glaube ja. Von dem Tag an betrat Jeshua wie der Heerführer des Moses neues, gelobtes und ihm verheißenes Land. Johannes der Täufer war ihm schon wie ein Kundschafter voraus gegangen. Auch Johannes hatte sich von den Essenern gelöst und einen ganz neuen Weg gesucht und eingeschlagen. So steigt Jesus aus dem Wasser des Jordan. Eine Taube lässt sich mit ausgebreiteten Schwingen auf ihn herab. Um sie herum werden die Vögel damals wie heute gezwitschert und jubiliert haben, sicher noch mehr, als göttlicher Chor zu dieser Stimme aus dem Himmel: ›Das ist mein geliebter Sohn.‹ Jetzt fing er an. Jetzt betrat er die Arena der Welt, in der wir ihn kennengelernt haben. Die Haare klebten ihm in nassen Strähnen um die Wangen, als er aus dem Jordan wieder emporstieg. Wasser perlte von seinem nackten Oberkörper. Vielleicht war es einer der glücklichsten Momente seines Lebens. Nun fing er an. Nun trat er hinaus in das verheißene Land. Er schaute seine Mutter in der Menge an. Er würde nicht Jericho, er würde Jerusalem erobern, die Stadt da weit oben auf dem Berg. Er würde das Gesetz des kleinen Israel in der ganzen Welt bekannt machen.«

Off the Road

Dienstag, 13. Mai, alter byzantinischer Pilgerweg bei den Ruinen von Chirbet Kana, in der Nähe von Nazareth

Vom siebten Geheimnis. Das überflüssige Wunder und ein zweiter Beginn. Ein Dorf zum Rechtsliegenlassen. Nach dem Fest des Moses in der Wüste eine überschäumende Hochzeit auf einem Abhang Galiläas. Weinproben auf der Pilgerreise.

Guten und weniger guten Wein haben wir im Heiligen Land vom Golan bis zum Karmel und Bethlehem und Beit Dschallah und Latroun und zurück verkostet, überall, wo es ihn zu trinken gab. Doch in meinen Aufzeichnungen aus diesen Jahren taucht das Wort »Kana« kein einziges Mal auf. Das heutige Kana war nie ein Brennpunkt. In diesem palästinensischen Dorf hinter der israelischen Neustadt Nazareth-Illit ging noch nie eine Bombe hoch. Vor zwanzig Jahren habe ich einmal einen Taxifahrer von Haifa nach Tiberias gebeten, unterwegs einmal für eine Zigarettenlänge bei Kana rechts raus zu fahren. Doch ich könnte mich eher an die Zigarette erinnern als an das Dorf. Die Kirche in Kana, erzählte der Fahrer aus dem alten Wien danach im Weiterfahren, sei dem Salzburger Dom nachempfunden, weil der Architekt der Franziskaner ein Salzburger gewesen sei. Im letzten Libanonkrieg kam Kana dann doch einmal in die Schlagzeilen, als die Israelische Luftwaffe hier eine Schule bombardierte. Der Angriff leitete eine Wende im Krieg ein. Doch es war ein anderes Kana, wo es allerdings auch eine Tradition gibt, die das Weinwunder Jesu für sich reklamiert. Dieses phönizische Kana im Libanon kann aber kaum das Kana in Galiläa sein, von dem das Evangelium erzählt: wo Jesus sein erstes Wunder wirkte.

Dass wir Kana aber irgendwie übersehen hatten, fiel mir erst in Rom auf, im Oktober 2002, als Johannes Paul II. die lichtreichen Geheimnisse in den Rosenkranz einfügte, wo er das zweite Geheimnis dem Weinwunder der Hochzeit widmete, seiner ersten Selbstoffenbarung, wie die Schriftgelehrten sagen. Da erst fiel mir auch auf, dass ich keine Fotos von Kana hatte, im Gegensatz zu allen anderen Orten des neuen Rosenkranzes.

Im Dezember 2005 nahmen wir deshalb bei einem neuen Besuch unserer Freunde auf dem Zionsberg einen Mietwagen, um nach Kana zu fahren, den alten Wegen nach. Bargil war schon drei Jahre tot, den wir gern noch einmal ausgefragt hätten. Den Weg kannten wir auch ohne ihn. Mittlerweile war wieder Friede. Das heißt, eine neue Spiralwelle der Erstarrung hatte das Heilige Land überfallen. Viele offene Straßen, die wir drei Jahre zuvor noch mühelos hatten nehmen können, waren verschlossen, andere waren zugemauert. Nablus und Dschenin waren inzwischen verschlossene Städte geworden wie Hebron, und mit einem Mietwagen ließ sich nun überhaupt nicht mehr in die Westbank fahren. So fuhren wir diesmal im großen Umweg von Jerusalem über die Küste nach Afula, von dort weiter nach Nazareth, dann Richtung Tiberias und hätten Kfar Kenna auf der neuen Schnellstraße von Haifa nach Tiberias um ein Haar fast verpasst, das rechts neben dieser Quasi-Autobahn lag, und das ich von meiner Fahrt mit dem alten Wiener Chauffeur noch frei in der Landschaft in Erinnerung hatte.

Das Dorf schien mitten am Tag in Tiefschlaf versunken. Die Straße zur Kirche war so eng, dass wir das Auto irgendwann stehen lassen und zu Fuß weiter mussten, durch eine Art israelisch-palästinensischer Fußgänger-Zone, doch ausgestorben. Ein paar Andenken-Läden hatten geöffnet, menschenleer. An dem Vorhof zur Kirche kamen uns einige kichernde philippinische Nonnen entgegen. Doch in der Kirche waren wir wieder mutterseelenallein. Dieses Gotteshaus hätte wirklich auch in Österreich stehen können, sauber, hell, leer. Wir setzten uns in die dritte Bank und beteten den neuen lichtreichen Rosenkranz, sehr abgelenkt. Während die Perlen durch die Finger glitten, schweiften meine Gedanken in alle Himmelsrichtungen. Über dem Altar hielt ein Gemälde die Hochzeit von Kana fest. Links und rechts vom Tabernakel waren jeweils drei große Tonkrüge auf drei Treppenstufen des Hochaltars gehoben worden. Ob die wohl jeweils hundert Liter fassten? Darunter zwei üppige Nelkensträuße, weiß und lila, in zwei überdimensionalen Vasen. Alles sehr gepflegt. »*Can I help you?*« Beinahe unbemerkt war eine hübsche junge Nonne an uns heran getreten, die hier Sakristanin war. Sie stammte aus Italien und freute sich, uns im Keller in einem kleinen Museum noch einige authentischere Reliquien zeigen zu können, zum Beispiel einen antiken klobigen Wasserkrug aus dieser Gegend. »So könnten die ›*contenitori*‹ ausgesehen haben, in denen damals das Wasser in Wein verwandelt wurde.«

Hinter Kfar Kenna fällt die Straße zum See Genezareth schon steil nach unten ab. Ich schwieg. »Was ist?«, fragte Ellen. »Nichts«, sagte ich. Und so war es wirklich. Natürlich hatte ich nicht erwartet, in dem Dorf die Säule zu finden, von der ich mir vorstelle, dass Jesus an ihr gelehnt hat, als er bei der Hochzeit von Kana seine Zeit abwartete. Es war ein Tabernakel für die konsekrierten Hostien da, mit einem »ewigen Licht« davor als Zeichen, dass der Allerheiligste hier Wohnung genommen hat. Es waren hinreißende Nonnen da, doch nicht der »*genius loci*«, der Geist des alten Wunderortes. Jedenfalls hatte er nicht zu mir gesprochen. »Komisch«, sagte ich, »es ist so ein wundervolles Wunder in jedem Wort, das von Kana überliefert ist. Hier beginnt Maria vor Jesus zu sprechen: ›Sie haben keinen Wein mehr.‹ So trocken. So rätselhaft. Wie viele Theologenschulen haben sich schon den Kopf darüber zerbrochen. Doch hier und heute habe ich zu diesem Geheimnis irgendwie nur den geringsten Bezug, wie es mir vorkommt. Vollkommen anders als in der Grotte von Nazareth, beim Stern von Bethlehem, dem Brunnen in Nablus, den Feigenbäumen Jerichos, nimm was du willst.«

»Stimmt«, sagte Ellen: »Es ist ein Dorf zum Rechtsliegenlassen. Da will man am liebsten nur noch zum Wasser, aber nicht in ein Kaff, wo ich nicht mal ein Restaurant gesehen habe.« Ich musste lachen: »Stimmt«, sagte ich, »und das ausgerechnet da, wo unser Freund und Herr mit seinen Wundern anfing, nicht bei einem Kranken, Blinden oder Lahmen, sondern beim unnötigsten Fall, als überflüssigstes Wunder: beim

Wein, der ausging. Wo er für 600 Liter besten Extra-Wein sorgte. Um Betrunkene noch betrunkener zu machen!« – »So würde ich das nicht sagen«, sagte Ellen. »Für mich ist es das schönste Wunder. Kranke können notfalls ja auch die Ärzte heilen. Aber stell dir vor, uns ging der Wein aus, obwohl wir ja wirklich kein Brautpaar mehr sind! Grauenhaft! Und das bei einer Hochzeit! Unvorstellbar. Eine Katastrophe. Auf diese Ehe hätte ich keinen Cent mehr gewettet. Ein solches Hochzeits-Desaster hätte auch der hübscheste Ehemann nicht mehr aus der Welt schaffen können.«

»Wie meinst du das?«

»Natürlich nicht persönlich. Oder doch. Ein Gott, der sich um solche Sorgen kümmert – und sie aus der Welt schafft, auf ein einziges Wort seiner Mutter hin! –, der ist auch mein Gott. Diese Mutter will auch ich zur Mutter haben. Vielleicht ist es ja das christlichste Wunder überhaupt. Das erste ist es ja auf jeden Fall. Jahrhunderte zuvor hatten die Israeliten unter Moses dem Pharao gesagt, sie wollten in die Wüste, um ›ein Fest zu feiern‹. So entkamen sie der Sklaverei. Vielleicht muss das Fest von Kana deshalb ja auch als Notenschlüssel der Christenheit verstanden werden, eine überschäumende Hochzeit auf einem Abhang Galiläas.«

Gern stell ich mir die Hochzeit von Kana deshalb im Frühling vor, wenn Galiläa ein Farbenmeer wird. Unter Teppichen von roten, weißen oder lila Anemonen: Lilien des Feldes, soweit das Auge reicht. Johannes sagt nichts darüber. Er ist hier noch knapper als sonst. Es war »am dritten Tag«, sagt er nur, am dritten Tag nach dem Sabbat, am Dienstag. Es klingt, als wollte er damit wieder einmal auf Ostern anspielen und die drei Tage im Grab. Doch der »dritte Tag« ist bis heute der bevorzugte Hochzeitstag frommer Juden, weil Gott am dritten Schöpfungstag nicht nur einmal, sondern gleich zweimal sah, dass es »gut« war, was er da geschaffen hat. Und da sagt Maria nun zu Jesus: »Sie haben keinen Wein mehr.« Und dann er zu ihr: »Was willst du von mir, Frau?« – Wer soll diesen Dialog verstehen? Ich nicht und glaub' denen nicht, die sagen, sie wüssten, was das heißen soll – oder jenen Theologen, die hier wieder einmal von schadhaften Übersetzungen murmeln. Johannes erklärt es im Evangelium jedenfalls nicht, sondern erzählt nur weiter. Maria sagt zu den Dienern: »Tut, was er euch sagt!« Dann tut er sein erstes Wunder. Verwandelt sechshundert Liter Wasser zum Füßewaschen in besten Wein. Mehr sagt Johannes schon nicht mehr. »So tat Jesus sein erstes Zeichen in Kana in Galiläa.«

»Alle Dinge der Schöpfung werden mit der Zeit schlechter«, hat Bischof Maximus um das Jahr 400 zur Deutung dieses ersten Wunders Jesu gesagt, »nur der Wein wird besser, wenn er altert. Er verliert mit jedem Tag von seiner Bitterkeit und erhält einen immer reicheren Geschmack. Mit dem Christen ist es genauso. Je mehr Zeit seit seiner Taufe vergeht, desto mehr verliert er die Bitterkeit seines sündigen Lebens und eignet sich die Weisheit und das Wohlwollen der Göttlichen Dreifaltigkeit an.« Trotzdem hätte ich Bargil gern noch einmal dazu befragt, für eine seiner oft gewagten, manchmal abwegigen und hin und wieder genial einfachen Erklärungen. Doch diesmal saßen wir nur noch allein am Steuer, schon lange kein Brautpaar mehr, aber doch ein altes Ehepaar, das allerhand vom Wein verstand. »Lass uns noch einen lichtreichen Rosenkranz beten«, sagte Ellen, als wir uns Tiberias näherten und den See Genezareth schon blau in der Ferne unter uns liegen sahen. Sie nahm die Schnur aus dem Handschuhfach und plötzlich war auch der Geist des Ortes bei uns. Plötzlich war der »*genius loci*« mit uns unterwegs.

Inzwischen habe ich aber auch aus mehreren Büchern erfahren, was Bargil mir gewiss mit einem einzigen Satz hätte erklären können. Wir hatten uns damals ganz einfach verfahren. Kafr Kenna (das »Dorf der Schwiegermutter«), wo Pilgern aus aller Welt Kana gezeigt wird, ist wohl eine Täuschung, und nicht erst seit gestern. Das wahre Kana haben wir nie gesehen. Es lag ein wenig zu unbequem für den Pilgerbetrieb. Dabei hätten wir es so leicht sehen können, mit dem Auto wäre es nur ein unbedeutender Schlenker gewesen. Das war am Steuer anders als für die Fußpilger früherer Tage – obwohl man bis heute mit dem Auto noch nicht ganz an den Ort herankommt, sondern am Schluss nur zu Fuß. Das wahre Kana liegt rund 10 Kilometer nordöstlich von Nazareth und ist nur noch ein Ruinenfeld auf einem verlassenen Hügel am Nordrand der Battof-Ebene. Es ist das menschenleere Chirbet Kana. Schon der Pilger von Piacenza erwähnte es dort um das Jahr 570. Bischof Willibald von Eichstätt berichtet 150 Jahre später auf seiner Pilgerreise am selben Ort von einer Kirche, wo auf dem Altar noch einer der sechs Wasserkrüge stand, deren Inhalt Jesus verwandelt hat. Im Jahr 1290 schreibt Burchard aus Barby an der Elbe von dem Speisesaal des Wunders, der hier noch gezeigt wurde, jedoch nicht mehr von dem Krug. Im 17. Jahrhundert war der Ort zerstört, aber noch nicht ganz verlassen. Pilgern wurde immer noch der Brunnen gezeigt, aus dem das Wasser geschöpft wurde. Die Quelle Ain-Kana bei er-Rene nördlich von Nazareth hat wahrscheinlich noch ihren Namen von diesem Ort. Alles andere war verschwunden, die Kirche mit dem Speisesaal.

Das war die Stunde für Kafr Kenna, das wir kennen gelernt hatten, weil es günstiger an der kurvenreichen Straße zum See lag. Orthodoxe Griechen waren schon im 16. Jahrhundert dort. 1641 kauften dann Franziskaner den Grund, auf dem sie 200 Jahre später ihre »Hochzeitskirche« errichteten. Sie hatten also allen Grund, hier mit einer kleinen Kopie des Salzburger Doms aufzuwarten. Den wahren Ort haben wir also leider nie gesehen, das wahre Kana, und dass es nur noch aus Ruinen besteht, macht mich nur noch neugieriger darauf. Ellen hat gerade einen Zweig blühender Weidenzweige hereingeholt und ans Fenster gestellt. Direkt vor meine Nase und Augen. »Ist es nicht merkwürdig, dass wir gerade den Platz des ersten Wunders nie aufgesucht haben«, sage ich zu ihr. »Nein«, sagt sie. »Es bedeutet etwas.«

»Was denn?«

»Wie soll ich das wissen? Wir werden es schon noch erfahren. Nur so viel ist jetzt schon klar. Man kann vom Weg abkommen, auch auf Pilgerreisen. Man kann getäuscht werden – auch auf Pilgerreisen. Sie gehen ja alle immer weiter, so lang wir leben – selbst aus jedem Heiligen Land heraus. Dem himmlischen Hochzeitsmahl entgegen. Wenn das erste Wunder mit Wein zu tun hatte, wird sich der liebe Gott im Himmel doch nicht lumpen lassen. Wir kommen schon noch zu dem verwandelten Wein. Und nach Kana fahren wir noch einmal hin«, sagt Ellen. »Doch jetzt schreib zuerst einmal dein Buch zu Ende.«

Am Wasser des Silbersees

Donnerstag, 15. Dezember 2005, die Eremos-Höhle über Tabgha am See Genezareth

Vom achten Geheimnis. Bierdosen neben einer kalten Feuerstelle, eine mystische Höhle über dem See, Morgenröte über dem Golan, die Rückkehr der Kraniche zum Spiegel des göttlichen Gesichts – und der Atem des Friedens als Windhauch auf dem neuen Sinai.

Kraniche haben sich in einer langen Reihe auf dem See Genezareth niedergelassen. Die Zugvögel Afrikas lassen sich in diesen Tagen wieder wolkenweise im Schilf des Jordantales nieder. Es ist Winter und wieder so lind wie vor zwei oder 1000 oder 3000 Jahren. Links zieht die Morgenröte eines neuen Tages in den Himmel des Heiligen Landes hoch, über dem Rücken des Golan, und spiegelt sich rosa im Wasser des Silbersees. »Halt an!«, möchte ich der Stunde zurufen. »Halt an!« Doch wie unnötig. Hier hat die Zeit schon immer angehalten.

Wir sind noch einmal zurückgekommen in die Eremos-Höhle, die uns natürlich kein anderer als Bargil gezeigt hat. Entdeckt hat er sie nicht. Entdeckt hat sie Jesus. Die Pilgerin Egeria aus Galizien im Norden Spaniens hat sie – ich habe es schon einmal gesagt – im 4. Jahrhundert beschrieben. Bargil hatte ihren alten Bericht nur noch einmal ernst genommen. Gott sei Dank. Dies sei die Höhle, in die Jesus sich zum Gebet in die Einsamkeit (griechisch: *eremos*) zurück gezogen habe, schrieb Egeria damals, und wir denken nicht daran, an ihrem Bericht zu zweifeln. Es war hier. Es gibt keinen schöneren Platz zum Gebet. »Auge Gottes« wird der See von manchen genannt. Die Höhle aber sieht aus wie ein Auge des Hügels. Von hier aus, sagte uns Bargil, könne man im Frühjahr den Fischen vor den warmen Quellen im See beim Laichen zuschauen, wenn die Seeoberfläche wie Quecksilber schimmert von all den Körpern. Hier waren wir morgens, mittags und abends – und hier waren wir immer allein. An die Eremos-Höhle zu denken und nicht da zu sein und davon zu schreiben, ist kein Vergnügen. Ich weiß nicht, wie viele Rosenkränze wir hier gebetet haben. Hier war es immer eine Lust. Etwas Besseres als der Rosenkranz und still auf den See zu schauen fiel uns hier nie ein. Manchmal schaute ein Vogel zu, manchmal ein Klippdachs, manchmal schwirrte ein Eisvogel vor uns vorbei, lapislazuliblau. Hier saß ich allein, als Ellen am Tag unseres Abschieds vom Heiligen Land mit Bargil am Seeufer entlang stapfte und sich von ihm noch einmal den Geist des Ortes erklären ließ. Als wir in Israel angekommen waren, gingen wir an meinem Geburtstag den Berg hoch, vorbei an der Höhle, die wir damals noch nicht kannten, und bis wir ganz oben auf dem Berg der Seligpreisungen ankamen, hatte Ellen unterwegs im Vorbeigehen den schönsten Blumenstrauß meines Lebens für mich gepflückt. 2000 würde das Friedensjahr werden. Das schien damals klar. Aber es war wohl vor allem der Friedensberg, der da gesprochen hatte. Es war – wieder einmal! – der *genius loci*, der Geist des Ortes. Hier gab und gibt es keine Vergangenheit und keine Zukunft: immer nur Gegenwart. Wie bedrückt wird Jesus hier oft gebetet haben, wenn er an all das Leid dachte, was wir nur erahnen! Doch uns hat der Ort nur immer beglückt. Die Höhle ist ein Glück und am liebsten möchte man keinem weiter erzählen, wo genau sie liegt: sehr wild und verlassen über dem Priorat der Benediktiner von Tabgha, am Nordufer des Sees, »im evangelischen Dreieck«, wie Bargil sagte. Ein paar Kilometer weiter nach Osten liegen die Ruinen von Kefar Naum am Seeufer, dem alten Kapharnaum.

Hier auf diesen Hügeln hat Jesus das Himmelreich ausgerufen: den Anbeginn der Gottesherrschaft, die von unseren Tagen bis in die Ewigkeit reicht. Ein paar Meter höher, gerade über der Höhle, hat Jesus erstmals das »Vaterunser« gesprochen, den wichtigsten Baustein des Rosenkranzes. Hier hat er uns Gott als unseren Vater vorgestellt. Von diesem Hügel aus ist es uns nicht mehr erlaubt, noch irgendwie klein von uns zu denken. Als Sünder ja, doch nicht klein, nicht von Pappe: als Söhne und Töchter Gottes. Es ist vielleicht ein bisschen zu viel, doch nicht hier. Hier ist es das Natürlichste der Welt, dass Gott Mensch geworden ist, eine Nacht in dieser Höhle im

Gebet verbringt und in der Früh den Morgen über dem Golan hoch dämmern sieht, gerade wie wir.

Es ist natürlich ein kostbares Privileg, von dem ich nur hoffe, dafür nicht eines Tages für ein paar Jahrhunderte im tiefsten Winkel des Fegefeuers schmoren zu müssen. Jede Minute in dieser Höhle ist ein kostbares Geschenk. Nicht einmal Johannes Paul II. durfte hier sitzen, dem ich kurz nach meinem Geburtstag im März 2000 hierhin folgen durfte. In Jerusalem war in der Nacht zuvor Sturm auf Sturm durch die Stadt gefegt. Regenböen peitschten über die Sturzbäche, in die sie die Straßen verwandelt hatten. Hier aber, am See Genezareth, war aus dem Sturm dann nur noch ein Säuseln übrig geblieben. Morgenrot schimmerte auch damals wie in einer goldenen Patene auf dem »Auge Galiläas«. Ein blaues Zelt spannte sich von Westen her über das Wasser. Die Lilien des Feldes blühten, die Vögel des Himmels zwitscherten und schwirrten durch die Büsche. Hier am See hatte Jesus die letzten drei Jahre seines Lebens verbracht, wusste auch der Papst, bevor er von hier aus seine letzte Reise durch das Jordantal antrat, hinab nach Jericho in die tiefste Stadt der Welt, und von dort schließlich hinauf nach Jerusalem auf den Hügel Golgatha und immer höher. Am Profil der Landschaft hat sich seitdem nicht das Geringste verändert. Da vorne Magdala, dahinter Kapharnaum und da drüben Bethsaida, die Geburtsstadt der Apostels Petrus, dessen Nachfolger heute hier für den größten Menschenauflauf des Staates Israel verantwortlich war. Die kleinste Religionsgemeinschaft des Heiligen Landes sprengte in diesen Tagen alle Normen Israels. Seit Tagen und Stunden wanden sich endlose Menschenströme den Hügel über Tabgha hoch. Hier war der neue Sinai, auf dem Jesus die *Magna Charta* der Christenheit verkündete, die jeder Hinwendung zu den Schwachen, Ausgestoßenen und Verfolgten zugrunde liegt, der die westliche Zivilisation ihre schönsten Züge verdankt. Heute wollte Johannes Paul II. dieses Licht der Jugend der Christenheit wie eine Fackel zur

Dämmerung des neuen Jahrtausends weitergeben:»Selig, die Verfolgung leiden!« Diesmal war er als Lehrer hier: ›Diese beiden Berge, der Sinai und dieser Hügel bieten uns eine Landkarte unseres christlichen Lebens ... Das Gesetz und die Seligpreisungen ... markieren den Königsweg zur spirituellen Reife und Freiheit. Gesegnet seid ihr, die ihr wie Verlierer erscheint ... Jetzt ist es an euch, die Botschaft weiter zu tragen.«*The kingdom is yours, yours, yours!*«, rief er. Hier flüsterte er nicht mehr. Das Echo seiner Worte rollte über die unübersehbare Menge und zurück zu dem großen Beduinenzelt, in dem der Pilger aus Rom seinen Sitz eingenommen hatte: »*Blessed, blessed, blessed ... friends, friends, friends ...* Amen, Amen, Amen.« Heiterkeit lag über dem Areal. Keiner achtete auf die Pfützen, den Schlamm und die Wolken, die sich wieder tief und im schnellen Wechsel und hin und zurück über den Berg bewegten. Am Schluss war es, als wollte er den Ort gar nicht verlassen. Zum ersten Mal seit Tagen sah ich ihn hier lächeln, bar jeder Anstrengung, als er noch ein wenig sitzen blieb, die Augen über die Menge und den Wundersee schweifen ließ. Nach rechts hinüber zum Berg Arbel, dahinter zu den Hörnern von Hittin, an dem Saladin vor 800 Jahren das Schicksal des europäischen Kreuzfahrerstaates besiegelte, zum Berg Tabor, der sich dahinter wie eine Erscheinung aus dem Horizont heraushebt, und nach links zum Golan, wo in den Jahrhunderten vor dem Erscheinen des Islam so viele Christengemeinden blühten. Sonne lag auf seinem Gesicht, als er sich endlich erhob, langsam mit seinem Hirtenstab zu einem großen Kreuz nach rechts hinüber ging, dem Gekreuzigten die Füße küsste und winkend das Zelt nach hinten verließ. Wind fuhr durch seine Messgewänder.

Als der Papst nach seiner Bergpredigt noch einen kurzen Abstecher in die Benediktiner-Abtei bei den sieben Quellen in Tabgha machte, stand Bargil im Türrahmen, um dem Nachfolger Petri einen Schlüssel zu überreichen, den er in Bethsaida, dem nahen Heimatstädtchen des Petrus, ausgegraben hatte.

Sicherheitsleute schoben den alten Mönch beiseite, bevor er auch nur den Mund aufmachen konnte. Vorher war durch Jerusalem noch das Gerücht gegangen, der Papst würde sich von Bargil Pixner im Hubschrauber die Ausgrabungen von Bethsaida zeigen lassen. Bargil lachte, als ich ihn später darauf ansprach.

Ihm war kein Zacken aus der Krone gebrochen, dass er dem Papst nicht den Ring hatte küssen dürfen. Ihm tat es nur um den Papst leid und dessen enges Korsett, mit denen er die Orte besuchte, deren Untersuchung zum Lebenselexier Bargils geworden waren.

»Es ist meine Eigenart«, sagte er dazu, als er uns zum ersten Mal in die Ruinenstadt von Bethsaida führte, nicht weit von der Eremos-Höhle, im Mündungsgebiet des Jordan, »ich habe das schon von Jugend her, ich muss immer alles, was geschehen ist, mit Orten verbinden. Dadurch ist es mir gelungen, Orte festzustellen, von denen die Bibel erzählt, wie zum Beispiel Bethsaida. Normalerweise zählt man den Ort zu Galiläa, aber er gehörte nicht zu Galiläa, er gehörte zur Gaulanitis, dem heutigen Golan. Da lebten Leute, die gar nicht so streng jüdisch waren. Das waren Leute, die halb syrisch waren, halb heidnisch, halb jüdisch. Von diesen jüdischen Familien dort stammen fünf wichtige Hauptapostel, die hier viel offener groß geworden waren als die sehr frommen Leute von Nazareth.«

»Welche Apostel waren das?«

»Petrus, Andreas, sein Bruder, Philippus, Johannes und Jakobus, die beiden Söhne des Zebedäus. Die kamen alle aus Bethsaida, wo die Leute auch Griechisch verstanden und sprachen. Deswegen konnte Jesus sie besonders gut für seine Tätigkeit gebrauchen. Das waren alles Fischer, diese Fünf. Sie haben gefischt am See Genezareth. Petrus und Andreas sind bald weg von Bethsaida. Petrus hat wahrscheinlich in Kapharnaum seine Frau kennen gelernt, geheiratet und dort im Haus bei der Schwiegermutter gewohnt. Vielleicht war er aber auch hierhin gekommen, weil er hier, in Galiläa, weniger Steuern zahlen musste für die Fischerei, weil das im Gebiet des Herodes Antipas lag.«

Bargil schleppte uns durch die Ausgrabungen, als wir schon lange müde Beine hatten. Er war stolz bei jeder einzelnen Ruine, die er dem Erdboden entrissen hatte. »Diese Häuser sind aus der Zeit Jesu. Dieses Tor ist aus der davidischen Zeit, 1000 Jahre vorher. Auch eine der Frauen König Davids stammte ja von hier: Malka, die Mutter des Abschalom und der Tamar. Die neutestamentlichen Häuser sind aber nicht weniger interessant. Bethsaida lag früher am Ufer des Sees. Entsprechend viele Fischerhäuser haben wir hier gefunden, mit Angelhaken und anderen Fischerei-Utensilien. Und da habe ich den Schlüssel gefunden, in dem Bau, den ich natürlich das ›Haus des Petrus‹ nenne. Es ist ein Scherz, doch wer weiß.« Er lachte wieder in sich hinein und strich sich den Bart.

Doch wichtiger als all seine anderen Entdeckungen blieb für uns die Eremos-Höhle in der Flanke des Berges, auf dem Jesus das Himmelreich ausgerufen hatte. Sollte ich vor meinem Tod noch einen letzten Reisewunsch äußern dürfen, es wäre hierhin. Wenige Wochen bevor wir uns nach Rom einschifften, skizzierte ich in dieser Höhle meinen letzten Leitartikel zum Konflikt um das Heilige Land, machte wie fieberhaft Notizen und schaute auf den See. In Jerusalem gab ich die Sache in den Rechner und sah, es war ein fiebriges Manifest: »Gestern in der Eremos-Höhle über dem See Genezareth«, fing das Stück an. »Hierhin hat Jesus sich oft zum Beten zurückgezogen. Eine kleine Feuerstelle wartete erkaltet im Eingang. Eine Palme wedelte vor dem Blick zum See hin. Ein Eisvogel flatterte vorbei. Die Gräser bogen und wiegten sich im Wind. Keine Stimme störte das Säuseln. Die ergreifendsten Stätten sind menschenleer. Es gibt keine Touristen und keine Pilger mehr im Heiligen Land. Alte Pilgerhotels laufen in dieser Zeit mit Schulden voll wie aufgeschlitzte Tanker. Doch friedlicher und schöner als jetzt war es hier seit vielen Jahren nicht, und auch nicht sicherer, nicht wehmütiger, nicht trauriger. In der Geburtskirche in

Bethlehem ist es nicht anders, auch nicht in der Verkündigungskirche in Nazareth. Umso drängend wichtiger wäre es, dass endlich eine Pilgerbewegung der ganzen Christenheit dem schrecklichen Lauf der Geschichte im Heiligen Land Einhalt geböte. Eine Pilgerbewegung wie jene, die einmal Europa über ein ganz neues Wegenetz auf Santiago de Compostela hin vernäht hat. Eine Pilgerbewegung wie die Baubewegung der Christenheit, die unsere gotischen Kathedralen in nur zwei Jahrhunderten wie Pilze aus dem Boden des Abendlands hat sprießen lassen. Eine Pilgerbewegung wie die Rosenkranzbewegung, die am 7. Oktober 1571 hinter der Meerenge von Lepanto plötzlich den Wind gegen die türkische Flotte umgedreht hat. Oder wie die Rosenkranzbewegung der ›Blauen Armee Mariens‹, die als Gegengewicht zur ›Roten Armee‹ gegründet wurde – oder wie der Rosenkranz-Sühne-Kreuzzug in Österreich, der es fertig brachte, dass sich die ruhmreiche Sowjetunion 1955 auf geheimnisvolle Weise erstmals ohne einen einzigen Schuss aus der besetzten Alpenrepublik zurückgezogen hat.

Die Christen müssen endlich eingreifen, jedoch nicht mehr als Kreuzritter, sondern als Beter, als Pilger. Das Christentum ist die einzige Religion, die dem Heiligen Land entwachsen ist. Nicht das Judentum, nicht der Islam. Abraham kam aus der Gegend des heutigen Irak, Mohammed aus der Arabischen Halbinsel. Jesus wurde in Bethlehem geboren und starb in Jerusalem. Was hier geschieht, geht die Christenheit unmittelbar an, auch wenn sie hier inzwischen fast keine Rolle mehr spielt. Immer mehr Christen verlassen das Land, deren Vorfahren hier schon seit rund 2000 Jahren gelebt haben. Das Gegenteil müsste stattfinden, um den Völkern des Heiligen Landes zu helfen.

Eigentlich müsste also der Papst selbst zur Pilgerfahrt aufrufen. Nur weil Papst Urban II. die Ritter Europas im November 1095 zum ersten Kreuzzug zusammen getrommelt hat, dürfte er solch einen dramatischen Schritt heute umso weniger scheuen. Wenn er es aber nicht tut, muss ich es sagen und schreien: Kommt! Überschwemmt, überspült das Land! Nur ein Prozent der Christenheit (die immerhin gut zwei Milliarden zählt) könnte hier als Pilger im Handumdrehen den Lauf der Welt verändern. Pilger wären die idealen ›internationalen Beobachter‹, nach denen der Konflikt hier – gegen den Widerstand mancher Konfliktpartner – am meisten verlangt. Sie würden die Internationalisierung bringen, die allein hier die Wende bringen kann. Sie wären jedem Parteienstreit enthoben. Keine UN-Sonderkommission müsste langsam und langfristig über ihren Einsatz beraten.

Sie sollen überall hingehen, nach Nablus zum Brunnen der Samariterin, nach Jerusalem zum leeren Grab, in die Wüste, wo der ausufernde Siedlungsbau längst aus dem Ruder gelaufen ist. Sie sollen vor den zerstörten Häusern beten. Sie sollen die Checkpoints und Roadblocks stürmen wie die Berliner die Mauer, die schockierend zugesperrten Wege und bizarr tiefen Gräben, etwa um eine Stadt wie Jericho. Denn nicht Hass, sondern – viel schlimmer noch – Angst voreinander reißt dieses Land auseinander. Pilger haben keine Angst und brauchen keine Angst zu haben. Sie sind immer unterwegs zu Gott. Den Hoteliers und Gastronomen und Geschäftsleuten in Israel und Palästina kämen sie gleichermaßen recht. Und sie würden das Geschäft aller schießwütigen Kämpfer auf beiden Seiten empfindlicher stören als jeder Journalist. Und das ist nur recht so.

Kommt also, kommt jetzt und kommt in Scharen! Der Komplex der Grabeskirche ist morgens, mittags und abends so leer, dass ich Stunden ungestört in ihm verbringen könnte, zwischen dem Golgathafelsen und dem heiligen Grab. So leer war es hier früher nur nachts, als tagsüber noch endlose Warteschlangen die Besucher abschreckten. Es ist absurd: So friedlich und würdig wie jetzt war die Stadt wohl seit Menschengedenken nicht zu erleben.

Alle Kirchtürme der Welt weisen wie Kompassnadeln auf Jerusalem. Die ängstliche Gleichgültigkeit aber, mit der Amerika und Europa das Feuer im Heiligen Land lodern lassen, lässt befürchten, dass dem Westen inzwischen der Kompass zerbrochen ist. Doch es geht nicht um Amerika, Europa oder den Westen, wo früher Menschen in Scharen aufbrachen und ihr Leben riskierten, um die heiligen Stätten freizukämpfen. Darum geht es diesmal nicht. Es geht nur um ein paar Schekel, die sie im Land lassen sollen – bei einem bestürzenden Angebot an Orten und Stätten, die sie hier als reichen Lohn für diese Mühe besichtigen und bedenken können. Das Heilige Land ist immer noch eine Ikone der Fleischwerdung Gottes und wird es immer bleiben. Kommt also und kommt bald! Es ist nicht zu viel zu behaupten, dass das letzte Jahr völlig anders verlaufen wäre, hätten Pilger seit dem Ausbruch der Intifada das Land in Massen überflutet, anstatt ihre Flüge zu stornieren – als eine Friedensbewegung, die den Namen endlich wie keine andere verdient. Europa ist auf der Pilgerschaft entstanden, hat Goethe erkannt. Pilger bilden eine der ehrwürdigsten Traditionen des Abendlands. Wann aber, wenn nicht jetzt, wäre die Zeit, dass friedliche Pilger endlich in Scharen Geburtshilfe leisten für jenen neuen Nahen Osten, von dem Schimon Peres immer sagt, dass er davon träumt. Kommt! Kommt in Scharen! Kommt in Massen! Frieden, *Schalom, Salam!*«

Vergebliche Liebesmüh. Natürlich ging dieses Manifest nie in Druck. Ich habe es, glaube ich, nicht einmal mehr abgeschickt. Die Zeit war nicht mehr danach und vielleicht wird sie – leider – nie danach sein. Manche Kollegen in Berlin dachten gewiss, inzwischen sei ich wohl komplett verrückt geworden. Doch sie kannten natürlich die Eremos-Höhle nicht, und den Geist dieses Ortes, der mir dieses Stück diktiert hatte. Und das Heimweh, das jeder Beter aus dieser Höhle und diesem Ort nach Hause mitnimmt. Ernst bleibt das Stück also mehr gemeint als meine allermeisten anderen Artikel. Dieses Manifest werde ich unterschreiben, wenn ich kaum noch den Füller halten kann. Kommt! Kommt und seht! Pilger wenden keine Gewalt an. Sie werden das Land erben. Kommt zu dem Ufer des Sees, in dem sich Gottes Gesicht gespiegelt hat. Manchmal, nein, gar nicht so selten, schaut es hier immer noch jeden an, der ihn hier suchen kommt.

Wachtturm über Armageddon

Dienstag, 15. Dezember 2001, der aufgehende Mond über dem Berg Tabor, von der Staatsstraße 60 von Afula nach Nazareth aus gesehen

Vom neunten Geheimnis. Ein kosmischer Aussichtspunkt über dem Schlachtfeld der Endzeit. Gefährliches Flimmern und Rauschen im Äther und eine zerbrechliche Hostie über dem Berg der Verklärung: das »eucharistische Antlitz« Gottes.

Über den Ort der Verklärung Christi konnte ich mit Bargil nie einig werden. Der hohe Berg selbst, wo das geschah, wird in der Bibel nicht namentlich erwähnt. Die Evangelisten Matthäus und Markus sprechen von einem Ort »abseits«. Bargil war überzeugt, dass es der mächtige Hermon gewesen sein musste, der an manchen klaren Wintertagen vom Libanon bis zum See Genezareth hinab leuchtet. Sein wichtigstes Argument dafür: Der Gipfel des Berges Tabor sei zur Zeit Christi besiedelt gewesen. Archäologen hätten das nachgewiesen. »Das ist ja gelacht«, sagte ich. Dem Gedanken konnte ich nie folgen. Es war ein freundlicher Streit. Wenn irgendetwas von dem zutreffe, was die Evangelisten von der Verklärung berichteten, hielt ich ihm entgegen, dann sei eine dichte Besiedlung oder völlige Einsamkeit kein Argument dafür oder dagegen. Diese Begebenheit sei von einer anderen Natur. Klar sei jedenfalls, dass der Tabor *sein* Berg war. Sobald Jesus als Kind erstmals Josef gefolgt ist über den Kessel von Nazareth hinaus, muss er ihn gesehen haben, damals in der gleichen magischen Silhouette wie heute.

»Blass wie eine zerbrechliche Hostie stand die Sonne über dem Berg Tabor«, hatte ich Jahre zuvor in dem Roman »Der Herr der Welt« von Robert Hugh Benson gelesen. Ein faszinierendes Bild. Immer wieder hatte ich deshalb meinen damaligen Chef bekniet und genervt, dass wir diese Konstellation dringend einmal für das Farbmagazin einfangen sollten, für das ich damals arbeitete. Es würde etwas kosten, wäre aber doch aller Mühen wert und ich würde eine schöne und spannende Geschichte dazu schreiben. Einer unserer tollen Fotografen müsste dazu nur gescheit auf der Lauer liegen, dann hätten wir ein sensationelles Bild im Heft. Vielleicht wäre es ja auch das ultimative Titelbild für unsere erste Ausgabe des Jahres 2000. Apokalyptisch. Die auf- oder untergehende Sonne über dem Tabor zu fotografieren sei sicher schwierig wegen der zu starken Kontraste. Besser wäre der Vollmond einzufangen, wie er gerade über dem Tabor aufgehe. Ich zeichnete das klassische Bild schon einmal mit zwei Strichen auf: das klassische Profil des Tabor, darüber kreisrund der Mond, dann mit vier Strichen einen kleinen Rahmen darum. Es war nicht schwer und einfach genial. Thomas Schröder, mein Chef von damals, der nur zu gut wusste, dass ich jeden Grund auszuwalzen verstand, der mir wieder eine Reise ins Heilige Land erlaubte, nickte – und schob die Sache doch von Jahr zu Jahr vor sich her.

Und nun wohnte ich plötzlich selbst im Heiligen Land, für eine andere Firma, und inzwischen zufällig auch selbst als Fotograf. Das Bild und die Geschichte hatte ich nie vergessen. Einmal, am Südhang des Golan, hatte ich an einem Abend den Feuerball der Sonne geradewegs im Anflug auf den Gipfel des Tabor, jedoch auch Gäste im Auto, die dringend nach Tiberias mussten und mir nicht erlaubten, mich ein paar Minuten vor der herabstürzenden Dämmerung mit der Kamera auf die Lauer zu legen. Beim nächsten Vollmond kamen wir deshalb eigens aus Jerusalem angereist, gute 160 Kilometer weit. Nur ist die Sache mit dem Vollmond für einen Nicht-Astronomen schwieriger zu berechnen. Er geht nicht einfach wie die Sonne im Osten auf und im Westen unter, und auch nicht täglich, sondern nur einmal im Monat. Als wir das erste Mal zum Vollmond hinter dem Tabor auf seinen Aufgang warteten, schauten wir links auf den Abhang bei Endor, wo König Saul vor seinem Ende eine Totenbeschwörerin aufgesucht hatte, da ging der Mond plötzlich viele Kilometer weiter rechts neben der Bergkuppe auf, bei Nain, wo Jesus einen Jüngling von den Toten auferweckte. Der Versuch, mit dem Auto noch rasch in eine Position zu kommen, wo er über dem Gipfel erschien, scheiterte komplett. Da stand er schon so weit im Himmel, dass kein Objektiv die beiden Körper mehr zusammen bringen konnte: den himmlischen Berg und den himmlischen Trabanten.

Schließlich verirrten wir uns bei unserer Jagd nach dem Mond am Fuß des Tabor noch in dem arabischen Städtchen Taburiya und schlugen uns an einem spitzen Stein die Ölwanne auf. Ellen war schon krank, als wir uns in Jerusalem aufgemacht hatten. Jetzt wurde sie ganz krank, als uns ein Mann auf die riesige schwarze Lache unter dem Auto aufmerksam machte, bevor wir endlich vom Tabor wieder losfahren wollten. Im Leerlauf fuhren wir den Berg hinab, bis endlich an der rechten Seite eine Tankstelle auftauchte. Die Analyse des Tankwarts war vernichtend. Wir dürften keinen Meter mehr weiter fahren, wenn uns das Auto noch lieb war. Hinter uns war eine Familie an der Tankstelle vorgefahren, mit drei Kindern auf dem Rücksitz. Ob sie uns helfen könnten, fragte der Vater. Ja, sagten wir, und sie müsse wohl der Himmel geschickt haben. Die Mutter rutschte mit Ellen auf den Rücksitz zu den Kindern, um mir Platz auf dem Beifahrersitz zu machen. Der Vater reservierte schon einmal mit dem Handy in Nazareth für uns ein Hotel und einen Abschleppwagen, nachdem wir das Angebot dankend abgelehnt hatten, bei ihnen zu Hause zu übernachten. Dann fuhren wir los. Ellen ging es immer schlechter. Warum machten sie das alles, fragte Ellen die Mutter auf dem Rücksitz, die ihr gerade die drei Kinder vorstellte: Yussuf, Maryam und Islam. »Warum wir das machen?«, antwortete die Mutter. »Wir müssen helfen und wollen, dass unsere Kinder das sehen, damit sie es lernen.« In Nazareth wartete schon der Abschleppwagen vor dem Hotel. Ellen legte sich gleich hin, endlich. Ich machte mich mit dem Abschlepper auf, um unser Auto zu holen. Ellen erschien in ihrem Fieber die Muttergottes, die sich zu ihr aufs Bett setzte, in ihrer eigenen Stadt. Danach wurde Ellen gesund und schlief beruhigt ein. Erzählt hat sie mir das erst jetzt, acht Jahre später. Ich hole indessen damals das Auto von der Tankstelle am Fuß des Berges Tabor ab und brachte es mit dem palästinensischen Mechaniker in eine Werkstatt, wo der Meister in der Nacht noch mit dem Handy aus dem Schlaf geholt wurde. Am nächsten Morgen war alles repariert, all unsere Helfer waren verschwunden wie Engel in den Wolken.

Vier Wochen später waren wir wieder da – nur für dieses eine Foto – mit nicht ganz so dramatischen Folgen, doch genauso ergebnislos. Der Winkel passte nicht. Wir wollten nicht die Nacht abwarten und um den Berg herum fahren, bis der Mond sich wieder senkte. Abermals vier Wochen später kamen wir wieder. Leider waren wir in Jerusalem ein wenig zu spät losgefahren. Es dämmerte schon, doch der Mond war noch nirgends zu sehen. »Da!«, rief ich dann, als wir gerade aus Afula heraus kamen, »da ist er! Los, Ellen, schnell! Nach Nazareth!« Riesengroß und dottergelb schob sich der Mond gerade im Osten am anderen Ufer des fernen Jordantals über den Horizont. Ellen nahm die Schnellstraße nach Nazareth, zuerst die Staatsstraße 71 von Beth Schean hoch, dann von Afula die Staatsstraße 60 nach Nazareth, im Wettlauf mit dem Mond, der sich enorm schnell in den Himmel hoch schob. »Halt!«, rief ich dann, »fahr rechts rein!« Jetzt stand der Mond gerade über dem Tabor, zwar schon etwas zu hoch, ich hätte mir gewünscht, ihn direkt über dem Profil des Gipfels zu erwischen, doch egal, hier hatte er endlich die Position, die ich gesucht und mir gewünscht hatte. Blass wie eine zerbrechliche Hostie stand der Vollmond nun über dem Berg Tabor. Ellen fuhr im rechten Winkel von der Straße ab auf den Kibbuz Tel Adaschim zu. »Weiter!«, rief ich, »weiter! Fahr, so weit du kannst, auf den Berg zu.« Ich wollte für mein Foto den Abstand zwischen Horizont und Mond verkürzen. Plötzlich ging es dann nicht mehr weiter. Ein riesiges Lagerhaus versperrte den Weg, ein Silo daneben, ein wilder Garten und Gerümpel, Steinfliesen. Ich sprang mit der Kamera aus dem Auto und lief noch ein letztes Stück auf den Tabor zu. Es hätte ein Teleobjektiv gebraucht und ein Stativ, und überhaupt mehr Zeit und Ruhe. Und dennoch, hier war das Bild. Ich schoss es freihändig in der Dämmerung, ohne Blitz, ohne Stativ, ohne Tele: der kreisrunde Mond über dem Berg Tabor, eine wunderbare Erscheinung. Seit der Stunde war ich erst recht nicht mehr zu bewegen, Bargils Theorie vom Berg Hermon als dem Berg der Verklärung abzunehmen. Es war hier, das war klar. Punkt. Aus. Es war am 9. Januar 2001. Es waren dramatische Tage im Heiligen Land. In Israel gewann Ariel Scharon gerade die Wahl gegen Ehud Barak, ein General gegen den anderen, mitten in der Intifada, als ich für meine Heimatredaktion in Berlin meinen Bericht über den Berg Tabor schrieb, endlich, mit dem ersten Satz, der mir schon so lange durch den Kopf ging: »›Blass wie eine zerbrechliche Hostie stand die Sonne über dem Berg Tabor‹, schrieb der exzentrische Mr. Benson und setzte die Feder ab.«

Auch ich stoppte danach noch einmal und schrieb den Rest dann in einer Stunde nieder, bevor ich es mit meinem Foto vom Berg Tabor nach Berlin schickte: »Mit diesem Licht vom Berg der Verklärung wollte Benson das Ende der Erde beleuchten lassen. Drei Seiten später war er fertig mit dem ›Lord of the World‹, dem Roman seines Lebens, in dessen letzter Zeile die Welt und all ihre Herrlichkeit in einem einzigen apokalyptischen Schlussakkord untergehen, untermalt von lateinischen Chorälen. Das war am Anfang des letzten totalitären Jahrhunderts, rund zehn Jahre vor dem 1. Weltkrieg, dreißig Jahre vor dem zweiten und vierzig Jahre vor der Errichtung des Staates Israel. Ganz England erschrak vor dem düsteren Text.

Heute liegt der Berg Tabor in Galiläa nicht mehr wie damals fernab im osmanischen Reich, sondern in Israel, im Focus der bewohnten Erde. Vielleicht gibt es dramatischere Felsen. Und verglichen mit dem Matterhorn scheint der Tabor kaum mehr als ein flacher Hügel, rund und schön wie eine junge Mädchenbrust. Doch weil sich gleich hinter ihm die Erde zum Abgrund des Jordangrabens hin öffnet, kann man sein unverwechselbares Profil schon von Weitem erkennen, bis hinüber nach Syrien, Jordanien oder hinab nach Beth Schean. Ein paar arabische

Dörfer schmiegen sich an seinen Fuß, und hier und da ein Kibbutz. Gleich neben dem Tabor duckt sich die Stadt Nazareth hinter der nächsten Hügelkette, in der Jesus die ersten 30 Jahre seines Lebens verbrachte. Er wird diesen Hügel immer wieder vor Augen gehabt haben, er war dem Horizont seiner Jugend eingeritzt. Er ist der markanteste Berg Galiläas. Schon in Dokumenten aus dem 2. Jahrhundert wird überliefert, dass dies auch der Berg gewesen sei, wo Jesus mit dreiunddreißig Jahren erstmals sein Innerstes habe aufleuchten lassen, als er hier vor Petrus, Jakobus und Johannes ›verklärt‹ wurde. War der Tabor für diese Offenbarung nicht eine Art erste Wahl? ›Vor ihren Augen wurde er verwandelt‹, schreibt Matthäus, ›sein Gesicht leuchtete wie die Sonne, und seine Kleider wurden blendend weiß vor Licht.‹ Da erschienen plötzlich auch noch Moses, der die Kinder Israels aus Ägypten heraus geführt hatte, und Elija, der Prophet der Endzeit, und redeten mit Jesus. Bei Markus bildet die gleiche Szene die Mitte des Evangeliums. Früher galt Christen der Berg deshalb fast soviel wie den Juden der Sinai. Im Mittelalter haben ihn Kreuzfahrer derart verehrt, dass sie zwischen Köln und Limburg mit Erde aus dem Heiligen Land einen neuen Mont Tabor aufgeschüttet haben. Bis jetzt könnte das Profil von *Montabaur* die Autofahrer auf der A3 noch daran erinnern. Doch in den letzten Jahrzehnten scheint sich die Erinnerung an die Verklärung Christi so weit verflüchtigt zu haben, dass außerhalb der Kirchenmauern seit einiger Zeit nur noch das Medikament ›Tavor‹ daran zu erinnern scheint, ein aufhellend-verklärendes Mittel für Gemütskranke, über dessen Namen sich noch nie jemand besonders aufgeregt hat.

In Israel aber thront der wahre Tabor wie in ältesten Tagen nicht nur im Westen über dem See Genezareth, sondern auch noch einmal als nördlicher Aussichtsturm über der Jesrael-Ebene, deren Mitte die Ruinen der alten Festung Meggido beherrschen, auf einem noch flacheren Hügel. Das ist der *Har Mageddon*, der dem letzten Schlachtfeld Armageddon seinen Namen gegeben hat, als Inbegriff des endzeitlichen Horrors.

Kaum eine Ebene der Welt hat mehr Schlachten gesehen als die fruchtbare Ebene zwischen diesen beiden Hügeln. Hier haben schon die ägyptischen Erbauer der Pyramiden mit Babylon um die Vorherrschaft im Nahen Osten gerungen, nach ihnen die Assyrer mit den Hethitern, die Kanaaniter mit den Hebräern. Und immer so weiter: Phönizier, Perser, Griechen, Parther, Römer, Araber, Kreuzfahrer, Türken und Engländer ließen im Angesicht des Tabor ihr Leben. Vor über 2000 Jahren vergossen Juden hier schon ihr Blut – und in diesem Jahrhundert wieder viele Israelis. Strategisch ist der Ort eine erste Wahl. Wo ließen sich Streitwagen besser einsetzen? Oder Panzer? König Saul hat da drüben im Kampf gegen die Philister sein Leben gelassen, als er ihnen hier – vor 3000 Jahren – die Jesreel-Ebene entreißen wollte. Der Boden ist getränkt mit Blut und satt mit Geschichte – die hier nie an ein Ende zu kommen scheint, jedenfalls nicht vor dem Jüngsten Tag. ›Die Geister führten die Könige an den Ort zusammen, der auf hebräisch Harmageddon heißt‹, schrieb der Seher Johannes in seiner Apokalypse über jenen Tag, an dem die Mächte der Erde in einem letzten Endkampf aufeinander treffen würden, um von Gottes ›Becher mit dem Wein seines rächenden Zornes‹ zu kosten.

Die Schnellstraße von Jerusalem zum Tabor durch das Jordantal war heute wieder paradiesisch leer. Nach dem Regen ist die Wüste grün geworden, wo sich aus Angst vor einem Hinterhalt inzwischen beinahe kein Israeli mehr hin wagt. Bei den Sicherheitsdiensten werden seit Monaten die Berichte abgeheftet, nach denen sich ›die Situation im Westjordanland der Anarchie‹ nähert. Hier ist Israel im letzten Jahr auf seinen letzten Gegner getroffen, der keiner mehr ist: auf ein Volk ohne Staat, ohne Armee, mit einer Kraft, die nur zum Terror reicht. Auf ein gefährliches Vakuum, gegen das sich kein Krieg mehr führen lässt. Die Sehnsucht nach dem Jüngsten Tag durchweht immer stürmischer ungezählte Websites im Internet, dessen messianisch-apokalyptische Signale sich im Äther mit dem funkelnden Sternenhimmel über das Heilige Land wölben. In einem Punkt sind sich diese Botschaften alle einig, hier liegen sie alle gespenstisch richtig: Die Gefährdung des Heiligen Landes ist eine letzte Gefährdung der ganzen Welt. Der Mond ist aufgegangen, Gott sei Dank. Aber auch dieser Stern steht auf einmal wie eine Hostie über dem Berg der Verklärung, ein ganzer Himmelskörper zerbrechlich wie eine Oblate.«

Am nächsten Tag stand das Stück in Berlin in meiner Zeitung, am übernächsten Tag war es Altpapier, zusammen mit dem Foto, das ich Jahre lang erträumt hatte. Die politische Situation hat sich inzwischen nur vordergründig geändert. Besser ist nichts geworden. Das Schlachtfeld von Armageddon liegt immer noch mitten im Heiligen Land, der Kampf um die Vorherrschaft im Nahen Osten ist heute so unentschieden wie in den Tagen der alten Ägypter und Babylonier, doch die Verklärung Christi kann ich mir seitdem kaum noch anders vorstellen als »zerbrechliche Hostie über dem Berg Tabor«, als das »eucharistische Antlitz« Christi, wie Johannes Paul II. vor seinem Tod schrieb.

Doch erst jetzt, Jahre später, merke ich, dass wir ein Gebet, an das ich mich aus jenen Tagen vielleicht am liebsten erinnere, an einem Sommerabend im Jahr 2001 gesprochen haben. Es muss am Freitag, dem 3. August, gewesen sein, wie ich in meinem alten Kalender sehe. Mein Freund Bernhard aus Deutschland hatte uns besucht. Am 4. August flog er wieder zurück. Am Abend zuvor setzten wir uns deshalb auf einem Hang des Hinnom-Tales unterhalb des King-David-Hotels auf einen Felsen, beteten einen letzten Rosenkranz und ließen dabei die Mauern Jerusalems vor unseren Augen allmählich rosa werden. Dämmerung wäre hier das falsche Wort. Es war ein Abendleuchten. In diesen Minuten hatten wir jedenfalls keinen Fotoapparat dabei, nur den Film unserer Netzhaut, als plötzlich der Vollmond in Zeitlupe – und wirklich wie eine kosmische Hostie! – über der Silhouette der heiligen Stadt in den opal-farbenen Himmel stieg, gerade über dem Zion rechts vor uns: exakt über dem Berg des letzten Abendmahls.

Die Spuren der Steine

Sonntag, 2. September 2001, ein Kätzchen im leeren Abendmahlssaal auf dem Zionsberg in Jerusalem

Vom zehnten Geheimnis. Steine aus den Trümmern des zerstörten Tempels für einen Neubau aus Ruinen, für die erste Kirche der ganzen Welt. Wind aus der Wüste im leeren Abendmahlssaal – im versiegelten Tempel der Christenheit.

Ein Kätzchen huscht durch den Raum. Vor der offenen Tür rutscht es auf den glatten Steinen beinahe aus. Unzählige Füße haben den Boden in vielen Jahrhunderten spiegelblank poliert. Jetzt aber ist kein Mensch da. Wind aus der Wüste weht in den leeren Raum. Oben, in der Ebene von Armageddon, sei gerade die älteste christliche Kirche der Welt entdeckt und freigelegt worden, hieß es in den letzten Tagen. Achtzig Journalisten sind danach auf die Nachricht hin von Jerusalem und Tel Aviv nach Meggido gerast, um die Mosaiken zu bestaunen. Doch der älteste bekannte Kultraum der Christenheit befindet sich immer noch hier und nirgendwo sonst. Das hier ist der verwaiste Abendmahlssaal auf dem Zionsberg.

Gleich nebenan liegt die Abtei-Kirche der Benediktiner vom »Heimgang Mariens« in Jerusalem, dem letzten Zuhause Bargils, wo er nun auf dem kleinen Friedhof an der Mauer ruht, keine hundert Meter neben dem teuersten Raum der Christenheit in Jerusalem, der Christen allerdings ähnlich verschlossen ist wie Juden der jüdische Tempelberg. Hier hatte Bargil es nie weit, um uns den Ort zu erklären, wo Jesus am Abend vor seinem Tod den Segen sprach, das Brot brach und zum letzten Mal an die Apostel reichte. Als aber Papst Johannes Paul II. am 23. März 2000 mit zwölf Begleitern hier die Eucharistie feiern wollte, gelang dies nur mit einer außergewöhnlichen Sondergenehmigung des israelischen Religionsministeriums. Keiner durfte den Vorgang filmen oder fotografieren. Denn jede christliche Kulthandlung ist in dem Abendmahlssaal streng verboten. Seit rund 500 Jahren darf er offiziell von Christen nicht mehr für Abendmahlsfeiern genutzt werden. Damals waren es Muslime, die den Franziskanern den Raum genommen hatten und in einen eigenen Gebetsraum umwandelten. Davon zeugt noch eine Mihrab, eine Gebetsnische in Richtung Mekka für den Vorbeter, die muslimische Architekten damals hier in die gotische Architektur einfügten. Doch 1948 eroberten die Israelis den Zionsberg. Seit damals steht der Abendmahlssaal unter israelischer Verwaltung. Seitdem sind hier nur noch Touristen geduldet. Der heilige Raum ist den Franziskanern, die ihn 1335 erbaut haben, nie zurückgegeben worden.

Der 15 Meter lange und neun Meter breite Saal im Obergeschoss des labyrinthisch verwinkelten Gebäudes auf dem Zionsberg bleibt weiterhin leer. Man kann nur über eine Außentreppe hinein. Vor dem Eingang verkündet ein blaues Schild mit dem Staatswappen Israels die Öffnungszeiten. Im Untergeschoss des gleichen Hauses wird jüdischen Pilgern aus aller Welt in einem kleineren Zimmer das Grab Davids gezeigt. Was die verschiedenen Reiseführer oben oder unten hintereinander zu diesem Haus erzählen, ist ein Wettstreit abenteuerlicher Widersprüche. Am aufregendsten ist jedoch, was die Archäologie zu der Geschichte des Gemäuers zu erzählen weiß. Natürlich hat Bargil uns alles gezeigt, der auch hier wieder entscheidende Entdeckungen selbst gemacht hatte.

»Das letzte Abendmahl fand etwa um das Jahr 30 statt«, fing er an, als wir zum ersten Mal zusammen in dem Obergeschoss standen. »Dieses Gemäuer ist aber in großen Teilen nur 800 Jahre alt, wie ihr leicht erkennen könnt. Doch die erste Generation nach Jesus, die die Abendmahlstradition hier oben auf dem Zionsberg begründete, wusste natürlich genau, wo das Gründungsereignis der Kirche stattgefunden hatte. Sie wusste es auch später, nach dem Jahr 70, nachdem Jerusalem von den Römern zerstört worden war. Die erste jüdisch-christliche Gemeinde war kurz zuvor über den Jordan nach Pella geflohen. Jerusalem war ein einziger Trümmerhaufen, auch hier auf dem Zionsberg. Für ortskundige Flüchtlinge war es nach ihrer Rückkehr dennoch leicht, die genaue Stelle des alten Hauses wieder zu finden, wo das letzte Abendmahl stattgefunden hatte. Exakt da errichteten sie eine erste kleine Synagogen-Kirche, die sie die ›Kirche der Apostel‹ nannten.«

»Wann war das?«

»Das muss kurz nach dem Jahr 70 gewesen sein, und das war genau hier: Es war der kleine Raum unter dem Abendmahlssaal, in dem heute das Davidsgrab verehrt wird. Dieses Erinnerungsgrab ist ein so genanntes Kenotaph. Christliche Kreuzfahrer, die auch den Abendmahlssaal nachgebaut haben, haben es damals zur Erinnerung an König David hier aufgestellt, dessen Grab sie nicht kannten. Für Juden wurde es deshalb später fast automatisch ein heiliger Raum. Deshalb müssen Männer heute eine Kippa auf den Kopf setzen, bevor sie ihn betreten dürfen.« Er senkte seine Stimme, weil noch andere Beter in dem Raum waren, auch wir hatten uns eine Kippa auf den Kopf setzen müssen. »Doch schaut einmal da vorne, hinter dem Davids-Kenotaph!« Hinter dem mit Samt bedeckten Schrein ist eine Nische rauchgeschwärzter Steine in der Kopfwand. Bargils Stimme wurde noch leiser: »Das ist die Apsis der ersten Kirche der Welt. Das ist alles, was davon noch übrig geblieben ist. Es sind die Grundsteine aller christlichen Architektur. Ein Feuer hat sie im Jahr 614 fast verzehrt und noch einmal im Jahr 965. Doch kommt einmal mit in den Hof.«

Der Komplex hat einen kleinen Kreuzgang, der an alte europäische Klöster erinnert. Hier hob Bargil die Stimme wieder. »Schaut euch das an«, sagte er und wies an der Außenmauer des Raumes, in dem wir eben gestanden waren, auf unregelmäßig große Granitblöcke im Fundament hin, größer als alle anderen Steine des unverputzten Gemäuers. »Es sind phantastische Blöcke, nicht wahr! Aber schaut euch die abgeschlagenen Ecken und Kanten einmal an, hier und da, und da.« Er hatte einen kleinen Stock herausgeholt und zeigte auf die Wand wie ein Lehrer auf die Tafel, hier jedoch auf kleine Schäden, die wirklich fast jeder der Blöcke an den Ecken aufweist. In manche der Ritzen waren sogar kleine Zettel hinein gedrückt, wie in die Ritzen der Klagemauer. »Dass die Blöcke kostbar sind, kann jeder sehen. Sie sind alle besonders sorgfältig behauen. Die kleinen Schäden an den Ecken lassen deshalb nur einen Schluss zu: Jeder dieser Blöcke ist hier nicht zum ersten Mal, sondern zum zweiten Mal verbaut worden. Anders ist es gar nicht denkbar. Denn ich liefere ja nicht solche sorgfältig behauenen Steine gleich mit Schäden für eine frische Mauer. Diese Steine haben hier also eine Zweitverwertung erfahren. Vorher müssen sie bei Stürzen oder beim Transport beschädigt worden sein. Das Fundament der kleinen ›Kirche der Apostel‹ wurde aus Steinen errichtet, die vorher schon einmal woanders verwandt worden waren. Dieser Spur bin ich nachgegangen. Um den Tempelberg habe ich dabei schließlich exakt die gleichen Blöcke gefunden, aus den gleichen Werkstätten sozusagen.« Er gluckste wieder: »Vielleicht war ja der *Tekton* Josef wieder unter diesen Steinmetzen gewesen, der Bräutigam Marias. Möglich ist in dieser Geschichte alles. Ich habe diese Blöcke jedenfalls sorgfältig ausgemessen, da gibt es keinen Zweifel. Irgendwer muss sie nach der Zerstörung Jerusalems in Erinnerung an den zerstörten Abendmahlssaal Christi hierhin geschleppt haben. Aus dem zerstörten jüdischen Tempel, vom Trümmerfeld des Tempelbergs, wurden sie hierher auf den Zionsberg geschleppt. Vielleicht, kann ich mir vorstellen, wurden sie sogar aus dem Komplex des alten ›Allerheiligsten‹ genommen, um aus ihnen nun hier ein neues und letztes christliches ›Allerheiligstes‹ zu errichten. Denn hier war ja von Christus die Eucharistie eingesetzt worden. Hier ist der Grund, dass Christen seitdem ständig und in jeder Kirche und vor jedem Tabernakel in der Gegenwart Gottes leben dürfen! Es ist die Sprache der Steine, die hier davon spricht. Diese ›Steine schreien aus den Mauern‹, wie es in den Psalmen heißt, ›und die Balken stimmen ein in ihr Geschrei‹. Seit dieser Zeit damals wurde dann dieser Hügel im Süden Jerusalems *Zion* genannt. Vorher hieß der Tempelberg im Westen der Stadt so. Hier war nun das neue Zion. Der Name war mit dem Allerheiligsten gewandert. Die ersten Judenchristen, die geflohen und zurückgekommen sind und den Ort wieder aufgebaut haben, übertrugen den Namen auf diesen Hügel. Dabei ist es geblieben.«

»Gibt es noch andere Belege für deine Annahme?«

»Ja, warte, ich zeige sie dir gleich. Aber schau einmal hier!« Bargil holte eine alte Fotokopie der Madaba-Karte aus seiner Tasche. »Schau hier! Auf dieser frühesten Karte Jerusalems ist das kleine Häuschen schon deutlich als eigener Bau zu erkennen. Aber auch noch früher auf dem Apsismosaik der Pudentiana-Kirche in Rom aus dem Jahr 400 ist der freistehende Bau gut identifizierbar.« Er holte eine andere Fotokopie heraus und entfaltete sie. »Schau es dir in Rom einmal an. Später verlegten Kreuzfahrer den gesamten Bau dann in das Innere ihrer neuen und inzwischen schon längst wieder zerstörten Marienbasilika. Nur dieser Raum blieb immer unzerstört. Dieses Fundament ist nur wenig jünger als die Klagemauer, die Herodes als Westwall des Tempelbergs aufschichten ließ. Es ist der älteste christliche Bau. Rund vierzig Jahre, bevor er auf den Ruinen eines früheren Hauses errichtet wurde, hat Jesus hier vor seinem Tod die Eucharistie eingesetzt. Hier sagte er: ›Das ist mein Leib, das ist mein Blut‹ – er, der seinen Jüngern vorher gesagt hatte: ›Ich bin das Brot des Lebens‹ und ›Mein Fleisch ist wahre Speise‹. Hier reichte er ihnen Brot und Wein.«

»Gott in Brot und Wein, ist das nicht etwas zuviel? Wie konnten das Menschen jemals annehmen?«

Jetzt lächelte Bargil. »Natürlich ist das unglaublich. Natürlich übersteigt das jedes Verstehen und Begreifen. Das lässt sich nur verwerfen. Oder man geht in die Knie davor. Auf jeden Fall ist es bis heute der Glaube der katholischen Kirche geblieben, und dabei wird es bleiben. Es ist der letzte Skandal in der Geschichte der Religionen – und das Geheimnis unseres Glaubens. Nach der Reformation definierte das Konzil von Trient deshalb noch einmal offiziell, dass jede konsekrierte Hostie ›wahrhaft und wirklich‹ Leib und Blut Christi bleibt – auch wenn es nicht gemeinsam verzehrt wird, sondern nur verehrt oder verwahrt wird. Denn die Eucharistie ist ja nicht nur das geteilte Brot einer christlichen Abendmahlsfeier. Das ließe sich so viel leichter glauben: dass Gott in diesem Teilen zugegen ist. Doch nein, sagen sie, Gott ist nach der Wandlung in der Hand des Priesters (der in diesen Sekunden Jesus vertritt) in einem Stück Brot zugegen, als zerbrechliche, vergängliche Materie. ›Wir opfern immer das gleiche Lamm, und nicht heute das eine und morgen ein anderes, sondern es ist immer dasselbe‹, schrieb Johannes Chrysostomus deshalb schon im 4. Jahrhundert über die Eucharistie. Das Brot sei ein lebendiger Leib, führte Ephraim, der Syrer, zur gleichen Zeit aus, und jeder, der es gläubig verzehre, esse ›Feuer und Geist‹. Was hier begonnen hat, überdauerte Christi Tod. Was hier begann, wurde zur Herzmitte der Christenheit. All das war hier!«

Bargil machte eine Pause, schob den Teleskop-Zeigestock zusammen und packte die Fotokopien wieder ein. »Hier hat er gesagt: ›Mit welcher Sehnsucht habe ich verlangt, dieses Pascha-Mahl mit euch zu essen!‹ Er hatte gewusst, er schafft es nicht mehr zum normalen Pascha-Fest. Die Schriftgelehrten würden ihn vorher umbringen lassen. Er wusste auch, es würde sein allerletztes Pascha-Mahl werden. Alles hatte er deshalb daran gesetzt, dieses Fest noch ein letztes Mal feiern zu können. Darum war er bei diesem einen letzten Mal zum Kalender der Essener zurückgekehrt, die das Fest etwas vorher feierten. Wenn man will, war es ein letzter genialer Schritt, auch ein letztes Schnippchen, das er seinen vielen Gegnern im Hohen Rat geschlagen hatte.«

Nebenan riefen die Glocken vom Campanile seiner Abtei Bargil zur Vesper, doch er redete weiter: »Er hatte geahnt, nein, er wusste, dass er das eigentliche Pascha-Fest nach dem Tempelkalender nicht mehr erleben würde. Da würde er schon tot sein. Er wusste, dass die Hohenpriester seinen Tod schon beschlossen hatten. Es war also ein Wettrennen ums Leben, dieses Pascha noch mit seinen Jüngern feiern zu können. Es war die wichtigste Mission seines Lebens. Darum ist er am Schluss, vor seinem Tod, auf den essenischen Kalender ausgewichen, nach dem das Pascha-Fest zwei Tage früher gefeiert wurde – und einen letzten Abend noch einmal in Frieden von ihm gefeiert werden konnte. Diesen Kalender kannte er wohl aus seiner Jugend, bei den Nazoräern Nazareths, nach dem er das Pascha-Mahl an seinem letzten Abend noch einmal feiern konnte. So sagt es auch Epiphanios von Salamis, der – um das Jahr 380 – noch mehr Informationen über die alten Judenchristen hatte als jeder andere Kirchenvater. Er schrieb sogar: ›Jesus hat am 13. April zu Ende gelitten. Davor hat er zwei Tage vor dem offiziellen Datum Pascha mit seinen Aposteln gefeiert.‹ Als die Lämmer für das offizielle Pascha-Fest geschlachtet wurden, wurde dann auch er geschlachtet. Da hatte er sein Pascha schon hinter sich und seinen Auftrag restlos erfüllt. Das war die Einsetzung der Eucharistie bis zum Ende aller Zeit, hier, in diesem Raum, an diesem Ort, am Abend, wie er uns nach dem Lob- und Dankgebet anschaut, jeden einzeln, in kosmischer Ruhe, ein Fladenbrot in einer Hand, einen Achatbecher mit Wein vor sich und sagt: ›Das ist mein Leib, der für euch hingegeben wird, das ist mein Blut, das für euch vergossen wird. Nehmt und esst – und tut dies zu meinem Gedächtnis.‹«

»Der in Kana Wasser in Wein verwandelt hatte«, sagt Ellen jetzt, »verwandelte hier und in dieser Stunde Wein in sein eigenes Blut – und in der heiligen Wiederholung der Eucharistie bleibend für alle Zeit.«

Rubine im Mondlicht

Sonntag, 9. September 2001, ein Teil vom Felsbett des alten Garten Gethsemani im Boden der Agonie-Kirche Christi in Jerusalem

Vom elften Geheimnis. Ein kupferfarbener Stein für das Blut aus der Stirn, den Poren, den Wangen und den Augen Jesu. Lautlose Zwiesprache mit dem Vater in der Stunde, als die Seele seines Sohnes gemartert und gekreuzigt wurde.

Vom Goldenen Tor her war das Verhaftungskommando unterwegs. Wolkengebirge türmten sich über der Tempelmauer. Blaulicht um Blaulicht flackerte auf den abgesperrten Straßen. Hubschrauber tasteten aus der Höhe mit Suchscheinwerfern die uralten Ölbäume des Gartens ab, in dem es von schwer bewaffneten Soldaten wimmelte. Enormes Tohuwabohu hatte sich des Gartens bemächtigt, als Johannes Paul II. vor seinem Abschied aus dem Heiligen Land in der Abenddämmerung hier unten in der Agonie-Kirche zuerst Abschied nehmen wollte von dem Stück Erde, das den blutigen Angstschweiß Jesu am Abend vor dessen Tod aufgefangen hat. Er wusste, es war seine letzte Nacht. Gerade hatte Judas ihn verraten, er wurde schon zu den Verbrechern gerechnet, die Jünger schliefen vor Anstrengung einen Steinwurf weiter, als er hier noch einmal allein und verzweifelt betete. Er wusste, was auf ihn zukam.

Ich hatte mir direkt einen Platz an dem Gitter ergattert, vor dem der Papst gleich zum Gebet erscheinen würde. Journalisten waren hier nicht mehr zugelassen. Hier musste ich meinen Rosenkranz statt des Presseausweises hochhalten, um mit Ellen ganz nach vorn vorgelassen zu werden, direkt vor den Stein, auf den das Geheimnis dieses Ortes getropft ist: Blut aus der Stirn, den Wangen, den Poren und den Augen Jesu. Ich sagte es schon, viele Steine Jerusalems scheinen von rostroten Adern durchzogen. Der Fels aber, der hier in der Apsis der Kirche aus dem Boden tritt, hat einen ganz eigenen Kupferton. Es ist nichts als nackter Stein. Zerklüfteter Fels an einem Stück. Erde pur. Blitzlichter flackerten auf, als der Papst in der Tür erschien und langsam auf diesen Felsen zuging, die Schultern gebeugt, und mühsam vor dem Felsen in die Knie ging. Hier hielt er keine Rede, hier sagte er gar nichts, hier schaute er nur, den Kopf auf die Hände gestützt, auf den Stein hinunter. Hier betete er nur mit den Augen. Heute weiß ich, hier nahm er sein Ende schon vorweg. Von hier aus machte er sich zu seinem letzten eigenen Kreuzweg auf. Fünf Jahre hatte er noch in einem Körper, der ihm bald immer mehr zu einem Gefängnis wurde. Bald konnte er nicht mehr gehen, bald konnte er nicht mehr dies und nicht mehr das. Schließlich konnte er nicht einmal mehr sprechen – so wie hier. Schließlich war er stumm – so wie hier. Nur das letzte stumme Gebet war ihm am Schluss noch geblieben – so wie hier.

So wie er auf den Felsen starrte, so muss auch ich auf ihn gestarrt haben, auf dieses Genie des Gebets, vier, fünf Meter neben ihm, einen Rosenkranz umklammert, und suchte das Gesicht des alten Mannes ab, der hier an jener Stelle mit Gott sprach, wo Todesangst Jesus umklammert hielt. Er schaute nur auf den Stein, über dem Jesus Blut geschwitzt hatte. In diesem Moment war klar, dass dieser Stein authentisch ist. Dass es hier war, wo Gott selbst sich von Todesangst überwältigen ließ. Hier war der Ort gewesen und nirgendwo anders; wenn es auch meinetwegen woanders war. Doch jetzt hatte der Stein nichts Beliebiges mehr. Ein paar Meter weiter muss Petrus eingeschlafen sein.

Das Gebet des Nachfolgers Petri aber wurde hier wie zu einem Zelt, in das ich eingetreten war. Es war der gleiche Raum, den er später in seinem eigenen Sterben für Abertausende öffnete. Da, wo bei anderen Menschen ihr Innerstes ruht, war bei ihm nur eins: Gebet. Hier war es kein Anlehnen, nicht bloße Zwiesprache. Hier ging es über in die letzte Versuchung des Gottessohnes, seinen Vater anzuflehen, das Experiment mit der menschlichen Freiheit doch abzubrechen, weil es einfach zu schwer sei. Weil es einfach zu unerhört schwer sei.

»Hier wurde seine Seele gekreuzigt«, sagte Bargil Monate später, als wir den Stein mit ihm noch einmal aufsuchten. »Es war wohl die schlimmste Stunde im Leben Jesu, vielleicht noch schlimmer als die, in der er gekreuzigt worden war. Hier ist der Ort, wo er ›ja‹ oder ›nein‹ sagen konnte zum Plan seines Vaters. Hier brach er fast zusammen unter der Last der freien Entscheidung, die ihm keiner abnehmen konnte. Er hätte doch noch so leicht fliehen können. Hätte er es aber getan, ständen wir beide jetzt nicht hier. Die ganze Welt sähe unendlich viel trostloser aus, hätte er hier gesagt: ›Nein, es ist genug. Was habe ich mit den anderen zu tun? Was habe ich mit den späteren Menschen zu tun und mit den Sünden der ganzen Welt? Was habe ich mit dem Bösen zu schaffen? Hier hat er wirklich empfunden, dass er verlassen ist, dass er die Sündenlast der ganzen Welt trägt. Hier hat er sich verantwortlich gemacht für alles, was geschehen war und geschehen würde an Schlechtigkeit in der Welt – was er sühnen wollte für seinen Vater. Es muss unvorstellbar furchtbar gewesen sein.«

»Aber ist es nicht vollkommen unmöglich, dass ein Mensch Blut schwitzt?«

»Nein. Dafür gibt es einige Beispiele. Bei großer Angst kann es wirklich geschehen, dass das Blut aus den Poren fließt.«

»Welche Zeugnisse sprechen denn nach den Evangelien zuerst von diesem Ort?«

»Pilgerberichte. Zuerst spricht um das Jahr 333 der Pilger von Bordeaux davon, von dem uns der älteste Pilgerbericht aus dem Heiligen Land überliefert ist, den wir haben. Damals steht hier noch keine Kirche und nichts. Vom Felsen spricht er damals noch nicht; nur von diesem Garten Gethsemani. Mit dem war das Leiden Jesu verbunden. Etwas später heißt es dann in einem Bericht, da ist eine erste Kirche dort, die heißt ›Eleganz‹, eine elegante, sehr schöne Kirche am Fuß des Ölbergs.«

»Was hat die mit der heutigen Kirche zu tun?«

»Diese Kirche der Agonie oder der Nationen, wie sie heute heißt, ist erst in den zwanziger Jahren des letzten Jahrhunderts von den Franziskanern gebaut worden. Man wusste, dass dort die Ruine einer Kreuzfahrerkirche war. Darauf hat man die neue Kirche ursprünglich bauen wollen. Das war der Architekt

Antonio Barluzzi. Während sie dort gegraben und das Gelände hergerichtet haben, haben sie eine ältere Kirche gefunden. Da wussten sie, das ist die Kirche, von der auch die Pilgerin Egeria spricht. Das musste die ›Ecclesia Eleganz‹ sein, die elegante Kirche. Da hat man den ganzen Plan geändert und hat die neue Kirche auf den byzantinischen Platz gesetzt. Dort hat man dann diesen Fels gefunden, der etwas hervorstand. Deswegen hat man geglaubt, das wird wohl der traditionelle Ort sein, wo Jesus gebetet und Blut geschwitzt hat. Natürlich müssen und dürfen wir uns vorstellen, dass Petrus, Jakobus und Johannes immer wussten, wo sie am letzten Abend mit Jesus waren. Wo er gebetet hat. Das werden sie auch weiter gesagt haben. Der Ölgarten selbst ist ja ohne Zweifel der gleiche. Man sagt sogar, diese alten Bäume hier draußen gehen noch zurück in die Zeit Jesu. Das glaube ich aber nicht, aus einem Grund: Als Titus die Stadt umzingelt hat, hat er alles, was Holz war, umgehauen und für die Befestigungswerke benützt. Er brauchte viel Holz. Deswegen glaube ich, könnten diese Bäume aus der Zeit Jesu die Belagerung Jerusalems eigentlich nicht überlebt haben damals. Aber beim Ölbaum ist das Eigenartige: Er hat immer wieder Sprösslinge, die kommen heraus. Solche Sprösslinge aus diesen alten Wurzeln könnten also tatsächlich zurückgehen auf diese Zeit. Der Ölbaum ist ein ewiger Baum, sagt man deshalb. Er sprießt immer wieder. Es ist immer wieder der gleiche Baum, der macht seine Sprossen und wächst aus.«

»Und wo waren die anderen Apostel, die kurz zuvor noch mit ihm das letzte Abendmahl verzehrt hatten?«

»Die hat er in einer Höhle gelassen, die auf der anderen Straßenseite, neben dem Mariengrab, noch gezeigt wird. Von ihnen nahm er dann drei mit sich: den Petrus, den Jakobus und den Johannes. Einen Steinwurf weit geht er, da geht er hin und geht etwas weiter weg und betet auf diesem Felsen. So sagt es die Tradition. Und hier sind wir genau einen Steinwurf von der Höhle der Apostel entfernt.«

»Aber warum geht er überhaupt nach Gethsemani hinunter? Warum hat er sich nicht gleich hinter dem Essenertor rechts oder links in die Büsche geschlagen? Warum geht er so weit weg vom Zionsberg?«

»Normalerweise hatte er ein Quartier in Bethanien. Oder sie blieben oben auf dem Ölberg in einer Wohngrotte, in der so genannten Eleona-Höhle. Doch jetzt vor Pessach oder Pascha waren besonders viele Pilger in der Stadt. Da waren auch viele Quartiere belegt. Deshalb nahm er wohl das Quartier im Gethsemani-Garten auf dem Grundstück eines seiner Anhänger. Und das wusste auch Judas, der ja schon beim Abendmahl weggegangen war, um ihn zu verraten. Das wusste auch Jesus und hat auch darum Blut geschwitzt. Vor allem aber wohl darum, weil hier seine menschliche Natur mit seiner göttlichen Natur in einem letzten Widerstreit lag. Denn was er getan hat, war ja menschenunmöglich. Er hat sich ja nicht einfach für andere geopfert wie andere Heilige und Märtyrer oder Helden, wie etwa Maximilian Kolbe, der für einen Familienvater in Auschwitz den Tod auf sich nahm. Er hat sich nicht für Freunde geopfert, sondern für seine Feinde, für den Hauptmann Longinus, der seine Hinrichtung leitete oder für Paulus, der die Apostel nach seinem Tod so wütend verfolgte – und für dich und mich. Das ist ganz und gar unfassbar. Denn er blieb ja Mensch bis zum Schluss. Und dennoch hat er sich hier – als Mensch – für das Menschenunmögliche entschieden: zu bleiben und standzuhalten. Nicht abzuhauen. Kein Befehl hat ihn dazu gezwungen, wie einen Soldaten im Krieg. Es war ganz und gar seine Entscheidung. ›Lass es nicht zu, lieber Vater!‹, fleht er, wie nur irgendein Mensch betteln und jammern kann, der sein Leben liebt und den Schmerz und Tod fürchtet. ›Lass es nicht zu, doch tu mit mir, was du willst.‹ Er war eine unendliche Furcht. Es wusste, was kommen wird. Er hätte nicht sterben müssen. Er hat sich wirklich in diese Entscheidung ergeben, die die Hohenpriester schon getroffen hatten. Deswegen bittet er den Vater: Lass das nicht passieren! Es war eine grausame Furcht. Und noch etwas kam dazu. Denn es war ja auch der größte Schmerz Gottes, der überhaupt vorstellbar ist. In jeder anderen Religion ist solch ein Gott unvorstellbar geblieben. Ein leidender Gott, das geht nicht! Das ist im Islam bis jetzt unvorstellbar. Das ist eigentlich überall unvorstellbar. Selbst Abraham brauchte seinen Sohn Isaak auf dem Tempelberg da drüben schließlich nicht zu opfern – und ließ sich das Messer von einem Engel aus der Hand nehmen. Gott aber opferte für die Menschen, die Tag und Nacht gegen ihn sündigten, seinen einzigen und liebsten Sohn. Könnten wir auch nur ein wenig davon begreifen, würden wir auch sofort Blut schwitzen. Wie sollen wir das verstehen? Das können wir nur betrachten. Immer, wenn ich hier bin, sehe ich deshalb den Vollmond durch die Ölbäume scheinen. Sehe Jesus, wie es ihn über diesem Fels schüttelt vor Angst. Das soll ein Gebet sein? Ich möchte weglaufen. Dann schaut er mich an. Blut dringt ihm aus den Poren. Sein Gesicht ist gesprenkelt mit Blutstropfen. Im Mondlicht schimmern sie wie Rubine.«

Durchbohrte Perle

Samstag, 8. September 2001, die Geißelsäule hinter der Agonie-Kirche im Garten Gethsemani, unterhalb der Maria-Magdalena-Kirche auf dem Ölberg in Jerusalem

Vom zwölften Geheimnis. Einbrecher im Haus, wo »der Herr weinte«, eine Säule am Wegrand, die zu bluten scheint, als Zeuge eines geplatzten Tauschgeschäfts: jener doppelten Auspeitschung, die das Todesurteil gegen Gott nicht verhindern konnte.

Der Wind muss sich gedreht haben. Die Stimmen der Muezzine, die von den Minaretten durcheinander nach den Herzen der Gläubigen greifen, haben die Vögel vor unserem Fenster geweckt. Plötzlich bricht das Zwitschern und Jubilieren der Spatzen und Nachtigallen aus allen Büschen und Bäumen hervor. In Jerusalem beginnt jeder Morgen ein paar Momente lang im Paradies. Doch jetzt mischt sich schon wieder eine erste Polizeisirene in die Laudes, pfeifend wie Peitschensingen, gefolgt von dem Heulton einer Ambulanz und dem Dröhnen eines Hubschraubers in der Höhe. Nach der Ermordung Abu Ali Mustafas durch israelische Raketen gestern früh hängt heute die Drohung seiner Anhänger wie ein nahendes Gewitter über Jerusalem, dass ihre Vergeltung »die Pforten der Hölle« öffnen werde – »so bald wie möglich« und »so gewaltig wie noch nie zuvor in der Geschichte Israels«. Großsprecher und Angeber der Gewalt auf allen Seiten. Das Land sei durch die Ermordung »sicherer« geworden, wusste der Pressesprecher der Regierung gestern Abend im Fernsehen. Die *»Ha'aretz«* liegt schon vor der Tür, heute mit einem Foto der schmerzverzerrten Witwe Abu Alis unter dem Bild eines weinenden jüdischen Vaters mit einer Kippa, dessen Sohn aus einem Hinterhalt erschossen wurde. Heute Nacht ist die Armee wieder in Bethlehem eingedrungen. Im Fernsehen nimmt schon in der Früh die Kamera von »BBC-World« wieder den Globus vom Weltall her ins Visier, senkt sich auf das Mittelmeer, schwenkt nach rechts, über das Heilige Land, sinkt tiefer, auf Jerusalem hinab, noch tiefer – und bleibt wieder über unserem Haus stehen. So war es im letzten Jahr oft. Ich schalte das Gerät ab, ziehe mich an und gehe mit Ellen hinaus in das Zentrum der Welt.

Zwei Minuten später sind wir da, gerade hinter der Fußgängerampel, wo eine Mauer aus Angst den Westen vom Osten der Stadt unsichtbar trennt. Wir gehen dahinter an der Stadtmauer die Altstadt entlang, nach links, zum Herodestor, nach Osten, schließlich nach rechts, immer entlang der mächtigen Quader, durch den Friedhof zum Löwentor, von dort abwärts zum Garten Gethsemani, über die Hauptstraße und halb auf den Ölberg hoch. Die Sirenen haben sich wieder entfernt. Pater Hartwig hat uns hier hinauf gerufen, ein deutscher Franziskaner, der dort die Dominus-Flevit-Kirche auf dem Abhang des Ölbergs betreut. Das solle ich mir ansehen, klagt er, so etwas sei hier noch nicht vorgekommen. Der Konflikt im Land zerfresse wie Salzsäure alle Tabus und Sitten im Land. Jetzt sei schon zum zweiten Mal bei ihm eingebrochen worden. Der Kelch, alle Kerzenleuchter und das Altarkreuz seien gestohlen worden, und er wisse gar nicht, an wen er sich wenden soll. Hilfe könne er von keinem erwarten, erzählt er, als er uns das Mosaik einer durchbohrten Perle aus byzantinischer Zeit zeigt und einen Eimer Wasser holt, um die alten Steine noch einmal vor uns zum Leuchten zu bringen. Das sei ein frühes Bild Christi, sagt er: die durchbohrte Perle. Solch ein Bild Christi gebe es nur hier und noch einmal im Negev. Zum Abschied schüttelt er uns den staubfeinen Samen eines Senfbaumes in die Hand, während wir auf das Panorama Jerusalems schauen, das sich als Krone aller Städte über der anderen Seite des Kidron-Tales erhebt.

Wie ruhig es auch jetzt wieder hier oben ist, im kostbarsten Zankapfel der Menschheit, und wie unendlich friedlich – wo jede Ruhe doch immer nur eine Ruhe vor dem nächsten Sturm ist. Kommt der nächste Vergeltungsschlag heute? Kommt er morgen? Wie viele Tote werden es diesmal sein? Wie viele Witwen und Waisen werden diesmal weinen? Von unten her treibt der Wind den Gesang russischer Nonnen aus den Oberlichtern der goldenen Dächer der Magdalenen-Kirche wie Weihrauch zu uns empor und höher in den Himmel, wo er sich mit den Chören der Engel mischt, unendlich zart und fein. *Dominus flevit* – »Der Herr weinte« – heißt der Platz seit alters her, über den Pater Hartwig hier vergeblich wacht. Er heißt so nach einem Satz aus der Lukas-Passion, wo der Evangelist schreibt: »Als Jesus näher kam und die Stadt sah, weinte er über sie und sagte: Wenn doch auch du an diesem Tag erkannt hättest, was dir Frieden bringt.« Das war hier. Als er sich Jerusalem näherte, weinte Jesu. So weit sind wir noch nicht gekommen. Diese Stunde steht uns erst bevor.

Hohe alte Mauern aus weißem Jerusalemer Stein säumen den geschwungenen engen Weg zurück den Ölberg hinab. Zwei Steinwürfe unterhalb von *Dominus Flevit*, gegenüber der Pinien und Zypressen des russischen Magdalena-Konvents, wartet links in der Mauer ein Säulenstumpf in einer kleinen Nische zurückhaltend auf Pilger, die nicht mehr kommen. Ein Foto, das ich von diesem Stumpf gemacht habe, hat mich erstmals bewegt, Bargil Pixner ausführlich für eine Dokumentation nach dem Rosenkranz zu befragen. Die Säule sieht aus wie der ausgeschlagene Backenzahn eines alten Heiligtums. Sie scheint zu bluten. Oder ist dieses Rostrot eingetrocknet? »Das ist der Stein, über den man ihn gebogen hat, um seinen Rücken zu spannen, damit die Geißelhiebe tief in das Fleisch rissen«, sagt Bargil. »Bis zum 5. Jahrhundert ist er oben auf dem Zionsberg bezeugt.«

»Von wem?«

»Von dem Pilger von Bordeaux. Er sagt: Er kommt herunter vom Tempelbezirk, kommt zum Siluan-Teich im Süden des Tempelbergs und geht von dort hinauf zum Zionsberg. Auf dem Weg dahin kommt er vorbei an dem Palast des Kaiphas, der eine Ruine ist, wie er sagt. In dieser Ruine findet er die Geißelsäule. Später wird die Säule auf den Zion gebracht und dort verehrt.«

»Wieso identifizierst du diese Beschreibung mit dieser Säule? Hier ist doch nicht der Zionsberg.«

»Stimmt. Aber der Pilger beschreibt sie so genau. Er sagt, dass da Blutspuren waren. Dass man sieht, wo der Körper mit ausgestreckten Armen über die Säule gebeugt worden ist. Das erzählt er. Wie du siehst, entspricht diese Beschreibung noch heute dem Augenschein.«

»Aber es ist ja nicht die einzige Geißelsäule, die in der Welt verehrt wird. In Rom wird in Santa Prassede eine klassisch schöne Geißelsäule verehrt, die aus ägyptischem Marmor ist.«

»Siehst du, das spricht doch fast schon gegen dieses Exemplar. Warum sollte man hier eine Säule aus ägyptischem Marmor haben, wo rings um Jerusalem Steine aus dem Boden sprießen, als wären es Bäume. Diese Säule hier ist jedenfalls aus klassischem Jerusalemer Stein.«

»Wie ging die Geißelung vor sich?«

»Ich glaube, es gab deren zwei, doch von unterschiedlicher Intensität. So heißt es jedenfalls nach der Jerusalemer Tradition. Da heißt es, er sei zuerst im Haus des Hohenpriester Kaiphas verprügelt worden, nachdem er untersucht worden war von den Priestern. Danach wurde er in einen anderen Raum verbracht, verspottet und gezüchtigt, wahrscheinlich mit Ruten. Die Strafe war nicht ganz so schlimm wie später die der Römer. Es heißt, sie haben ihn geohrfeigt. Das gleiche Wort wird aber auch für Geißelung verwendet. Dass das nicht nur eine Ohrfeige war, scheint jedenfalls klar, auch von dem Abdruck auf dem Turiner Grabtuch, wo er Wunden im Gesicht hat, die nicht von der Geißelung durch die Römer stammen können. Im Haus des Hohenpriesters ist Jesus schon schwer misshandelt worden. Dann wurde er in die Zisterne geworfen.«

»Wie kommst du darauf? Davon erzählen die Evangelien doch überhaupt nichts.«

»Die Evangelien nicht, aber wieder die Ortstradition in Jerusalem, wo seit undenkbarer Zeit im Keller vom Haus des Kaiphas eine Zisterne verehrt wird, in die Jesus nach seinem Verhör geworfen wurde. Ein grässliches Loch. Der Pilger von Bordeaux erwähnt das schon. Dort wurde bereits früh eine Petrus-Kirche errichtet (unterhalb unserer heutigen Abtei) und später die *Gallicantu*-Kirche, weil der Hahn dort dreimal krähte nach der dreifachen Verleugnung Jesu durch Petrus. Ich glaube wirklich, dass das tiefe Loch, das da ist, diese tiefe Zisterne ist. Dass sie als Gefängnis benützt wurde. Noch ein Argument spricht für diesen Kerker. Der Prozess bei Kaiphas ist ein ziemliches Durcheinander. Der Hohepriester hatte noch in der Nacht die Mitglieder des Hohen Rates einberufen. Dann wurden Zeugen gerufen, von denen der eine dies sagt und der andere das. Sie stimmten nicht überein. Schließlich fragt ihn der Hohepriester selbst und direkt: ›Bist du wirklich der Messias, der Sohn Gottes?‹ Da kann Jesus nicht mehr schweigen; bisher hat er geschwiegen. ›Du sagst es, so ist es‹, sagt er jetzt. Für den Hohen Rat war es das Todesurteil: eine Gotteslästerung ohnegleichen. Das zu sagen hatte noch nie jemand gewagt. Deswegen ist er des Todes schuldig; er muss getötet werden. Dann hat wahrscheinlich jemand gesagt – vielleicht Nikodemus oder Joseph von Arimathäa: ›Wartet noch ein bisschen. Wir haben ein Gesetz. Nach diesem Gesetz kann einer, der zum Tode verurteilt wird, nicht schon in dieser Stunde verurteilt werden.‹ Zwischen Urteil und Vollstreckung muss mindestens eine Nacht verstreichen. Das ist ein strenges Gesetz des Hohen Rat. Das ist auch verbürgt in der Mischna und im Talmud. Das war ein gutes Gesetz. Das Leben eines Menschen zu nehmen, darf nie im Affekt geschehen. So wird Jesus also in den Kerker geworfen – nachdem die Diener zuvor noch ihren Spott mit ihm getrieben haben.«

»Wer war der Hohe Rat?«

»Der Sanhedrin ist das höchste Beratungsgremium um den Hohenpriester. Er ist der höchste Gerichtshof. Dazu gehörten Pharisäer und hauptsächlich Priester. Pharisäer haben in den Verhandlungen um Jesus aber kaum eine Rolle gespielt. Die Sadduzäer, die Priesterklasse, waren die eigentlich Verantwortlichen für Jesu Tod. Es war das Haus des Hannas, das fünf Hohepriester gestellt hat: zwei Hohepriester vor Kaiphas, der ein Schwiegersohn des Hannas war, und zwei andere nach ihm. Der letzte Hohepriester hat im Jahre 62 Jakobus, den so genannten Bruder Jesu, hinrichten lassen. Dieses Haus Hannas hatte eine Todfeindschaft gegen Jesus und die christliche Ur-Gemeinde. Am Morgen nach der Verhaftung Jesu trat der Hohe Rat deshalb erneut zusammen und beschloss die Auslieferung dieses Verbrechers an die Römer, weil den Juden damals die Blutsgerichtsbarkeit genommen war. Hauptsächlich die Priester, die *Cohanim*, hatten entschieden: ›Ja, er muss getötet werden‹. Das war jetzt nicht mehr im Kaiphas-Haus, sondern im ›Saal der unbehauenen Steine‹, ganz in der Nähe vom Tempel. Da kommen sie zusammen, da fällt die Entscheidung: Er muss ausgeliefert werden. Sie hätten Jesus steinigen können. Aber gerade im Haus von Hannas war den Erzfeinden Jesu sehr bewusst: Dieser Mann wird von vielen als Messias angesehen. Deshalb sollte er ans Kreuz gehen. Denn wer am Kreuz, am Holz stirbt, so steht es im Buch Deuteronomium, der kann unmöglich der Messias sein. Der ist von Gott selbst verflucht. Deswegen wollten sie unbedingt diesen Tod am Kreuz für ihn, damit er nicht als Messias erklärt werden könnte, und keine einfache Steinigung.«

»Das Haus der unbehauenen Steine, wo war das?«

»Man weiß es nicht genau. Sicher in der Nähe des Eingangs zum Tempel. Entweder bei den Hulda-Toren oder oben am Ende der Brücke, die von der Stadt hinüber führte in den Tempel, in der Nähe der heutigen Klagemauer. Von dort jedenfalls kam Jesus zu dem Prokurator Pontius Pilatus, in das Prätorium der römischen Besatzungsmacht.«

»Warum wird er denn da gegeißelt? Die Ankläger wollten doch seinen Tod.«

»Dieser Vorgang ist in den Evangelien minutiös beschrieben. Pilatus wollte den Juden nicht nachgeben. Darum wollte er Jesus auch nicht hinrichten lassen. Er wollte ihnen nicht zu Gefallen sein. Er zögerte und wollte sich aus dem Fall heraus winden. Um die Priester zu beschwichtigen, hat er Jesus dann einfach einmal auspeitschen lassen, mit diesen römischen Geißeln, in die Bleikugeln eingearbeitet waren. Das war eine schlimme und grausame Tortur. Viele sind bei solch einer Geißelung gleich gestorben oder zusammengebrochen.«

»Wieso brauchte es bei dieser Folter denn eine Säule?«

»Der Delinquent wurde darüber gebeugt. Unten wurden ihm die Hände zusammengebunden, mit der Brust über die Säule hin, damit der Rücken gespannt war. So wurde er dann geschlagen. Es waren meistens zwei, die auf ihn eingeschlagen haben, einer rechts und einer links. Auf den nackten Rücken. Es war wirklich eine halbe Todesstrafe.«

»Und dann?«

»Was heißt: und dann? Das war der Versuch des Pilatus, ihn so zu bestrafen, dass die Ankläger mit dem zufrieden gewesen wären. Die waren aber nicht damit zufrieden. Das Turiner Grabtuch erzählt das Zögern des Pilatus, wie es die Evangelien erzählen, deshalb noch einmal auf erschütternde Weise weiter. Dieses einzigartige Bilddokument zeigt: Auf dem aufgerissenen Leib des Mannes, der in dieser Leinwand gelegen hat, lassen sich 118 Geißelhiebe einzeln zählen. Das heißt, er hat *zweimal* die klassische römische Geißelung durchlitten: zweimal 60 Hiebe minus jeweils einen. Offensichtlich hat Pilatus, als er sah, dass der Menge vor seinem Palast, die nach dem Tod des Jesus schrie, die Geißelung nicht genug war, ihn *noch einmal* auspeitschen lassen, um sie zu befriedigen. Doch auch das war ihnen nicht genug. Sie wollten den Tod Jesu und zwar den Tod am Kreuz und sonst nichts. Es war also eine doppelte Geißelung, die er über dieser Säule erlitten hat, ein doppelter Tod, bis ihm schließlich sein Kreuz auf die Schulter gelegt wurde. Es ist ein Wunder, dass er da überhaupt noch lebte. Er war ein rohes Stück Fleisch, wie er da über dem Säulenstumpf hing. Die schlimmsten Wunden aber, mit denen er uns anschaut, als er mühsam den Kopf noch einmal zur Seite dreht, stammten nicht von der Geißelung, sondern von der Misshandlung am Abend zuvor. Sein Nasenbein ist unter der Wurzel gebrochen, die rechte Wange bös geschwollen. Ein Ödem drückt ihm fast das linke Auge zu – und das war noch nicht alles.«

Ein Thron für die Krönung

Dienstag, 18. April 2000, antike Steinplatte aus den Ausgrabungen im Bereich der ehemaligen Pilatus-Kirche, in einem Bauschuppen des Siebenberg-Hauses im jüdischen Viertel der Jerusalemer Altstadt

Vom dreizehnten Geheimnis. Byzantinische Reliefs in einer Zisterne unter der Pilatus-Kirche. Der Stein des »Ecce Homo« in einem verlassenen Bau-Schuppen: der verschollene Thron, auf dem Jesus zum König gekrönt wurde, mit einer Haube aus Dornengestrüpp.

Schwalben stürzen zirpend zwischen den Kuppeln der Doppelkirche. Hier endet die Via Dolorosa. Jeder Kreuzweg in jeder Dorfkirche Europas ruft diese Strecke wach, als Erinnerungsweg an das erschütternste Fehlurteil der Weltgeschichte. Jeden Freitag kommt in Jerusalem eine christliche Pilgerprozession mit lateinischen Gesängen an diesem Gipfel an, und wenn es auch manchmal nur die hier ansässigen Franziskaner sind. Durch das muslimische Viertel kommen sie über die klassische Via Dolorosa hierher, unter dem römischen Ecce-Homo-Bogen hindurch, nach links durch die El Wad Straße, hinüber zur Marktstraße des Souk Khan es Zeit, bis zum Souk Ed-Dabbagha, der von dort nach rechts um drei Ecken in die Grabeskirche mündet. Es gibt für diese erste Strecke in Jerusalem allerdings auch noch eine andere, ältere Überlieferung, die hier keine einzige Kreuzwegstation oder Kapelle mehr markiert. »Denn wissen Sie«, sagt Theo Siebenberg, »Flavius Josephus hat ja jüdisch gedacht. Das heißt dieser antike Historiker hat auch entlang der hebräischen Schrift gedacht, die von rechts nach links gelesen wird. Wenn er also in seinem Buch über den jüdischen Krieg von dem Palast der Hasmonäer sprach, in dem Pilatus Gericht hielt, ›auf der anderen Seite der oberen Stadt‹, dann war dieser Palast hier, genau hier, und nicht die Burg Antonia im Norden des Tempelplatzes.«

Theo Siebenberg ist 1940 in dem alten Studebaker seines Vaters zusammen mit sieben anderen Personen gerade noch rechtzeitig den Todesschwadronen Hitlers aus Antwerpen entkommen. Das Leben des Kindes von damals ist danach ein Roman geworden. Melancholie umschattet seine freundlichen Augen. Über Stationen in England und Amerika ist der Sohn eines Diamanthändlers ein Jahr nach dem Sechstagekrieg 1968 mit seiner polnischstämmigen Frau Miriam in die zurück eroberte jüdische Altstadt gezogen. Hier, auf einem Grundstück südwestlich der Klagemauer, hat er sich damals geschworen, ein Haus zu bauen, aus dem er »nie mehr vertrieben« würde. Und während er nach oben baute, ließ er gleichzeitig nach unten graben, um mitzuhelfen, die jüdischen Wurzeln Jerusalems wieder freizulegen.

»Alle Archäologen sagten, wir würden hier nichts finden«, sagt seine Frau auf dem Dach des Hauses. In Terrakotta-Kübeln gedeihen hier oben alle Pflanzen der Bibel: Oliven, Granatäpfel, Limonen. Der Blick schweift von der Dachterrasse hinüber zur Klagemauer, zu den muslimischen Domen darüber, hinauf zum Ölberg und wieder hinab über die judaische Wüste, die sich da hinten in Wellentälern zum Toten Meer hinunter schwingt. Gerade eben haben wir uns in dem sorgfältig ausgebauten Keller das große »Nichts« angeschaut, das die Siebenbergs hier gegen den Rat der Experten aus schierer Leidenschaft dem Boden entrissen haben: Gräber aus der Zeit König Davids und Salomos, Ritualbäder aus der Zeit des 2. Tempels und riesige Zisternen, wie sie nur einem Palast zur Verfügung stehen konnten, dazu Teile der Wasserleitung, die diese Bassins mit Wasser aus Hebron gespeist haben. »Das ist die Leitung, aus der Pilatus zur Empörung der Juden die Pferde seiner Wache saufen ließ«, sagt Frau Siebenberg, »es kann überhaupt nirgendwo anders gewesen sein.« Ihr ganzes Vermögen haben sie in das Unternehmen gesteckt, das inzwischen auch längst die Anerkennung der Fachwissenschaft gefunden hat. Das »*Siebenberg-House*« ist eine einzigartige Adresse Jerusalems geworden.

Denn ungeachtet ihrer Suche nach dem jüdischen Erbe haben sie natürlich auch noch ganz andere Wurzeln zutage gefördert. Anders dürfte es in dem vielschichtigen Boden dieser Stadt auch gar nicht möglich sein. Zu viele Eroberer sind über diese Hügel gezogen, Babylonier, Assyrer, Römer, Perser,

Kreuzfahrer, Mamelucken. Von den Römern ist bekannt, dass sie in ihren eroberten Städten normalerweise die schönsten Villen beschlagnahmten – und die jeweilige Residenz der Fürsten als Amtssitz ihrer Statthalter. Und hier stand der Palast der Hasmonäer. Deshalb liegt es nur nahe, dass der römische Prokurator Pontius Pilatus auch hier sein Prätorium einrichtete. Im Pilgerbericht eines Bischofs aus Maiuma bei Gaza aus der Zeit um 450 hatten die Siebenbergs jedenfalls gelesen, dass er exakt hier eine »Kirche des Pontius Pilatus besucht« hatte. Achtzig Jahre später beschrieb ein Archediakon Theodosius an der gleichen Stelle eine »*ecclesia sanctae sophiae*« – eine »Kirche der Heiligen Weisheit«, gerade hinter der riesigen Nea-Basilika, von der vor kurzem nicht weit von hier – unter dem neuen Parkplatz – Teile ausgegraben worden sind. Beide Kirchen wurden 614 von den Persern zerstört, mit 600 Toten in der Nea-Basilika und 477 in der Kirche der heiligen Sophia, wie es in einem Bericht aus dem Wüstenkloster St. Sabas heißt. Die Massaker der Perser in der Stadt sind legendär, doch so gut wie nichts ist von diesen Kirchen übrig geblieben, vor allem von der Sophien-Kirche nicht – bis die Siebenbergs hier zu graben anfingen.

Vor ihrem Keller hatte uns Miriam Siebenberg ins Freie geführt und unter einem Vordach eine halb voll gelaufene Zisterne voller Gerümpel gezeigt, in deren festem Verputz ganz deutlich die Reliefs dreier uralter byzantinischer Kreuze auszumachen sind. »Wo sonst, wenn nicht in der Zisterne einer Kirche«, sagte sie, »würden solche Kreuze wohl angebracht werden.« Die Entdeckung war eine stille archäologische Sensation. Doch Theo Siebenberg hatte uns nicht deshalb eingeladen, sondern weil er in seinem Trümmergrundstück auch noch einen rätselhaften Stein gefunden hatte, den er schon lange einmal jemandem zeigen wollte, sagte er, besonders jetzt, wo er immer älter werde. Das war der Grund, weshalb er Bargil Pixner in der Benediktiner-Abtei angerufen hatte, sich den Stein einmal anzuschauen. Auf diesem Weg hatten wir

Bargil zum allerersten Mal getroffen, im April 2000, kurz vor Ostern, im Torhaus des Ziontores, wo er uns mit seinem schleppenden Schritt entgegen kam. Wir wollten ihn gerade zum ersten Mal besuchen, da kam er uns hier unterwegs schon entgegen. Das war der Beginn unserer Freundschaft. Wir sollten doch einfach mitkommen, sagte er uns, da könnten wir gleich etwas erleben.

Vielleicht zwanzig Jahre liege der Klotz schon in einem Schuppen hinter dem Haus, sagte Theo Siebenberg, nachdem wir alle anderen Schätze seines Hauses bestaunt hatten. Nun hatte er eigens einen Handwerker kommen lassen, der dort aufschloss und einen großen rechteckigen leuchtend weißen Block vor uns aufrichtete. Ein ausgefranster Besen lag daneben, alte Zeitungen und ausgequetschte Tuben, ein angebrochener Sack Zement, Bretter kreuz und quer, ein umgekippter Eimer, noch ein paar andere Steine, das übliche Gerümpel einer vernachlässigten Baubude. »Haben Sie den Text dabei?«, fragte Theo Siebenberg. Bargil nickte, holte eine Photokopie aus seiner Aktentasche hervor und übersetzte aus dem Latein ins Englische, aus dem Bericht des anonymen Pilgers aus Piacenza, aus dem Jahr 570: »Wir beteten auch im Prätorium, wo der Herr verhört worden ist. Dort befindet sich jetzt die Basilika der Heiligen Weisheit vor den Ruinen des Salomonischen Tempels. In dieser Basilika befindet sich der viereckige Stein, der mitten im Prätorium stand und auf den der Angeklagte gehoben wurde, damit er von allem Volk gehört und gesehen würde. Auf diesen ist auch der Herr gehoben worden, als er von Pilatus verhört wurde.« Die Sonne tauchte den viereckigen Block in dem schäbigen Schuppen in blendendes Weiß.

»Wollen Sie wirklich sagen, Pater Bargil, dass das dieser Stein ist?«, fragte ich den alten Benediktiner auf Deutsch. Wie gesagt, wenige Minuten vorher hatten wir uns kennen gelernt. Natürlich siezten wir uns noch und weder er noch wir konnten wissen, dass wir gerade seine letzten Freunde wurden. »Ich will gar nichts sagen«, gab er verschmitzt zur Antwort und steckte den Pilgerbericht zurück in seine abgewetzte Tasche. »Ich habe gerade nur einen alten Text vorgelesen, der sich auf eine Kirche bezog, die genau hier gestanden hat. Das ist vollkommen klar. Die große byzantinische Zisterne mit dem Kreuz, die wir vorhin sehen durften, ist der letzte Beweis dafür. Für den Stein aber gibt es keinen Beweis. Mit ihm geht es uns gerade nur, wie es in Jerusalem oft geschieht. Da gibt es einen uralten Text oder eine uralte Überlieferung, und plötzlich stehst du vor einem Stein, oder einer Stufe, oder einer Mauer, die dazu passt wie ein Puzzle-Stück in ein anderes. Bewiesen ist damit nichts. Nur dass die beiden Puzzle-Stücke zusammenpassen, das kann jeder Laie sehen und mit den Händen befühlen. Und dieser Stein, das ist auch klar, ist makellos behauen. Er ist ein kostbares Unikat. Der wurde nicht einfach zum Hausbau verwandt. Dieser Stein war sicher immer etwas ganz Besonderes. Darum hat Theo Siebenberg mich ja auch angerufen.«

»Warum wurde die Pilatus-Kirche eigentlich in Sancta Sophia-Kirche umbenannt?«, fragte ich auf dem Rückweg. Bargil schaute mich groß an: »Weil die Weisheit Gottes sich nicht zu schade war, sich hier dem Urteil der Menschen auszuliefern.«

»Ist der viereckige Stein, auf den der Angeklagte gehoben wurde, auch der Stein, auf dem ihm die Dornenkrone in den Kopf gedrückt wurde?«, fragte ich ihn zwei Jahre später, als die Intifada das Blaulicht und die Martinshörner in Jerusalem nicht mehr zur Ruhe kommen ließ.

»Ja, das glaube ich.«

»War das eine übliche Foltermethode oder hat man die nur bei Jesus angewandt?«

»Nein, das war nicht üblich. Das war ein Exzess der Soldateska, die sich im Prätorium des Pontius Pilatus ihren Spaß erlaubte mit diesem Gefangenen, von dem sie gehört hatten, dass er sich als König der Juden ausgab. Deswegen wollten sie diesen Juden besonders verspotten. Der religiöse Prozess gegen Jesus hat im Haus des Hohenpriesters Kaiphas stattgefunden. Jetzt wurde ihm im Haus des Pontius Pilatus der politische Prozess gemacht. Es war belanglos, dass er Sohn Gottes war. Hier wurde er angeklagt, weil er als König galt oder von manchen als solcher verehrt wurde. Es gab ja nur einen Kaiser in Rom, aber keinen König in Israel. Sich selbst als König auszurufen, das kam Hochverrat gleich. Judäa war ja von den Römern besetzt. Der römische Gouverneur regierte hier ganz eigenmächtig. Und nun kamen die Hohenpriester mit diesem Gefangenen zu ihm und sagten: ›Er hat unsere Gesetze gebrochen.‹ Wenn es eure Gesetze sind, sagt dann Pilatus, dann nehmt ihn und richtet ihn nach euren Gesetzen. Da sagen sie: ›Wir haben kein Recht, ihn hinzurichten.‹ Pilatus fragt Jesus dann, ob er wirklich ein König war. Er sagt: ›Ja, ich bin ein König.‹ Weil Jesus aber aus Galiläa kam, schickte Pilatus ihn noch zum König Herodes Antipas, der in Tiberias und Sepphoris seinen Hauptsitz hatte. Doch Jesus schweigt nur vor diesem Mann. Er bettelt nicht um Gnade. Er geht ihm nicht um den Bart. Er verachtet ihn nicht einmal. Er schweigt nur. Herodes hatte so etwas noch nie erlebt. Er hatte doch von seiner Wunderkraft gehört und hätte gern ein Spektakel erlebt. Mit einem abgetragenen Purpurmantel, den er ihm umhängen lässt, schickt er ihn zurück. ›Da hast du deinen König!‹ So kommt Jesus zurück zu Pontius Pilatus. Der ruft dann noch einmal die Ankläger zusammen.«

»Jesus hatte doch viele Jünger, die zu der Zeit in Jerusalem waren. Wo waren die?«

»Das ist wirklich die Frage. Sie waren über die Gefangennahme im Garten Gethsemani wohl grausam erschrocken und enttäuscht. Sie versteckten sich und liefen davon. Petrus war furchtbar niedergeschlagen. Noch niedergeschlagener war er durch seinen Versuch, seine Haut zu retten, indem er Jesus dreimal verleugnete. Danach schämte er sich so sehr, dass er nicht mehr wagt, in die Nähe Jesu zu kommen. Alle anderen haben sich auch nicht gezeigt, außer seiner Mutter, einigen anderen Frauen und Johannes. Sonst keiner von den Freunden, keiner von den Blinden, die er geheilt hatte, von den vielen, denen er geholfen hatte, war da. Die sind alle nicht aufgetreten. Die Hohenpriester klagen ihn indessen weiterhin an. Es geht hin und her. Pilatus sagt: ›Ich finde eigentlich keine Schuld an ihm, nehmt ihn selbst. Ich will ihn freilassen.‹ Da schrien sie: Wenn du den freigibst, bist du kein Freund des Kaisers. Das war eine Falle, eine raffinierte Mühle, aus der es plötzlich für Pilatus kein Entrinnen mehr gab, der ständig Denunziationen in Rom fürchtete. Er sieht auch, es steht überhaupt niemand ein für diesen Jesus. Die Soldaten, die von der Königswürde dieses eingebildeten Juden gehört hatten, trieben inzwischen den Spott des Herodes weiter, hängen ihm nach der Geißelung den lächerlichen Königsmantel wieder über den blutigen Leib, setzen ihn auf etwas, was sie einen Thron nennen, und sammeln irgendwo Dornengestrüpp für eine Dornenkrone. Hier in der Gegend gibt es noch heute extrem spitze lange Dornen, die auf lateinisch ›*Spine Christi*‹ heißen: Dornen Christi. Daraus machen sie eine Kappe. Sie setzen sie ihm auf. Sie drücken die Kappe mit zwei Knüppeln ins Haar. Unter großem Gelächter schießt ihm Blut aus der Kopfhaut. So führt man Jesus zu Pilatus hinaus. Pilatus schaut ihn an, er schaut auf diese lächerliche Figur, so brutal und furchtbar hingerichtet durch die Geißelung und die Dornenkrone. Dann stellt er ihn der Masse vor, dem Pöbel unter seinem Palast: ›Seht mal her, dieser Mann! *Ecce homo!* Schaut, was das für ein Mann ist.‹ Er dachte, jetzt werden sie wohl zufrieden sein. Nein, sie waren nicht zufrieden. Jesus stand dabei auf diesem viereckigen Stein, der später mit Gold eingefasst wurde für die Pilger, als er in der Sophien-Kirche noch gezeigt und verehrt wurde. Jetzt aber war von Verehrung noch nichts zu ahnen. Der Pöbel, der da war, schrie nur immer weiter: ›Kreuzige ihn, kreuzige ihn!‹ Da gibt Pilatus schließlich und endlich auf. Er hatte schon immer einen großen Hass gegen die Juden gehabt. Aus Hass auf die Juden hat er auch den Anklägern so lange widerstanden. Jetzt ist es ihm aus Hass auf die Juden auch gleich um diesen komischen König. ›*Ibis in crucem*‹, sagt er ihm jetzt: ›Du steigst auf das Kreuz‹.

Das war das offizielle Kommando. Die Urteilsbegründung lautete: ›König der Juden‹. Sie fiel Pilatus deshalb leicht, weil Jesus ja aus Nazareth kam und für ihn also einer der Nazoräer war, die sich als Nachkommen König Davids sahen. Darum ließ er noch dahinter schreiben: IESUS NAZARENUS. Jesus steht dabei immer noch auf dem Stein, aufrecht, schweigend. Er muss halb ohnmächtig sein vor Schmerz. Er wankt. Das Haar ist verklebt unter der Folterhaube, die die Soldaten seine Krone nennen. Das rechte Auge zugekniffen. Blut läuft ihm durch die Brauen. Er sucht seine Mutter in der Menge. Ein Dorn aus dem Kronengestrüpp ist dem König in die linke Pupille gefahren.«

Der Weg des Königs

Dienstag, 25. April 1995, »Titulus Crucis«, der dreisprachige antike Schuldspruch vom Kreuz Christi in der Basilika Santa Croce in Gerusalemme in Rom

Vom vierzehnten Geheimnis. Zwei Routen der Via Dolorosa durch das Labyrinth Jerusalems. Die Steine, über die Gott stolperte, ein Bein, das dem halb Erblindeten gestellt wird, und der Schuldspruch an einem Strick vor seiner Brust: »Da habt ihr ihn: euren König!«

La Dolorosa, prego!«, pflegte mein Freund Thomas bei unserem Italiener in Frankfurt immer zu seufzen, wenn er nach einem unserer Geschäftsessen vom Kellner die Rechnung verlangte. Die »Schmerzensreiche« selbst aber hat mit einem Filet mit Öl und Wein, egal wie teuer, natürlich nichts zu tun. Und im Gegensatz zum unzweifelhaften Ende des wahren Weges, auf dem Jesus sein Kreuz getragen hat, lässt sich der historisch genaue Anbeginn des Leidensweges Christi in Jerusalem viel schwieriger bestimmen. Ich sagte schon, dass die klassische *Via Dolorosa* seit der Zeit der Kreuzfahrer kurz hinter dem Löwentor über den Fundamenten einer alten Zwingburg beginnt, weil die Römer von dort aus den Tempelplatz kontrollierten und beherrschten. Seit Jahrhunderten ist der Komplex eine Koranschule, wo mir die Wärter oder Lehrer, wenn ich ihnen gut zuredete, durch ein Gitter in der dicken Mauer einen märchenhaften Blick auf den Felsendom gestatteten, gerade so, wie die Römer hier früher auf den jüdischen Tempel schauen konnten, der damals dort stand.

Hier, nehmen deshalb viele an, wurde Jesus unter der Bewachung der Legionäre zum Tod verurteilt. Hier ist deshalb auch die erste von vierzehn Kreuzwegstationen, die die Christen in der Altstadt eingerichtet haben. Ein paar Schritte weiter wurde ihm das Kreuz auf die Schultern gelegt. Kurz danach bricht er erstmals zusammen. Zwei Ecken weiter – bei der armenischen Kirche »Unserer Lieben Frau von den Schmerzenskrämpfen« – erblickt er seine Mutter in der Menge. Ein Passant wird abkommandiert, den Schwerverletzten zur Hinrichtung zu stützen. Eine Unbekannte wischt ihm das Blut aus dem Gesicht. Er stürzt noch einmal, gerade beim Stadttor, an der sein Urteilsspruch an eine Säule geheftet ist. Weinende Frauen umringen ihn. Er spricht sie an, bricht noch einmal zusammen. Fliegen umsurren seine verklebten Augen. Diesem Weg durch die *Via Dolorosa* folgen seit dem Mittelalter fast alle christlichen Pilger von Station zu Station.

»Die vielen frommen Lieder an den Kreuzweg-Stationen und all die Rosenkränze, die hier schon im Lauf der Jahrhunderte gebetet wurden, haben natürlich auch diesen Weg schon längst authentisch und echt werden lassen«, sagte Bargil beim Abschied von den Siebenbergs, »doch wenn, wie es aussieht, der Sitz des Prätoriums im Grunde nur hier im Palast der Hasmonäer gewesen sein kann, dann muss der wahre Leidensweg Christi natürlich auch einen ganz anderen Verlauf durch die Stadt genommen haben.«

»Gibt es noch Reste davon?«, fragte Ellen ihn zwei Jahre später. »Ja«, sagte er und verabredete sich gleich für den nächsten Morgen mit uns wieder vor der Tür der Siebenbergs. Diesmal gingen wir jedoch nicht hinein. »Hier ging es also los«, begann er gleich wieder unser nie endendes Gespräch, »nach dem Urteil des Pilatus wurde Jesus hinuntergeführt in einen Hof, dort standen Kreuze zur Verfügung. Zufällig mussten zwei andere auch gekreuzigt werden. So nahm man alle drei zusammen. Normalerweise trägt der Kreuzträger nicht das ganze Kreuz. Der senkrechte Balken ist gewöhnlich schon eingerammt gewesen im Felsen. Was der Verurteilte trug, ist der Querbalken, der war auch schon schwer. Er ist Jesus aufgeladen worden. Um den Hals tragen die Delinquenten den *Titulus*, auf dem der Grund ihrer Verurteilung angegeben war. Jesus hat jetzt wieder seine eigenen Kleider an. Die Dornenkrone wurde ihm wieder neu auf den Kopf gedrückt, zu den grässlichen Verletzungen im Gesicht. Dann wurde ihm das Kreuz aufgeladen. Doch kommt.«

Bargil stapfte vor uns in das Labyrinth des jüdischen Viertels der Altstadt hinein, ging zwei Treppen hoch, noch einmal nach links, noch einmal nach rechts, schlafwandlerisch, wo jeder

Fremde im Nu die Orientierung verliert. »Vom Hasmonäer-Palast trägt er das Kreuz wohl zuerst ein Stück nach Westen, bis zu einer Hauptstraße, aus der später unter den Römern der Cardo-Maximus wurde, mitten durch den Marktplatz, bis hin zum Tor, das Ganat-Tor hieß. Das war das Gartentor. Das führte hinaus zum Golgatha in einer Ecke vor der Mauer. Doch schaut euch das an.« Wir standen vor einer Straßen-Cafeteria, zwischen zwei Winkeln und einer weiteren Treppe, wo aus dem gleichmäßig hellen Pflaster sieben, acht große Basaltblöcke zu Tage traten, gerade neben den Klappstühlen und Tischchen des Straßen-Cafés. »Diese Blöcke hat man hier bei der Neugestaltung der jüdischen Altstadt nach 1967 unter dem Pflaster gefunden. Sie stammen von der Straße, die zur Zeit Jesu von dem Hasmonäer-Palast zur Hauptstraße führte. Über diese Steine ist er wahrscheinlich zum Golgatha gestolpert.«

»Standen damals hier auch so viele Häuser neben der Straße?«

»Ja, der Ort war hier dicht bebaut. Und besonders dicht und eng ging es in der Markthalle zu, wo Jesus sein Kreuz durch all die Stände schleppte. Sicher war es noch voller als heute im Souk. Denn am nächsten Tag fing ja das Paschafest an. Da mussten viele noch einkaufen. Am Freitag ging das noch, am Sabbat nicht mehr. Da kommt Jesus vorbei. Die Leute gaffen ihn an. Was ist eigentlich mit dem Mann los? Geführt wird er von einer Abteilung von Soldaten. Sie gehen mitten durch die Agora hindurch. Jesus ist schon einmal gestürzt vor Erschöpfung. Dann noch einmal. Irgendjemand aus der Menge hatte dem halb Erblindeten ein Bein gestellt. Beim Ganat-Tor führt die Straße von den Feldern herein, das ist heute die Jaffa-Straße. Die Schafe werden da herein getrieben; gegen Mittag wurden auf dem Tempelplatz die Lämmer geschlachtet für das Pascha. Auch Simon von Cyrene kommt da von den Feldern herein. Jesus stürzt in diesem Tumult zwischen den Schafen, dort, wo die Straße vor dem Steinbruch noch steiniger wird. Das Holz ist so schwer, und er ist so geschwächt. Zu allen

Wunden scheuert ihm der schwere Balken die Schulter auf. Der nackte Knochen des Schulterblatts kommt da zum Vorschein. Maria, die ihm vor Schmerz betäubt durch die Menge folgt, kann kaum hinsehen. Sie begleitet ihren Sohn, so eng es geht, auf dem ganzen Kreuzweg. Hier durchdringt wirklich ein Schwert die Seele der Mutter, nicht nur einmal, sondern auf Schritt und Tritt. Auch der Offizier des Exekutionskommandos sieht: Der Mann schafft das nicht mehr mit dem Kreuz, da muss jemand helfen. Da greift er sich Simon von Cyrene aus der Menge, vielleicht weil er so kräftig aussieht. Er muss einfach her, das Kreuz zu tragen für diesen Mann, der es nicht mehr schafft. Simon trägt das Kreuz vor oder hinter ihm her. Vielleicht tragen sie den Balken auch zu zweit. Auf dieser Straße kommen dann die Frauen und weinen. Darunter auch wieder Maria. Sie sieht ihn an, er schaut auf sie, mit seinen verletzten Augen. Größere Pein gibt es nicht. Die anderen Frauen sehen das, sie weinen nur noch. Ein letztes Mal tröstet Jesus sie: ›Weint nicht über mich, weint über euch und eure Kinder.‹ Der Weg ist immer noch nicht zu Ende. Er ist rund fünfhundert Meter lang vom Prätorium bis zum Golgatha, für einen Schwerverletzten eine Ewigkeit. Endlich kommt Jesu an dieser zweiten Mauer vorbei. Die stand etwa hier, wo Kaiser Wilhelm vor hundert Jahren für deutsche Pilger die evangelische Erlöser-Kirche errichtet hat. Von dort geht es den Berg hinauf auf den Hügel, auf diesen Felsen. Da trägt Jesus mit Simon das Kreuz hinauf. Da wird es ihm abgenommen, da zieht man ihn aus und wirft ihn hin aufs Kreuz. Vorher haben ihm die Legionäre den *Titulus* abgenommen und schon oben hin an den Pfahl gehängt, an dem sie ihn gleich hochziehen werden, damit jeder lesen kann, dass hier ein eingebildeter König hängt. Wenn ihr mal in Rom seid, müsst ihr euch die Tafel ansehen. Unbedingt! Ihr findet sie in der Basilika Santa Croce in Gerusalemme hinter dem Lateran, wo Kaiserin Helena einmal ihren Palast hatte, die um 324 die wichtigsten Reliquien Jerusalems nach Rom geschafft hat.«

»Ich bin nach Rom gegangen, weil ich nicht nach Jerusalem konnte«, sagt Jahre später Maria-Luisa Rigato, als sie sich uns vor dem Hauptportal der Basilika Santa Croce in Gerusalemme vorstellt. Geboren wurde sie an einem Ostermontag in Breslau, wo sie 1945 mit großen Augen noch die Tage miterlebte, als die Stadt zur Festung erklärt wurde, auf der »Beschuss-Seite«, wie sie sagt. Da war sie elf, ihr Vater ein Kaufmann aus Venedig. Ihr Italienisch, unter dem kindliches Deutsch schlummert, lernte sie aber nicht von ihm. Das stammt von ihrer Mutter, einer geborenen Selma Hermine Hirschel, die mit Rücksicht auf die strenggläubige Mutter erst nach deren Tod im Jahr 1939 vom Judentum zum Katholizismus konvertierte. Sie hatte Glück, weil ihre »gemischt-rassigen« Eltern in der Nazizeit eine »privilegierte Ehe« führen durften. Nicht alle aus der Familie hatten soviel Glück. Manche blieben in Buchenwald. Ein »hübscher Bruder« ihrer Mutter überlebte Auschwitz als Koch, kam dann aber unter den Bomben um, mit denen Engländer das Flüchtlingsschiff *Cap Arcona* am 3. Mai 1945 in der Ostsee versenkten, mit rund 4600 anderen KZ-Häftlingen. Nach den Gesetzen der Halacha ist Dottoressa Rigato Jüdin, doch als sie 1954 mit zwanzig Jahren nach Rom kam, wollte sie am liebsten katholischer Priester werden, bevor sie in der päpstlichen Gregoriana-Universität schließlich Neutestamentlerin wurde.

Vom Neuen Testament hingegen wurden schließlich drei kurze Zeilen zu ihrem Schicksal, in der Entdeckung ihres Lebens. Die nahm mit einer Fotografie ihren Anfang, die sie im Jahr 1995 in Auftrag gab. Das Foto kostete sie 1.800.000,– Lire; sie vergisst es so wenig wie das Datum. Sieben Jahre später hat sie über dieses Foto promoviert. Am 25. April war es ihr nämlich gelungen, den Abt einer der vornehmsten Kirchen Roms zu bewegen, die kostbarste Reliquie der Krypta aus dem Rahmen zu holen und wiegen und ablichten zu lassen, von vorne, von hinten, von oben, unten, rechts und links: ein Brett aus altem Nussholz, 687 Gramm schwer, 25 Zentimeter lang, 14 Zentimeter breit und 2,6 Zentimeter dick, darin eingeritzt fast unleserliche Graffiti. Würmer, Insekten und Pilze drohten die Tafel fast aufzufressen. Es ist der älteste Text der Evangelien, sagt Dottoressa Rigato, und mehr noch, er ist älter als alle Evangelien, älter als die Texte von Markus, Matthäus, Lukas und Johannes zusammen – die jedoch alle von eben diesem Stück Holz berichten, auf dem auf Hebräisch, Griechisch und Latein geschrieben steht: »Jesus von Nazareth, König der Juden«.

Bei Bauarbeiten in der Basilika, in deren Fundament Steine vom Golgatha-Felsen in Jerusalem eingearbeitet sind, wurde diese Tafel am 1. Februar 1492 hoch oben im Triumphbogen der Helenakapelle hinter einem großen Ziegel entdeckt, der auf der unsichtbaren Innenseite die Aufschrift TITVLVS CRVCIS trug. In der aufgebrochenen Nische fand sich eine versiegelte Bleischatulle, darin diese Tafel, unversehrt. Die Siegel waren uralt. Die Sensation verbreitete sich damals wie ein Lauffeuer. Der klare Hinweis auf dem Ziegel hatte kaum jemanden an der Authentizität zweifeln lassen. Michelangelo, Rubens und El Greco hatten den Kreuzestitel danach schon gemalt, es gab von ihm etliche Zeichnungen, Kopien und auch Fotos. Seit Signora Rigato den Text aber analysierte und verschiedene Kürzel auf den Fotos ergänzte, die sie zu diesem Zweck hatte anfertigen lassen, ist sie sich sicher, dass es sich bei der Inschrift um das allererste authentische Stück Literatur über Jesus überhaupt handelt, nicht aus der Hand eines Evangelisten, sondern von einem jüdischen Lohnschreiber im Auftrag des römischen Landpflegers Pontius Pilatus, vom 14. Nissan, dem 7. April des Jahres 30. Der Kreuzestitel ist der Schuldspruch, von dem Bargil erzählte, dass er nach römischer Rechtssitte Verurteilten auf ihrem Weg zum Galgen umgehängt wurde.

Von den Mönchen der Basilika Santa Croce in Gerusalemme war das nie in Frage gestellt worden, auch nicht von den frommen Frauen, die die Kirche besuchten. Doch Maria-Luisa Rigato hat das Dokument mit ihren Pionierarbeiten aus diesem Bereich für erledigte Fälle in die Schreibstuben der Gelehrten katapultiert. Ihr Foto ließ endlich Studien an dem Objekt zu, wie sie nie zuvor unternommen werden konnten. Carsten Peter Thiede griff die Entdeckung auf und stellte sie 2000 in Deutschland in seinem Buch »Das Jesus-Fragment« vor. »Nicht jede Reliquie, die über jeden Zweifel erhaben ist, muss eine Fälschung sein«, zitierte der verdiente evangelische Theologe danach augenzwinkernd den Patristiker Hippolyte Delehaye. Dabei hatte er vor allem Frau Rigatos Fotografie vor Augen. Ein Jahr vorher hatte das Foto schon den Titel von Michael Hesemanns »Die Jesus-Tafel« geschmückt. Beide Autoren ließen keine Zweifel an der Authentizität der Tafel, doch beide vertraten die These, das Stück Holz sei ein Fragment.

Dem widerspricht die quirlige Signora Rigato leidenschaftlich. Dies Stück enthalte das ganze Original, will sie herausgefunden haben. Wie die Schrift entstand, sagt sie, werde ausführlich von dem Evangelisten Johannes berichtet, dem einzigen Augenzeugen aller Apostel unter dem Kreuz. »Pilatus ließ auch ein Schild anfertigen«, heißt es da, »und oben am Kreuz befestigen; die Inschrift lautete: Jesus von Nazareth, der König der Juden.« Ich sollte bedenken, hatte Bargil vor Jahren dazu noch gesagt, »dass die Nazoräer einen Clan bildeten, die sich als Abkömmlinge König Davids betrachteten. Darum schrieb Pilatus in seinem Urteil: ›*Iesus Nazarenus, Rex Judaiorum*‹. Das hieß: Jesus vom Stamm des David, König der Juden.« Die Inschrift war jedenfalls, wie Johannes schreibt, auf Hebräisch, Latein und Griechisch abgefasst. Auf der Tafel in Rom ist der Schuldspruch allerdings auf Hebräisch, Griechisch und Latein untereinander geschrieben. Auch sonst stimmen Details nicht. Es gibt kleine Fehler, merkwürdige Abkürzungen, und neben der »falschen Reihenfolge« wurde der Titel hier in allen drei Sprachen von rechts nach links geschrieben, auch das Griechische und Lateinische, auf »hebräische Art«, als wären sie alle von einem Juden – auf römisches Kommando – geschrieben worden. Zusammen genommen sind es Fehler, die sich kein Fälscher jemals erlaubt hätte. Jeder Fälscher hätte sich exakt an »das Original« der Bibel gehalten.

Johannes war Augenzeuge, führte sich Maria-Luisa Rigato noch einmal vor Augen, aber was er schrieb, war aus dem Gedächtnis. Nahm man die Sache ernst, musste sie also umgekehrt angegangen werden. Dann musste unbedingt diese Tafel als Original gesehen werden und nicht als ein Gedächtnisprotokoll des Inhalts. Wo andere dachten, die Tafel sei abgebrochen, weil die obere hebräische Reihe verwittert und unvollständig war, entdeckte sie danach nun plötzlich kein Fragment, sondern das Ganze, in einer bestürzenden Zuspitzung der Ereignisse bei der Hinrichtung Christi – nachdem sie das Schrifträtsel mit wenigen roten Strichen ergänzt hatte. Plötzlich hießen die hebräischen Schriftzeichen der oberen Reihe danach »*Jeshu Nazara M M*«. In dem M M erkennt sie eine durchaus gebräuchliche Abkürzung für »*Malk keM*«. Das heißt: »Euer König«. – »Denn für die Römer und Griechen in der Stadt machte der Zusatz ›König der Juden‹ ja Sinn«, sagt sie, »für die Juden ging es auch kürzer: Euer König!« War es eine Verhöhnung? »Nein«, schüttelt sie den Kopf, »es war prophetisch.«

Schärfer ist die Authentizität dieser Tafel noch nie begründet worden. Mit ihrem gelehrten Buch über die Entdeckung kam die Pionierin jedoch erst 2005 heraus, als längst andere den Ruhm ihrer Entdeckung geerntet hatten – in einem Verlagshaus der Universität, voller Fußnoten, nur für Eingeweihte lesbar, quasi unter Ausschluss der Öffentlichkeit. Sie lacht unbekümmert, als sie uns durch den Garten des Klosters zu einem privaten Nebeneingang der Basilika führt. Sie bewegt sich hier, als sei es ihr zweites Zuhause. Die Ringmauer eines alten Amphitheaters umfasst das Grundstück, in dem Zisterzienser einen Gemüsegarten angelegt haben. Der Staub der Wege erinnert an den Staub des Tempels, in den Jesus mit dem Finger schrieb. Der Kreuzestitel ist zu diesem verwehten Schreiben das genaue Gegenteil. Es ist ein staubtrockenes Dokument. »Dieses Brett ist keine Wunderreliquie. Dass er sich aber erhalten hat, ist ein Wunder«, lacht Dottoressa Rigato vor dem Portal der Basilika zum Abschied noch einmal wie ein junges Mädchen, »der Verfluchte ist hier der König!« Es ist, als sehe das Mädchen aus Breslau die Szene leibhaftig vor sich: Freitagfrüh. Jerusalem voller Menschen, voll von Geschrei, als Jesus durch den Markt getrieben wird. Am Gartentor, durch das er ins Freie wankt, zum Galgenhügel vor der Mauer hinaus, werden Schafe in die Stadt getrieben; auf dem Tempelplatz hat schon das Schlachten der Lämmer begonnen. Pilger drängen in die Stadt. In den Staubwolken, den blökenden Schafen entgegen, stolpert Jesus heraus, blutverklebt, staubbedeckt, hinter Simon mit dem Kreuzesbalken auf der Schulter, und an einem Strick um den Hals dieses rohe Brett mit seinem Schuldspruch. Die Hirten und Schaftreiber werden die hebräische Abkürzung kaum lesen können. Den Schriftgelehrten aber, die ihn ausgeliefert haben, fährt am Tor der Spott der Römer in die Knochen wie ein Dolch: »Hier habt ihr ihn. Schaut her: EUER KÖNIG.«

Der Gipfel des Golgatha

Mittwoch, 23. Januar 2002, der Gipfel des Golgatha-Felsens in der Golgatha-Kapelle der Jerusalemer Grabeskirche

Vom fünfzehnten Geheimnis. Bis hierhin hatte der Gefolterte eine Spur hinter sich gelassen wie angeschossenes Wild. Eine Höhle im Wüstenwind, ein aufgelassener Steinbruch, ein zerbrochener Ring und ein alter Kompass des »mundus quadratus« – zur Neuvermessung der ganzen Welt.

Am Karfreitag fiel plötzlich dichter Nebel über Jerusalem. Zwei Wochen davor war es am Nachmittag so gespenstisch dunkel geworden, dass der Himmel einer einzigen fahl beleuchteten Höhle glich. Wo dieses letzte Licht überhaupt herkam, war unerfindlich. Von der Sonne war nichts zu sehen und zu ahnen. Nur noch der Schein einer flackernden Fackel. Weinende Kinder in den Nachbarhäusern, Weltuntergangsstimmung, drückend heiße Tage. Seit alters her holt der »*Chamsin*«, wie dieses Wetter auf Arabisch heißt, die Stadt in jedem Frühling mit solchen Naturerscheinungen heim, die den Blick der Jerusalemiter mit puderfeinem Staub trüben, den Verstand narren und ihre Seelen ängstigen. Die Kriminalitäts- und Gewaltkurve geht in diesen Tagen des Wüstenwinds steil nach oben. Er macht hier schon seit Urzeiten die Menschen verrückt, sicher auch damals bei der brutalen Geißelung, bei der Bosheit der Dornenkrönung, bei dem Mann, der dem Mann unter dem Kreuz ein Bein stellte. »Es war etwa um die sechste Stunde«, schreibt der Evangelist Lukas über den ersten Karfreitag, »als eine Finsternis über das ganze Land hereinbrach. Sie dauerte bis zur neunten Stunde. Die Sonne verdunkelte sich«, als Jesus mit einem lauten Schrei den Geist aushauchte.

Das war auf dem Golgatha. Damals lag der Ort noch frei und außerhalb der Stadtmauer. Jetzt führt in der Grabeskirche gleich rechts hinter dem Hauptportal ein Stufengang zur Golgatha-Kapelle hoch, wo im ersten Stock der Gipfel des Felsens verehrt wird – und die verschiedenen Stellen, wo Jesus entkleidet wurde, wo er ans Kreuz genagelt und wo der blutige Leichnam schließlich vor den Augen der Mutter vom Holz abgeheftet wurde. Über diese Treppe hat sich Johannes Paul II. gleich zweimal auf seiner Pilgerreise hoch gequält. Vorher wollte er den Dom nicht verlassen. Wer den Ort dieser Hinrichtung heute aufsucht, überschreitet mit dem Schritt durch die Pforte der Grabeskirche auch gleichzeitig eine Schwelle der Zeit. Eine Blutspur wie von einem verwundeten Tier war hinter Jesus in die Straßen Jerusalems getropft. Hier aber haben im 4. Jahrhundert Einheimische Helena, die Mutter Kaiser Konstantins, an das Versteck geführt, wo sie seit dreihundert Jahren das Kreuz Christi verborgen gehalten hatten. Die Stelle wird heute noch tief unten im Keller gezeigt, in Resten einer alten Zisterne. Im Labyrinth Jerusalems ist die verschachtelte Grabeskirche eine labyrinthische Essenz. Immer gibt es hier noch eine Tür, die einen noch tiefer in das Geheimnis des Ortes einführt.

Die Tage der Intifada legten die Seele des Hauses darum auf eine Weise frei, wie sie ein Fremder sonst kaum je erleben darf – weil hier in friedlicher Zeit täglich Tausende Pilger jede Sicht und Erinnerung versperren und verschlucken. In diesen Tagen aber bewachten fast nur noch einige Griechen, Franziskaner und armenische, koptische und äthiopische Nonnen und Mönche den einsam gewordenen Ort. In den Tagen der Intifada war der Komplex der Grabeskirche morgens, mittags und abends so leer, dass ich Stunden ungestört in ihm verbringen konnte, zwischen Golgatha und dem heiligen Grab, manchmal mit Ellen oder Freunden, oft allein. Es war ein Traum. So friedlich und würdig wie den Gipfel des Golgatha in diesem Krieg habe ich kaum je eine Stelle auf der Erde erlebt.

An einem Morgen konnte ich einen griechischen Mönch überreden, mich hinter der Kreuzigungskapelle die Rückseite des Golgatha-Felsens anschauen zu lassen: einen großen Felsklotz, der bis in den Grund hinunter abgemeißelt und abgetragen worden ist. Am Schluss ging er zum Kühlschrank und holte dort ein Stückchen des Felsens für mich zur Erinnerung heraus. Ein anderes Mal bin ich, weil wieder keiner da war, hinter dem Kreuzigungsaltar auf eine große Glasplatte über diesen großen Klotz aus aschgrauem Kalkstein gekrochen und habe – genau hinter dem Altar – einen zerbrochenen grob behauenen steinernen Ring fotografiert, der da unter der Glasplatte in einer Mulde lag. Ich knipste eine kleine alte Nachttischlampe an, die hinter dem Altar stand, schaltete das automatische Blitzlicht in der Kamera aus, stellte auf Makro, und hielt das Objektiv einfach gegen das Glas gepresst, als natürliches Stativ für ein Foto erster Güte vom heiligsten Ort der Christenheit (neben dem leeren Grab, das sich hundert Meter weiter in der gleichen Kirche findet). Erst im Jahr 1987 habe der griechische Patriarch dem Archäologen Mitropoulos den Auftrag erteilt, die Golgatha-Kapelle noch einmal gründlich zu untersuchen, hatte Bargil erzählt. Als die Wissenschaftler dort oben die Bodenabdeckung aus Marmor um den Altar entfernten, legten sie darunter den Kopf eines zehn Meter hohen Felsens in der Form eines Schädels in einem alten Steinbruch frei, der hier seit der Zeit der Kreuzfahrer unter Marmorplatten verborgen geblieben war. Seitdem würden hier dicke Glasplatten die alte Marmorverkleidung ersetzen.

Bargils Empfehlung hatte mir auch die Tür zu Dr. Mitropoulos selbst geöffnet, den es von Saloniki nach Jerusalem verschlagen hatte. Er zeigte mir noch einmal im Einzelnen, was ich vorher schon fotografiert hatte. »Als wir den Gipfel des Golgatha freilegten«, sagt er da, »hatte den Ort schon seit 800 Jahren kein Auge mehr gesehen, er war ganz mit Schutt bedeckt und darüber mit Marmor. Diese Stelle da vorne aber war unter einer Kalkschicht noch einmal eigens mit einer Marmorplatte versiegelt.« Er schob eine Vase zur Seite, knipste hinter dem Altar die primitive kleine Nachttischlampe wieder an und zeigte auf den steinernen Ring unter der Glasplatte. »Das ist die Stelle, wo der Herr gekreuzigt wurde. Wir hatten sie nicht gesucht. Wir hatten keine Vorstellung, hier irgendetwas außer dem nackten Felsen zu finden, und waren unglaublich berührt, als wir plötzlich diesen Ring entdeckten. Denn mir war gleich klar, dass dies die Stelle sein musste, die seit frühester Zeit als der konkrete Ort der Kreuzigung verehrt wurde.« Die Freilegung war eine archäologische Sensation. Doch wer Theo Mitropoulos begegnet, versteht rasch, warum sie nie als Sensation verkauft worden ist. Einen bescheideneren Menschen als ihn muss man lange suchen. »Nach vielen Voruntersuchungen haben wir sehr langsam und vorsichtig zu arbeiten begonnen«, erzählt er leise da oben. »Wir haben die Verkleidungen des 19. Jahrhunderts entfernt und sorgfältig den Erdbebenriss untersucht, der den Felsen von oben bis unten zerrissen hat. Dann haben wir Schicht für Schicht des Füllmaterials abgetragen: aus der Zeit der Kreuzfahrer, durch die Monomachos-Ära bis zurück zur Zeit des Modestos, der im 6. Jahrhundert als erster mit Konstruktionsarbeiten einer Kapelle auf dem Hügel begonnen hat. Seit damals hatte hier niemand mehr Ausgrabungen gewagt. Modestos hat den Felsen wohl auch mit dem ersten felsfarbenen Kalkverputz versiegelt, um ihn vor dem Regen und den Pilgern zu schützen.«

Davor war man weniger zimperlich mit dem Felsen umgegangen. Zur Zeit Jesu war der Golgatha der letzte stehen gelassene Felsklotz eines Steinbruchs, hatte Bargil erzählt, dessen mindere Qualität für den Hausbau nicht mehr taugte. »Der Golgatha ist nichts anderes als ein von Bauleuten verworfener Stein, der zum Eckstein geworden ist, wie es im Psalm 118 steht. Den begannen die Römer für ihre Hinrichtungen zu nutzen. Er war so gelegen, dass er auch von der Stadt aus gesehen werden konnte, zur Abschreckung und Einschüchterung der Bevölkerung.« Die Architekten Kaiser Konstantins hatten ihn später an drei Seiten noch einmal soweit abgetragen, dass er in die neue Basilika hinein passte, die im Jahr 325 hier erstmals zu Ehren der Passion und Auferstehung Christi gebaut worden war. Ein paar Handbreit neben dem steinernen Ring hatte Dr. Mitropoulos da oben auch das Sgrafitto einer kreuzförmigen Windrose in einem Quadrat aus dem 4. Jahrhundert gefunden und freigelegt. »Die Zeichnung ist exakt wie ein Kompass. Es ist quasi die Signatur des Ortes, die nicht nur eine erste Kreuzdarstellung enthält, sondern in der Form des griechischen Chi (»X«) auch ein Christusmonogramm in der Figur des ›*mundus quadratus*‹. Das ist ein Abbild der ganzen Welt. Danach war völlig klar, dass es sich bei dem Steinring um jene Verankerung handeln musste, von der die Nonne Egeria im 4. Jahrhundert berichtet, dass in ihm in der Karwoche das originale Kreuz zur Verehrung wieder auf dem Golgatha eingepflockt und aufgerichtet wurde.«

Der Steinring gibt aber auch noch andere Informationen preis. »Sein Durchmesser beträgt 11 cm. Das heißt, das Kreuz kann nur etwa 2,20 m hoch gewesen sein, maximal 2,50. Wie der Querbalken oben mit dem Stamm verbunden war, ob mit Stricken oder einer eisernen Klammer, wissen wir nicht.« Danach können wir uns dennoch eine viel nähere Vorstellung von der Kreuzigung machen. Anders als auf den meisten Darstellungen der Kreuzigung stand in diesem Ring ein roher runder ungeschälter Stamm, kein schön gehobelter Balken. Jesus hing nicht hoch, sondern tief unten, nicht in erhabener Höhe. Die sich bei seinem Sterben um ihn scharten, hatten auf dem engen Gipfel kaum Platz. Als Jesus hier zu Tode gemartert wurde, muss er wirklich in Greifweite seiner Hände ringenden Mutter erstickt sein. Ein Meter neben ihr spaltet ein Riss den Felsklotz vom Gipfel bis zum Grund, wie von einem gewaltigen Erdbeben. »Die Erde bebte und die Felsen spalteten sich«, schreibt Matthäus in seinem Bericht zum Tod Christi. »Als der Hauptmann und die Männer, die mit ihm zusammen Jesus bewachten, das Erdbeben bemerkten und sahen, was geschah, erschraken sie sehr und sagten: Wahrhaftig, das war Gottes Sohn.«

»Bemerkenswert eindrücklich ist diese Stunde von Gerhard Kroll im Jahr 1964 in Leipzig in seinem Buch ›Auf den Spuren Jesu‹ beschrieben worden«, sagte Bargil. »Der Mann hatte die DDR nie verlassen und wurde doch einer der besten Kenner des Heiligen Landes. Erst nach dem Fall der Mauer hat er mich einmal hier besucht und gesagt, er hätte sich in seinem Standardwerk nur einmal bei einer Treppe um ein paar Stufen vertan. Bei vielen Orten klingen seine Beschreibungen wie Augenzeugenberichte. Er war ein grandioser Wissenschaftler und ein genialer Visionär. Leider ist er schon gestorben. Doch warte, die Stelle über Christi Tod muss ich dir kurz vorlesen.« Er hatte sie extra in die Grabeskirche mitgenommen, als Photokopie aus dem dicken alten Buch aus seiner Zelle. »›Am frühen Nachmittag begann im Tempel die feierliche Liturgie zur Vorbereitung des Pessachfestes‹, schrieb Gerhard Kroll also über diese Stunde. ›Vor den Augen des Hohenpriesters wurde ein makelloses Opferlamm geschlachtet. Dann versammelten sich die Ältesten der vierundzwanzig Priesterordnungen, und es begann das hochheilige Sühneritual des Pascharüsttages. Josephus schätzt die Zahl der Lämmer, die dabei geschlachtet wurden, auf 18.000. – Posaunen und Hornsignale verkündeten weithin hörbar das große Ereignis, dass Gott an seinem blutbesprengten Opferaltar mit seinem Volk Frieden und Versöhnung schloss – während draußen vor dem Tor der Stadt das wahre Lamm Gottes verblutete, von seinem Volk nicht erkannt, von seinen Jüngern verlassen, nur von einigen Frauen und einem Apostel beweint.‹«

»Wie müssen wir uns die Kreuzigung konkret vorstellen?«

»Nach meinen Berechnungen wird Jesus gekreuzigt um 9 Uhr. Um 12 Uhr ist diese so genannte Finsternis, es verdunkelt sich alles. Gegen 3 Uhr nachmittags stirbt Jesus. Sechs Stunden hat die Kreuzigungsqual gedauert. Die Frauen, denke ich mir, die Jesus gefolgt waren, durften wohl nicht mit auf den Berg, höchstens seine Mutter. Alle anderen mussten drunten im Tal bleiben, da ging ein Weg vorbei entlang der zweiten Mauer, die vom Süden nach Norden ging. Jesus wurden die Kleider abgenommen. Er wird dann hingeworfen, nackt – vielleicht hat er ein Lendentuch gehabt, vielleicht auch nicht. Das Turiner Grabtuch zeigt einen splitterfasernackten Mann. Bis zum Anfang des letzten Jahrhunderts waren öffentliche

Hinrichtungen auch in Europa vor allem darum so beliebt, weil viele zur Richtstätte kamen, um die letzte Erektion des Gehenkten im Augenblick des Todes zu beobachten und zu beklatschen. Gekreuzigte in der Antike waren nackt; sie bekamen für ihre letzte Zurschaustellung kein Lendentuch umgebunden. Die Römer wussten, womit sich die Menschen am ehesten ergötzen und unterhalten ließen. Manche meinen zwar, Pilatus habe hier die jüdischen Sitten berücksichtigt. Doch andere gut dokumentierte Vorkommnisse seiner Amtszeit zeigen, dass er darauf herzlich gepfiffen hat. Wir wissen also nicht, ob Jesus völlig nackt war oder nicht, ob man ihn so entblößt an den Pfahl genagelt hat, wie seine Mutter ihn geboren hat. Es ist gut möglich, als ultimative Demütigung. Wir dürfen uns die Fleischwerdung Gottes jedenfalls bis zu seinem letzten Atemzug nicht drastisch genug vorstellen. Er wird also auf dieses Kreuz geworfen. Die Nägel bohrten sich durch seine Hände. Allein der Klang der Hammerschläge peinigte das Trommelfell seiner Mutter wie ein Schwert, das in ihre Seele fuhr. Die Mitte der Handfläche wäre viel zu schwach, einen Menschen zu halten. Darum wurde der Nagel darunter in den Rist, unterhalb des Gelenks, eingeschlagen. Da ist die Hand viel kräftiger. Es waren grausamste Qualen. Als die Annagelung fertig war und er beinahe wieder in Ohnmacht fiel, wurde dieser Balken mit Hilfe einer Leiter, die dort war, von Soldaten an Seilen hochgezogen auf den Senkrechtbalken. Oben war eine Art Gabelung, da wird ein Seil darüber geworfen und dann wird es hochgezogen und kommt an Ort und Stelle. Wie er dann droben ist, wird oben der *Titulus* mit dem Grund seiner Verurteilung angenagelt. Dieser Querbalken wird dann mit Stricken festgemacht. Schließlich werden auch die Füße angenagelt. Dafür war da eine Art Höcker, der aus dem Stamm heraus ragt. Da wird ein einziger Nagel durch beide Füße in dieses Holz geschlagen. Nun hängt Jesus am Kreuz. Es ist furchtbar. Man muss sich das so vorstellen: Er hängt an den Händen und immer wieder sackt er zusammen. Beim Zusammensacken klemmt die Lunge ein, dass er fast daran erstickt. Um nicht zu ersticken, muss er sich wieder hochziehen. Hebt er sich wieder hoch, mit den Beinen über die angenagelten Füße, für eine Zeitlang, dann sackt er auch schon wieder zusammen. So geht es hin- und her, hinauf und herab. Eine furchtbare Qual. Jesus ist dann ›zu früh‹ gestorben. Nach der Geißelung, nach der Dornenkrönung und allem, was er mitgemacht hat, war er nach sechs Stunden schon tot. Den Verbrechern neben ihm, die vor Beginn des Sabbats immer noch nicht tot waren, hat man nach seinem Tod die Beine zerschlagen, damit sie sich nicht mehr aufrichten konnten. Danach erstickten sie einfach bei den durchhängenden Armen und der eingequetschten Lunge. Bei Jesus ist das nicht geschehen. Jesus hat man mit einer Lanze durchbohrt, um zu sehen, ob er wirklich tot war. Ein Offizier stößt die Lanze in sein Herz, da kommt Blut und Wasser heraus; das Blut zersetzt sich schon. Er war tot, eindeutig.«

»Als Jesus hier hing, in welche Richtung hat er da geschaut?«

»Über die Mauer hinweg, Richtung Stadt und Tempel.«

»Sein letzter Blick ging auf den Tempel, in den ihn Maria schon als Kind getragen hatte?«

»Ja, sehr wahrscheinlich. Das wollten sich die Römer bei diesem König der Juden sicher nicht nehmen lassen. Er schaute wohl nach Osten, auf den Tempel. Diesem letzten Blick entspricht auch sein letztes großes Gebet: ›*Eli, eli, lama sabatani*‹ – Mein Gott, mein Gott, warum hast du mich verlassen? Dabei schaut er auf den Tempel hin. Es ist der 22. Psalm, der so anfängt und der am Schluss mit einem großen Lobpreis Gottes endet. Am Schluss heißt es da: ›Es ist vollbracht!‹ – Doch Gott hat hier alles vollbracht. Diesen Psalm hat er gebetet mit Unterbrechungen, wie seine Lunge es zuließ. Wenn die Kraft ausging, hat er den Psalm schweigend weiter gebetet. ›Mich dürstet‹ findet sich auch in diesem Psalm. ›Die Zunge klebt mir am Gaumen.‹ Alles ist in diesem Psalm 22 drin. Dann bringt man ihm Essigwasser. Er nippt davon. Er betet dann immer weiter. Dann schaut er herunter. Der Tod kommt näher. In diesem Psalm 22 heißt es auch: ›Du hast mich aus der Mutter gezogen. Ich bin dein von Jugend auf, von Kindheit an.‹ Da sieht er die Mutter unter sich und sieht, wie Johannes dort steht – und er sagt zu ihnen: ›Mutter, sieh da, dein Sohn‹, und zu dem Apostel: ›Sohn, sieh da, deine Mutter!‹ – Diese Szene berührt mich ungeheuerlich. Denn diese zwei Familien, musst du wissen, die Familie Jesu und die Familie der Zwölf standen sich fremd gegenüber: die Brüder in Nazareth und seine zwölf Jünger in Kapharnaum. Jesus hat daran gelitten, bis zum Kreuz hin, bis zu den letzten Minuten. Jetzt sieht er also die Vertreter dieser beiden Familien vor sich. Da, der Jünger, den er liebt, der einer von seinen zwölf Aposteln war, und da Maria, seine Mutter, die als Braut Josephs ja auch Pflegemutter von dessen Söhnen war. Diese Nazoräer mit einem teilweise wohl radikalen Hintergrund, manche vielleicht auch mit fanatischen Streifen. Das waren die, von denen es bei Johannes heißt: ›Auch die Brüder glaubten nicht an ihn.‹ Sie waren nicht einverstanden, dass Jesus ihre Eigenart verlassen hatte, sondern einfach ein ganz gewöhnlicher normativer Jude geworden war, um allen zugänglich zu sein. Jetzt will er am Kreuz, dass die doch noch mit seinen Aposteln zusammenkommen. Johannes nahm seine Mutter von da an bei sich auf, heißt es danach lapidar. Nicht Jakobus nahm sie zu sich, der Sohn Josefs, der ›Herrenbruder‹ aus dem Nazarethkreis, sondern ein Fremder, der sein Freund und Lieblingsjünger geworden war. Beide Gruppen kamen von dieser Stunde an zusammen, unter denen es vorher auch große Verletzungen gab. Hier ist seine letzte Versöhnung und Aussöhnung gelungen, als Frucht seines Kreuzestodes. Später bildeten dann tatsächlich diese beiden Gruppen zusammen die erste Urgemeinde auf dem Zionsberg. Sie beteten zusammen nach seiner Himmelfahrt im oberen Saal. Auf diese beiden Familien ist die Kirche gegründet worden. In diesen beiden Gruppen oder Familien waren auch schon die beiden ›Völker‹ spiegelbildlich vertreten, von denen es im Hebräerbrief heißt, dass Jesus sie in der Kirche vereint und versöhnt hat – und dass er die Mauer zwischen ihnen zum Einsturz brachte. Jakobus, der Bruder des Herrn, wird der erste Bischof von Jerusalem. Er wird der erste Oberhirte der jüdischen Gemeinschaft, die glaubt, dass Jesus der verheißene Messias war. Er war kein Apostel Jesu gewesen. Die zwölf Apostel hingegen gingen bald hinaus in die ganze Welt, um diesen Glauben unter allen Völkern zu verbreiten.« Bargil verschnaufte und erholte sich kurz von seinem Eifer. Dann setzte er wieder an: »Hier auf dem Golgatha hat Jesus diese Versöhnung vollbracht. So kommt er auch an das Ende seines langen Gebets. Wahrscheinlich hat er den Psalm dauernd wiederholt, bis zum Ende, wo es heißt: ›Vater, in deine Hände übergebe ich meinen Geist.‹ Dann das letzte Wort: ›Es ist vollbracht.‹ Das entscheidende Wort kam aber doch aus dem Mund des römischen Hauptmanns, eines hart gesottenen Soldaten: ›Dieser war wahrlich Gottes Sohn.‹ Wie ich schon sagte: Ein Gott, der leidet, das war in der Antike ganz und gar unvorstellbar. Und jetzt spricht ein Heide dieses Wort über diesen Gemarterten, den seine Soldaten noch mit verhöhnt haben. Das ist sehr, sehr bemerkenswert. Von den Aposteln war hier überhaupt nichts zu hören. Nur Johannes war da. Und die Frauen. Die Frauen haben am meisten standgehalten. Wahrscheinlich weinten und schluchzten sie nur durcheinander.«

»Lass uns gehen!«, sagte ich zu Bargil und zündete bei dem griechischen Mönch eine dünne Kerze an, die ich in das Sandbecken steckte. Draußen musste es bald dunkel sein. Am Fußende der Golgatha-Kapelle setzten wir uns dann aber doch noch einmal auf eine Holzbank und schauten zu der Felskuppe hinüber, knapp 15 Meter vor uns. »Und dann?« sagte ich nach einer Weile. Bargil steckte das Taschentuch weg. »Jesus war tot. Es war das Ende. Die Frauen sind dort, aufgelöst und hilflos. Die Feinde sind auch dort gewesen. Sie haben ihn verspottet, sie gehen nach Hause. Sie bereiten sich vor, das eigentliche Pessach zu feiern und in ihren Häusern das Paschahmahl zu halten. Dann kommt ein Freund Jesu, Josef von Arimathäa, aus dem heutigen Rantis, am Rand des Westjordanlandes. Wahrscheinlich war er schon da. Er hatte das Ende kommen sehen und eigens ein großes kostbares Leintuch gekauft, um Jesus da hinein zu wickeln. Er geht zu Pontius Pilatus – es war ja nicht weit – und bekommt von ihm die Erlaubnis, die Leiche abzunehmen. Von den Aposteln ist immer noch keiner zu sehen. Doch Nikodemus ist dazu gekommen, der mit Jesus einmal eine ganze Nacht lang debattiert hatte, und er hat kostbare Öle und Spezereien und Duftstoffe mitgebracht. Es war eine Unmenge, mit der man einen König sehr würdig hätte bestatten können. Maria von Magdala hatte Jesus ja schon vorher, als Lebenden, gesalbt und schaute jetzt an sich herab, was sie ihm noch mitgeben könnte. So wird der Leichnam vom Kreuz abgenommen. Man lässt ihn mit dem Balken herunter. Der Nagel wird aus dem Fuß heraus gedreht. Die Nägel, die ihm durch die Handgelenke und die Füße getrieben worden waren, sind brutal groß. Es war keine Kleinigkeit, sie wieder herauszuziehen. Dann wurde er in das Tuch gewickelt. Das neue Grab des Josef von Arimathäa war ganz nah. Bevor der Abendstern am Himmel erschien, musste er da hinein gelegt werden. Der Sabbat würde gleich beginnen, und Pessach, das höchste Fest des Judentums. Es ist das Fest vom Vorbeigang Gottes durch sein Volk.«

Bargil schwieg. Ich schwieg. Er wollte nicht weg. Ich wollte nicht weg. Wir schauten zu dem fahlen Felsen.

»Was ist denn mit den Schächern?«, fragte ich noch, »die doch links und rechts von ihm umkamen und ihn vorher verspotteten und um Hilfe baten? Du sagst doch, er habe die ganze Zeit nur gebetet.«

»Stimmt«, sagte Bargil, »und gut, dass du das sagst. Die beiden haben sein Gebet tatsächlich unterbrochen und Jesus hat es von ihnen unterbrechen lassen, besonders von Dismas, wie der gute Schächer hier in Jerusalem genannt wird. Dem versprach er, ›am gleichen Tag noch mit ihm im Paradies zu sein.‹

Denn Dismas hatte ihm zugerufen: ›Jeshu, denk an mich, wenn du in dein Reich kommst!‹ Es ist das einzige Mal in der ganzen Bibel, dass der Messias nur mit seinem Namen bezeichnet wird. Überall sonst heißt er entweder Meister, Rabbi, Herr oder König. Hier wird er nur mit seinem Namen gerufen. So, wie Maria ihn als Kind gerufen hat. Wir denken uns nicht viel dabei. In Israel rief damals der Name Jeshu aber vor allem den Heerführer Jeshua in Erinnerung, der das Volk Israel beinahe 1500 Jahre zuvor über den Jordan in das gelobte Land geführt hatte, das Gott schon Abraham versprochen hatte. Der gute Schächer ruft Jesus hier also als neuen Jeshua an: als letzten Führer in das letzte gelobte Land. ›Ja‹, antwortet ihm der Sterbende, ›ich sage dir: Heute noch wirst du mit mir im Paradies sein.‹ An diesem Tag ging Jeshua wieder über den Jordan, zum letzten Mal. Jetzt bahnte er für alle Ewigkeit den Weg ins gelobte, ins letzte wahre und Heilige Land. Kurz danach schrie er auf. Sein Haupt fiel nach rechts auf die Brust, voll Blut und Wunden. Sein Gesicht, in dem Gott uns seine ureigenen Züge gezeigt hatte, wurde mit einem Schlag leichenblass, die Lippen blau. Er hatte ausgelitten.«

Das Heilige Grab

Samstag, 8. September 2001: »Er ist nicht hier!« – lateinisches Zitat des Osterevangeliums nach Matthäus in der Grabkammer des Heiligen Grabes in Jerusalem

Vom sechzehnten Geheimnis. Eine Ikone im Innern der Kammer, die sich aufklappen lässt wie ein Fenster. Dahinter ein rußgeschwärzter Felsen: letzter Rest vom Zahnstumpf des Felsbettes, das erstmals einen Toten nicht bei den Toten halten konnte.

»*No good morning today?*«, rief Mohammed Ikermawi mir zu, als ich an seiner Hummus-Bude vorbei stolperte. In der einen Hand hielt ich einen glühend heißen süßen Kaffee in einem doppelten Plastikbecher, den ich ein paar Schritte vorher in der Mokkabude von Ishak gekauft hatte, und in der anderen einen Rosenkranz. In der Schreinerei vor dem Damaskus-Tor wurde gerade mit singendem Kreischen eine neue Pressholzplatte auf den Stahltisch der Kreissäge gelegt. Hinter einem LKW hockten neun Männer im Kreis auf dem Boden und verzehrten von einer ausgebreiteten Ausgabe der Zeitung AL KUDS Sardinen, Hummus, Zwiebeln und Brot. Ein Polizeiauto stand an der Ampel mit dem Dauerblaulicht Jerusalems. Arbeitslose warteten auf den Schuttbergen am Rand des Platzes, dass jemand sie einen Tag lang mitnahm. Katzen strichen um abgestellte Abfalltüten. Kinder in Schuluniform sprangen zwischen den Autos auf dem Musrara-Markt hervor. Ein roter Streif leuchtete links über dem Ölberg auf, wurde rasch breiter und heller und innerhalb von wenigen Minuten gleißend durchsichtig. Die Mauerzinnen über dem Damaskus-Tor glänzten von hinten im ersten Morgenlicht. Ein neuer Tag brach an, als ich die Stufen zum Tor hinunter sprang und das Herz der Stadt betrat. Es war das pure Glück.

Schon im Torhaus empfingen mich die Düfte von frischer Minze, Salbei, Kardamon. Jerusalem zum Einatmen. Männer in zerbeulten Jacketts und zerschlissenen Gewändern, Frauen mit Kopftüchern. Junge Soldaten mit Sonnenbrillen, schusssicheren Westen, Gewehr im Anschlag und dem Helm am Gürtel. Ein paar Schritte weiter hatten Frauen in palästinensischer Tracht auf Decken und Tüchern ihre Kräuter, Salate,

Beeren und Oliven auf dem Pflaster ausgebreitet, die mich jeden Morgen lächelnd grüßten. Die Ölstraße, der Souk Khan es Zeit, beginnt hier, Hauptschlagader der Stadt seit römischer Zeit. Hundert Meter weiter teilt sich der steinerne Weg nach rechts hinunter in eine Tunnelgasse, die zur Grabeskirche hinführt. Der Weg von unserem Haus bis zur Grabeskirche dauerte etwa 15 Minuten, einen knappen Rosenkranz lang. In dieser Zeit habe ich auf diesem Weg beinahe jeden kennen gelernt und jeden Morgen neu gegrüßt, meinen Schuster, unseren Bäcker, den Schneider, im Frühling, im Sommer, im Herbst, oder im Januar, wenn die Mandelbäume vor der Mauer blühten und Sturzbäche hinter dem Damaskus-Tor das schmutzigschwarze Pflaster wieder marmorweiß spülten. Rings um die Mauern betten Rosmarinsträucher und Rosenstöcke die Stadt in ein Duftbouquet, doch in der Früh konnte ich mir keinen schöneren Weg zur Grabeskirche vorstellen als quer durch den Souk. Jeden Tag brachten die Marktfrauen über Trampelpfade andere frische Kräuter und Gemüse aus der Wüste und den Bergen Judäas auf den Basar: Salbei, Minze, Kamille, Oregano, Schalotten, Berge von Knoblauch, Bohnen, wilde Artischocken, dazu frischen Schafskäse und täglich neues Obst. Dunkelrote Granatäpfel leuchteten aus dem Schatten der Läden. Frische Datteln glänzten. Bevor um 8 Uhr der Tag anfing, brachte ich deshalb vom Heimweg schon dicke Bohnen, frische Mandeln in ihrer pelzigen grünen Schale, duftende wilde Wüstennarzissen, Distelgemüse oder Kartoffeln aus Jericho mit nach Hause oder – wenn der Ramadan gerade zu Ende ging – ein paar »*Atayeff*« zum Frühstück mit: frisch zubereitete großporige Hefe-Pfannkuchen mit schwarzem Kümmel, Walnüssen und Honig. Ein himmlischer Genuss. Dennoch reichte er natürlich nicht, mein Leben mit Glück anzufüllen. Voll wie nie wurde mein Leben damals durch das leere Grab Christi.

Ich kam, glaube ich, kein einziges Mal zu spät zur Frühmesse der Franziskaner vor die leere Kammer. Manchmal habe ich in der Öl-Straße am Schluss den Schritt beschleunigen müssen, etwa bei dem Konditor Zalatimo, in dessen Hinterzimmer noch Bögen vom Vorhof der Konstantinischen Basilika schlummern. Gelaufen bin ich nie. An dem offenen Portal kannten und grüßten mich alle Wächter einzeln. Und immer wusste ich, es war ein ungeheures Privileg, am kostbarsten Ort der Christenheit morgens das Messopfer mitfeiern zu dürfen. Auf die Franziskaner, die Wächter des Heiligen Landes, war dabei immer Verlass. Auch auf einige Schwestern der Barmherzigkeit der Mutter Teresa aus Kalkutta, die überall da sind, wo sonst kein Christ mehr ist. Dann war noch Wafa da, eine Christin aus der Altstadt, die hier den Himmel anflehte, dass ihr doch endlich, endlich ein Bräutigam zugeführt würde. Doch das war es auch schon. Das war schon die ganze Nachhut der Christenheit, die in diesen Tagen der Krise an diesem Platz noch ausharrte. Es gab keinen schöneren Platz, es gab keine schönere Stunde. Die Feier der heiligen Messe am Heiligen Grab folgte um halb sieben – ob Sommer oder Winter, hier änderte sich die Zeit nie – einem eigenen lateinischen Messbuch und Chorälen, die zum Teil nur für diese Stunde und diesen Ort aus alten Psalmen zusammen gestellt worden waren. Die Franziskaner waren zum großen Teil Italiener. Sie sangen auf einigen Bänken gegenüber der kleinen Kapelle, die Russen hier einmal nach einem letzten größeren Erdbeben spendiert hatten, wie mir gesagt worden war. Der Rest des versprengten Häufleins auf ein paar alten wackligen Bänken links und rechts vom Eingang des kostbarsten Hohlraums der Christenheit. So war es jeden Morgen, wie nach einem kosmischen Metronom. Nur am Freitag feierte die ganze Mannschaft oben in der Golgatha-Kapelle die heilige Messe, sonst immer vor dem Heiligen Grab. Ach, es war einfach zu schön. Hier war es. Hier ist es. Hier ist Christus nach drei Tagen von den Toten auferstanden.

Wer an der Authentizität des Ortes zweifelt, kann lange suchen, um halbwegs gescheite Argumente dagegen zu finden. Die Baugeschichte dieses Herzstücks der Christenheit ist bestens dokumentiert. Man kann an der Auferstehung zweifeln, man kann an allem zweifeln. Aber daran, dass Jesus von Nazareth nach seinem Martertod hundert Meter weiter auf dem Golgatha an diesem Ort beerdigt wurde, daran gibt es keinen vernünftigen Zweifel. Türkisches Rokoko nennen Kenner den Stil der Kapelle, die den Platz jetzt einfasst, von Architekten aus Adrianopolis errichtet. Oft bin ich deshalb, nach der Messe der Franziskaner, die vor allem vor der Grabkapelle zelebriert wurde – bis auf den Opferteil, an dem der Priester in der Grabkammer verschwand, wobei seine Stimme nur noch wie hinter einer orthodoxen Ikonostase aus dem Innern zu hören war – nach der Messe noch mit einem Priester für eine zweite schnelle Messe in der Grabkammer selbst verschwunden: einfach, um da und dabei zu sein. Das waren Polen, Deutsche, Italiener, Spanier, Amerikaner, das waren Priester aus aller Welt, die hierhin kamen, und sie waren meistens allein, wenn sie hier in dem Raum, in dem Jesus sich von den Toten wieder zu den Lebenden aufrichtete, das Erinnerungsopfer an seine Auferstehung feierten. Nach ihrem Schlusssegen, der meistens nur mir alleine galt, zeigte ich ihnen in dieser hintersten und innersten Kammer der Weltkirche dann, was mir ein griechischer Mönch hier einmal gezeigt hatte und was nur wenige wussten. Dann klappte ich ihnen an der Rückwand dieser Kammer eine Ikone mit dem Bild Maria Magdalenas auf wie ein Fenster. Dann zeigte ich ihnen dahinter einen rußgeschwärzten Felsen, der hier als letzter Rest des alten Grabkomplexes übrig geblieben ist, wie ein Zahnstumpf des Felsbettes, aus dem das Grab einmal geschlagen wurde.

Dieser Stein ist beinahe schon alles, was von dem alten Grab übrig geblieben ist. Alles andere an diesem kleinen Raum sind spätere Hinzufügungen: die Ikonen, der Boden, der rosarote allerkostbarste Marmor, mit dem das Häuschen umkleidet ist, die Vorkammer (der Engel), der zweite noch niedrigere Eingang in die letzte, die »wirkliche« Grabkammer, die große gesprungene weiße Marmorplatte rechts, auf die man IHN gelegt hatte. Alles ist neu, und alles stimmt doch erstaunlich genau mit den Formen und Maßen des alten Grabes überein, in das Jesus – hier, an dieser Stelle – hastig nach der Kreuzigung hingelegt worden war, nachdem die Lanze des römischen Offiziers Longinus den Tod des erbleichten Gekreuzigten überprüft und bestätigt hatte. Es war alles hier. Dafür ist das Stück verkohlten gewachsenen Felsens hinter der aufgeklappten Ikone der letzte Zeuge. Dieser Stein ist der einzige Rest des Grabes, das Josef von Arimathäa sich in diesen Felsen einmal hatte schlagen lassen, bevor er dann Jesus den Platz nach dessen Tod überließ.

Die Grabhöhle lag nur knapp hundert Meter vom Golgatha entfernt, im Abhang desselben alten Steinbruchs. Rund 300 Jahre später ließ Kaiser Konstantin die Höhle dann mitsamt einem kleinen Rest des ihn umgebenden alten Felsabhangs freilegen wie einen Karamell-Pudding, damit die Pilger das Grab im Gebet umschreiten konnten. Darum steht die Grabkapelle noch heute frei in der Mitte der alten Rotunde. Die Muslime rührten das Grab bei ihrer Eroberung Jerusalems im Jahr 637 nicht an. Im Gegenteil, der großmütige Kalif Omar wollte die Basilika trotz der Einladung des Patriarchen Sophronius nicht einmal betreten, wie edle muselmanische Legenden es von dem großherzigen Kalifen erzählen. Kein Muslim sollte später Besitzansprüche auf diesen Bau ableiten, nur weil Omar hier einmal gebetet hatte, sagte er. Erst 400 Jahre später ließ der Kalif Al-Hakim die Anlage der Grabeskirche in einem Anfall von Wahnsinn bis auf die Grundmauern zerstören und niederbrennen.

In dieser Raserei wurde im Jahr 1009 auch das Grab Christi zerstört und nieder gefackelt. Bis dahin war es beinahe noch im Originalzustand erhalten. Seitdem aber ist der versteckte verkohlte Fels hinter der Ikone der letzte materielle Rest von jenem Teil der Erde, in den Christus gelegt worden war. Auch die Maße und Aufteilung der neuen beiden kleinen Räume des Grabes blieben noch mehr oder weniger identisch. Es ist immer noch der gleiche Raum, in dem etwas geschehen ist, für das es kein Beispiel gibt. Das war kein Astralleib, der hier hingelegt worden war. Das war ein Toter – der sich hier als Lebender aus einem Kokon von Tüchern wieder aufgerichtet hat. Das war keine Nebensächlichkeit. Nach der Menschwerdung Gottes ist es das zentrale Ereignis für das Leben jedes einzelnen Christen, ach was, für jeden, für die Geschichte des gesamten blauen Planeten, der in jener frühen Stunde der ersten Osternacht zu einem Stern der Erlösung wurde. In dieser kleinen Kammer wurde uns der Himmel geöffnet, uns allen, auch für meine alten atheistischen Freunde natürlich und für meine gläubigen Feinde. Darum heißt die Grabeskirche für die Griechen nur *Anastasis*. Für sie ist es die Auferstehungsbasilika.

Die Zerstörung des Grabes wurde deshalb in der Christenheit sofort als Super-Gau begriffen. Es war die schlimmste Katastrophe in der Geschichte des christlichen Jerusalems – und der Auftakt zum Zeitalter der Kreuzzüge, mit denen Europas Nationen solche Vergehen für die Zukunft zu verhindern suchten. Seit damals ist der verkohlte Stein hinter der Magdalenen-Ikone im Grunde jedenfalls alles, was von dem Grab übrig geblieben ist – zusammen mit dem Rest eines verkalkten und verkohlten Steins, der unter Glas noch in der Vorkammer (der Engel) auf einer kleinen Säule ruht. Er stammt von dem Verschlussstein, mit dem das Grab nach dem Begräbnis Christi verschlossen worden war. Genau über diesem letzten Fragment ist die Kuppel der Auferstehungsbasilika zentriert, nicht über der Grabkammer. Er ist der Rest von jenem schweren Stein, den Engel zur Seite gerollt hatten, als das Tor zum Geheimnis der Auferstehung. In den Archiven meines Rechners habe ich noch ein Foto von Bargil, wie er hinter diesem Stein in der Grabkammer zelebrierte, mit mir als einzigem Mitfeiernden. Doch zu dem Grab selbst hatte ich fast keine Fragen an ihn – und auch kaum noch eine Antwort auf meinem Tonband gefunden.

»Wieso hier?«, habe ich ihn nur gefragt.

»Hinter dem Golgatha ist ein kleiner Garten gewesen«, sagte er. »In diesem Garten hatte man in der Zeit des Herodes – also 20 vor Christus bis 42 nach Christus – die Möglichkeit, Gräber in den Felsen zu hauen. Von diesen Gräbern existieren heute noch einige. Das ist darum interessant, weil es zeigt, dass das Grab Jesu tatsächlich in der Nähe einer alten Nekropole war, also eines alten Friedhofs.«

»Meinst du die anderen Gräber, die heute noch in der Grabeskirche sind?«

»Ja, hinter dem Jesusgrab ist eine Kapelle der Kopten. Dahinter liegen im Westen noch einige Gräber. Die sind bis heute da. Im Jahr 42 wurde dann die dritte Mauer gebaut, durch die plötzlich der Golgathafelsen und diese Grabanlage innerhalb der Stadt lagen, die vorher außerhalb der Mauern gelegen hatten. Danach konnte man keine Gräber mehr in der Stadt anlegen. Das war verboten. So müssen diese Gräber also auch zwischen 20 vor bis 42 nach Christus entstanden sein. Sie müssen zur Zeit Jesu schon dort gewesen sein.«

»Und warum spielen die Frauen hier am Grab in den Evangelien solch eine große Rolle? Und warum wird Maria, seine Mutter, dabei nicht erwähnt?«

»Maria war wohl noch gelähmt vor Schmerz. Doch ansonsten sind die Frauen ihm treu gewesen in der tiefsten Not, auch bei seinem Tod, nicht die Männer, nicht die Apostel. Deswegen sind es die Frauen, die den Ort kannten. Sie wussten, wo er begraben war. Deswegen sind sie am Sonntagmorgen hierher gekommen. Die Apostel mussten erst von ihnen aufmerksam gemacht werden, wo das war und wie das war.«

Das waren schon fast alle Kommentare des alten Mönchs zu dem Grab, die ich aufbewahrt habe. Dass es hier und nirgendwo anders war, stand für ihn über jeden Zweifel. Mehr als alle anderen Orte sprach diese Kammer immer wieder neu für sich selbst. Erschütternder als alle Stimmen war an manchen Tagen das Dröhnen der Glocken der Griechen am Morgen nach der Messfeier. Manchmal saß ich dabei mit Freunden auf dem Vorhof auf einer umgekippten Säule, manchmal mit einem Rosenkranz, und jedes Mal von neuem zeigte ich ihnen, dass kein Mensch so lange die Luft anhalten konnte, wie der letzte

Klang der Glocke noch in der Luft hing nach dem letzten Glockenschlag. Das dröhnende Wummern und Vibrieren des letzten Glockentons hängt minutenlang in der Höhe und zittert und vibriert zwischen den Mauern des Atriums hin und her. So muss das Weltall hier wohl auch am ersten Ostermorgen gezittert haben. Das Ereignis wird von Johannes in nur zwölf Zeilen beschrieben. Dass das Grab leer war, sagt er nicht. Stattdessen schreibt er in diesem winzigen Text vier Zeilen lang von zwei Tüchern, die hier im Grab zurück geblieben waren – anstelle von zwei Zeugen, die nach jüdischem Brauch sonst nötig waren, um vor Gericht ein Ereignis widerspruchsfrei als glaubhaft bestätigen zu lassen. Es ist höchst merkwürdig. Theologen haben sich schon seit Jahrhunderten nicht mehr an diesen Textilien gestört. Und ich natürlich auch nicht, auch nicht in diesem Grab, wo jeden Tag das gleiche Evangelium vorgelesen wird, wo es von Petrus am Ostermorgen heißt: »Er beugte sich vor und sah die Leinenbinden liegen, ging aber nicht hinein. Er sah die Leinenbinden liegen und das Schweißtuch, das auf dem Kopf Jesu gelegen hatte; es lag aber nicht bei den Leinenbinden, sondern zusammengebunden daneben an einer besonderen Stelle.« Sicher habe ich keinen Text der Evangelien öfter gehört als dieses Stück in dieser Zeit an diesem Ort: im leeren Grab Christi.

Es waren unvergessene Tage und Stunden. Unvergessen bleibt mir deshalb auch, wie mich am Schluss in dieser Grabkammer viele Tage lang ein Vorschlag meiner Chefredaktion aus Berlin bewegte, als Korrespondent doch nun von Jerusalem weiter nach Rom zu ziehen. In die Traumstadt Rom! Doch ich liebte Jerusalem. Wie sehr ich es liebte, muss ich an dieser Stelle ja keinem mehr erklären. Es war also keine leichte Entscheidung. Da fiel mein Blick eines Morgens in dem Grab auf eine lateinische Messinginschrift mit den Worten, die ein Engel in dieser Kammer schon an Maria Magdalena gerichtet hatte: *NON EST HIC.* »Er ist nicht hier«, heißt das auf Deutsch. Im selben Moment schob mir der italienische Pater, der an dem

Morgen die Messe las, das Messbuch zu mit der Bitte, für uns beide die Lesung vorzulesen, auf Italienisch. Ich konnte noch gar kein Italienisch. Da wurde auch mir endlich klar, dass ich nun wohl weiter musste. »Was sucht ihr den Lebenden unter den Toten?«, haben die Engel den Frauen auch noch gesagt, die ihn hier suchten. »Er ist nicht hier. Er ist auferstanden.« Immer wieder muss ich daran denken, wenn ich zurück in Jerusalem bin. *NON EST HIC.* Ich aber bin trotzdem immer noch da, so oft ich nur kann. Inzwischen sind auch die Pilger und Touristen wieder zurück und verstopfen nur zu oft die Grabkammer. Bei unserem letzten Besuch hielten Menschenmassen das Grab wieder beinahe so verschlossen wie am Anfang der große runde Stein. Meistens gehe ich deshalb gar nicht mehr hinein. Natürlich ist die Intifada im Jahr 2000 nicht wegen mir ausgebrochen. Ein unendliches Privileg bleibt es dennoch, dass ich damals das Grab hier so alleine berühren und küssen und betrachten und studieren durfte wie einen einzigartigen Solitär. Für mich war das Grab noch einmal ganz leer geworden: leer wie die herrliche Straße durch das Jordantal, leer wie die phantastische Allon Road durch die Berge. Es war ein unglaubliches Geschenk, die Realität des Heiligen Landes hinter der Propaganda aller Völker kennen lernen zu dürfen, die sich blutig um das Erbe streiten. Es war meine Zeit, als ich hier die Wahrheit hinter den 1000 Lügen jedes Krieges suchen durfte. In dieses Jerusalem und dieses Land führt kein Weg zurück, und dem Heiligen Land ist zu wünschen, dass diese Zeit nie wieder kommt (obwohl es wohl leider noch sehr viel schlimmer kommen wird). Jetzt schaue ich mir in Jerusalem jedenfalls meist nur noch über dem Eingang der kleinen Grabkammer, versteckt hinter vielen Öllampen, in der Höhe eine Ikone mit dem Antlitz Christi auf einem Schleier an, die ich früher hier nie gesehen habe.

Denn dieselben Engel, die hier einmal den Stein weggerollt hatten, haben uns danach auch zu jenem Schweißtuch weiter geführt, das Petrus hier zuerst erblickt hat. Wer sonst? Auf der

Glasscheibe über dem Golgatha-Felsen hatten sie mir zuerst das Fotografieren unter schwierigen Bedingungen beigebracht, wenn keiner zuschaute. Weit weg von hier, in den italienischen Abruzzen, haben sie uns dann schließlich in eine Kapelle geführt, die noch einsamer war als diese Grabkammer, vor das zarte Bildnis, von dem Johannes sagte: »Er sah und glaubte.« Hier kam mir meine primitive Fotokunst endgültig zugute. Es war der erste Blick Christi beim Erwachen in der Grabkammer, es war das uralte »wahre Bild« seiner Augen, das ich dort fotografieren durfte, der Spiegel seiner Seele: grenzenloses Erbarmen. Doch das ist eine andere Geschichte und ein anderes Buch. Sprechender und mächtiger als die Glocken der Grabeskirche haben mir diese Augen gut zwei Jahre nach unserer Abreise jedenfalls gezeigt, warum ich damals aus meinem geliebten Jerusalem unbedingt weiter nach Italien musste – und dieser Mund, leicht geöffnet, zu einem leisen A, als sage er gerade »*Shalom*«.

Das Gewicht Gottes

Montag, 10. September 2001, der steinerne Fußabdruck in der Himmelfahrtskapelle auf dem Gipfel des Ölbergs

Vom siebzehnten Geheimnis. Die Mutter aller Fußabdrücke auf dem Ölberg und was der heilige Ignatius von der Himmelfahrt noch wissen wollte. Das Gewicht der Menschwerdung Gottes und seine ultimative Schwerelosigkeit. Ein Blick zurück nach Süd-Süd-Ost.

Wie flatternde Vögel kamen Steine durch den kristallenen Himmel geflogen, dazwischen richtige Spatzen, Schwalben, Krähen, Tauben und manchmal Feuervögel mit langem Flammenschwanz: hoch geschleuderte Molotow-Cocktails, von denen die meisten als brennende Lache mitten auf der Kreuzung landeten, mitten auf dem Berg der Himmelfahrt. Jedes Auto am Straßenrand war zerbeult und zerschlagen worden. Das Pflaster mit Glas übersät, mit Steinen in jeder Größe. Dazwischen ausgebrannte Matratzen und umgekippte, rauchende Müllcontainer. Etwa fünfzig Soldaten in Kampfausrüstung hatten hier Stellung bezogen und feuerten bedächtig, Schuss auf Schuss ihrer Gummigeschosse in eine tobende Kinderschar zwischen den Häusern auf der anderen Seite der Kreuzung ab. Da drüben jagten manche Jugendliche ihre Steine auf einer Wurfschleuder zu uns und den jungen Soldaten herüber. Andere schoben ein rollendes Autowrack als Deckung näher, um ihre Steine noch präziser herüber schleudern zu können, die zum großen Teil alle nur wieder auf der Straße landeten. Ein Soldat wurde über dem Auge getroffen, bekam auf der Stelle einen Verband aufgedrückt und wurde nach hinten weg geführt. Das laute Knallen der Spezialgewehre zur Aufruhrbekämpfung wollte kein Ende nehmen und schreckte doch keinen außer mich.

Ellen stand fassungslos neben mir, hinter den Soldaten. Wie Katzen sprangen die Kinder hinter der Kreuzung vor und zurück in ihren Deckungen, mit johlendem Geschrei, und schwenkten siegestrunken eine flatternde Palästinenserflagge hinter dem Autowrack. Keine Tränengaswolke konnte sie von dort vertreiben. Das ganze Dorf jubelte ihnen aus gehöriger

Entfernung zu. Ambulanzen fuhren zwischen ihnen hin und her. Die zweite Intifada, hier fing sie gerade an.

Zwei Tage zuvor hatte Ex-General Ariel Scharon den Tempelberg mit 1000 Mann Bewachung »für ein kurzes Gebet« und »mit einer Botschaft des Friedens« aufgesucht, wie er sagte, als pilgernder Funke unterwegs – geradewegs in ein Pulverfass. Einen Tag später, nach dem Freitagsgebet in der Al Aksa-Moschee, ließ sich unter den Tausenden muslimischen Betern das Feuer schon nicht mehr austreten. Schon gab es die ersten Toten. Seit den Mittagsunruhen hallte es über der Klagemauer wider von donnerschlaglauten Schüssen. Das waren die Hartgummigeschosse. Andere Schüsse peitschten dazwischen, mit Stahlmantelmunition. Den ganzen Sommer war es in Jerusalem nicht so heiß wie in diesen ersten Herbsttagen. Sirenen heulten vor und zurück durch die Straßen mit flackerndem Blaulicht auf den Polizeiwagen und Rotlicht auf den jagenden Ambulanzen. Kurz hinter der nordöstlichen Ecke der Altstadtmauer hielt ein aufgeregter zehnjähriger Freischärler mit einem faustgroßen Stein in der Hand unser Auto an und ließ uns dann gnädig die Straße zum Ölberg hoch passieren. An der hebräischen Universität hatten wir danach das Auto stehen gelassen und waren durch einen Pinienhain die Martin-Buber-Straße zweihundert Meter zurück gelaufen. Die Passstraße verläuft exakt über die Wasserscheide zwischen dem Mittel- und dem Toten Meer. Links erstreckten sich die Hügel der Judäischen Wüste bis zum Jordan hinunter. Es war so klar, dass der Asphaltsee von hier oben mit bloßem Auge zu erkennen war. Ein silberner Spiegel in der Ferne. Eine blökende Ziegenherde wurde in einer Staubwolke unterhalb der Pinien durch das Geröllfeld getrieben, ein Junge mit einem Stecken ritt gleichmütig auf einem Esel an ihnen vorbei. Auf der anderen Seite des Hanges erglänzte das goldene Jerusalem in den schönsten Farben dieses Herbstes auf. Auf der Straße vor uns herrschte Krieg.

Über die brennende Kreuzung hinweg, weiter über die Passstraße, brauchte es an der nächsten Kurve aber auch jetzt mitten aus dem arabischen Dorf A-Tur heraus nur zwei Schritte nach links durch ein schweres Eisentor an dem blinden Pförtner des russischen Klosters vorbei, um Ruhe in einem pinienduftenden Paradies zu finden. Zu diesem Himmelfahrts-Kloster gehört der schlanke Turm, der sich wie eine Kompassnadel an der höchsten Stelle des Ölbergs in den Himmel streckt. Es ist derselbe Turm, der sich vierzig, fünfzig Kilometer tiefer am Jordan noch mit bloßem Auge sehen lässt, wenn die Tage klar sind: da, wo Jesus sich taufen ließ. Es ist ein Ort des letzten Friedens, und hier oben, am Fuß des Turms, habe ich in einem kleinen Friedhof das letzte Andenken an einen Freund neben einem alten Eisenkreuz in den Boden gesteckt, der vor über zwanzig Jahren mit einem Auto frontal gegen einen Baum geprallt ist. Auch er war ein großer Freund Jerusalems und mein Andenken war ein Stück Knochen, das ich nach dem Unfall noch in der Rinde der Eiche gefunden und eingesteckt hatte. Einen schöneren Ort für diesen letzten Rest von ihm würde ich nirgendwo mehr finden können, nachdem er Jahre lang in einer kleinen Schatulle auf meinem Schreibtisch gelegen hatte. Mein toter Freund wird es mir auch nachgesehen haben, dass es nicht der originale Platz der Himmelfahrt war. Denn dieser Platz war natürlich schon längst vergeben, als die ersten Russen nach Jerusalem kamen.

Zum wahren Felsen der Himmelfahrt geht der Pilger in der gleichen Kurve nur nach rechts, dann nach links, bis er ihn ein wenig tiefer, auf der linken Seite der Straße und der Jerusalemer Seite des Ölbergs findet. Es ist eine kleine achteckige Kapelle, die Kreuzfahrer auf byzantinischen Grundsteinen errichtet haben. Früher war dieses Dach offen wie beim Pantheon in Rom, nur viel, viel kleiner. Umgeben ist das leere Haus von einem kreisförmigen leeren Hof mit einer Ringmauer, an der sich einige schmucklose Steinaltäre finden. Von hier schaut man nicht nach Jerusalem oder zum Jordan, sondern nur zum Himmel – und seit den Tagen Sultan Saladins, der die Kreuzfahrer aus Jerusalem vertrieb, ist die alte christliche Kapelle überhaupt Teil einer kleinen muslimischen Moschee. Einmal im Jahr, am Himmelfahrtstag, vierzig Tage nach Ostern, erlauben die muslimischen Behörden den Christen der Stadt hier noch einen Gottesdienst. Den Rest des Jahres kommen Fremde nur schwer hinein. Da muss sich jeder an die Öffnungszeiten der kleinen blau gestrichenen Moschee und an den guten Willen der Wächter halten.

Steinfliesen bedecken den Boden der Kapelle. Rechts von der Tür: ein Sandbecken für dünne orientalische Kerzen. Daneben gibt ein Rahmen aus vier weißen Marmorblöcken ein Rechteck vom alten Felsgrund dieses Gipfels frei. Die weiße Schlierung zeigt die typische Maserung des Jerusalemer Steins und mitten darin den deutlichen Abdruck eines linken menschlichen Fußes mit ausgetretenem Vorderballen. War der Mann so schwer gewesen, dass der Fels unter seinem Gewicht nachgegeben hat wie das feuchte Gipsbett bei einem Orthopäden? Doch Fels gibt nie nach, höchstens vor dem Schöpfer des Himmels und der Erde. Hat der sich hier abgestoßen? Die Spur im Stein sieht wie gewachsen aus, nicht gemeißelt, und sie ist jedenfalls die Mutter (oder der Vater) aller heiligen Fußabdrücke der Erde. Dass Mohammed – der nie in Jerusalem war (außer einem einzigen Mal, jedoch nur im Traum) – später auf dem Tempelberg auch einen Abdruck von seiner Himmelfahrt (in eben diesem Traum) hinterlassen musste, wenn auch nur von seinem Pferd, sollte keinen Christen danach mehr wundern. So gewichtig denken wir natürlich schon lange nicht mehr von solchen Spuren. Das war – auch unter sehr, sehr klugen Menschen – durchaus nicht immer so.

Ignatius von Loyola zum Beispiel, der Gründer des Jesuiten-Ordens, der seiner Zeit und unserer Welt einen Stempel wie Martin Luther aufdrückte, als er gegen die letzten großen Bilderstürmer beinahe einhändig das barocke bildreiche Europa aufblühen ließ, hatte zur größeren Ehre Gottes ursprünglich nur eine große Pilgerfahrt ins Heilige Land vor. Die hat er auch wirklich unternommen, 1523 bis 1524, und doch hat dieser große und sprachmächtige Heilige von diesem strapaziösen Vorhaben im Grunde nur ein Fragment hinterlassen, aber keinen neuen Pilgerbericht wie etwa die Dokumente der frühen Heiligland-Pilger aus Bordeaux oder Piacenza. Ignatius schreibt nur davon, wie er auf dem Ölberg in der Himmelfahrtskirche den Fußabdruck Christi angeschaut hat, wie er dann wieder herabstieg, in der Mitte des Berges aber noch einmal Halt machte über den alten Gräberfeldern und wieder hinauf stieg, um zu prüfen, in welche Richtung der Fuß stand. Wohin Christus also genau blickte, als er vor den Augen der Apostel »empor gehoben« wurde.

»Bargil, war es hier, dass Jesus für immer entschwunden ist?«, höre ich mich auf dem alten Tonband fragen. »Hier gab es eine Tradition von Lukas, der sie von der Kirche in Jerusalem übernommen hat«, fängt er da wieder an. »Es ist also sehr wahrscheinlich, dass die Urgemeinde Jesus hier zum letzten Mal gesehen hat. Matthäus hingegen erzählt, dass er sich auf einem Berg in Galiläa verabschiedet hat, als er sie in alle Welt aussandte mit dem großen Missionsbefehl. Da sagt er: ›Geht hin in die ganze Welt und verkündet das Evangelium allen Völkern. Macht alle Völker zu meinen Jüngern, tauft sie im Namen des Vaters, des Sohnes und des heiligen Geistes. Ich werde bei euch sein alle Tage bis ans Ende der Zeit.‹ Erstmals wird hier die Taufformel der Christen erwähnt. Wo dieser Berg war, das wissen wir nicht genau, da gibt es auch keine Tradition. Persönlich glaube ich, dass diese Erscheinung nicht nur den elf Aposteln galt (denn Judas hatte sich ja aufgehängt), sondern auch den anderen Brüdern, von denen im Korintherbrief steht: ›Fünfhundert Brüdern erschien er zugleich.‹ Das ist die letzte Erscheinung nach Matthäus. Das muss sich nicht widersprechen, auch wenn Lukas das anders erzählt. Es kann sein, dass er in Galiläa erschienen ist. Und dass sie nach Jerusalem zurück kamen, wo dann der letzte Abschied war.«

»Wenn du auf dem Ölberg vor dem Stein mit dem Fußabdruck stehst, den die Leute verehren, was denkst du da? Die

Erfahrung der Himmelfahrt sperrt sich dem Verstand doch fast noch mehr als die Auferstehung: Er entschwebt und eine Wolke umfängt ihn. Auf dem Golgatha das Kreuz vor sich zu sehen, ist kein Problem. Aber das ...«

»Das ist einfach sicher die ganz alte Überlieferung, dass dort Jesus zum Schluss stand und von den Jüngern Abschied genommen hat. Sogar die Muslime glauben, dass er da in den Himmel aufgefahren ist. Sie glauben nur nicht, dass er gestorben ist am Kreuz, weil er ein so großer Prophet war. Ein anderer ist für ihn gestorben, sagen sie. Er ist stattdessen in den Himmel aufgenommen worden wie Elias oder Henoch. Ganz in der Nähe gibt es die so genannte Eleona-Grotte. Auch die ist schon in ganz früher Zeit verehrt worden als ein Versammlungsort der Jünger. Kaiserin Helena hat dort eine Kirche bauen lassen. Vielleicht war Jesus zuerst in dieser Höhle und ging dann mit ihnen auf diesen etwas erhöhten Hügel, wo er von ihnen Abschied genommen hat und weggegangen ist.«

»Abschied genommen und weggegangen. Was meinst du damit?«

»Während der fünfzig Tage von Ostern bis Pfingsten, also vom Pessach-Fest, an dem Jesus starb und auferstand, bis zum Schawuot, dem Wochen-Fest, an dem der Weizen dargebracht wurde, zählt Lukas vierzig Tage. Vierzig Tage lang nach der Auferstehung ist er den Aposteln und seiner Mutter und anderen erschienen. Dann ist er von ihnen gegangen. Die Erscheinungen haben aufgehört«

»Warum geschah das nach vierzig Tagen?«

»Vierzig ist immer wieder ein Zeichen des Wartens Gottes und der Vorbereitung. Das Himmelfahrts-Fest feiern wir deshalb noch heute vierzig Tage nach Ostern (und zehn Tage vor Pfingsten).«

»Aber warum hören die Begegnungen da auf? Und warum ist er davor überhaupt noch erschienen?«

»Er wollte den Aposteln zeigen: Er lebt weiter, er ist mit ihnen, er ist ihnen vorausgegangen in den Himmel, sie werden ihm folgen. Er hat sozusagen den Himmel geöffnet für die Seinen.«

»Wenig später hieß es, Stephanus habe bei seiner Steinigung den Himmel offen gesehen. Hier heißt es, dass die Jünger sahen, wie eine Wolke Jesus umfing. Sie schauen nach oben, die Engel kommen und fragen, warum schaut ihr nach oben? Was siehst du auf dem Ölberg in diesem Bericht?«

»Sicher ist das der Leib des Auferstandenen gewesen. Er ist aus einer anderen, aus der fünften Dimension herausgekommen und zeigt sich ihnen. Am Ölberg verschwindet er definitiv in dieser fünften Dimension. Wenn Stephanus ihn später wieder sieht, dann ist es etwas anderes. Dann ist das eine Vision, in der Jesus sich ihm persönlich zeigt. Die Erscheinungen nach Ostern, nach der Auferstehung waren etwas anderes. Da zeigt er, er ist auferstanden. Er zeigt sich mit seinem Leib und isst und trinkt mit ihnen. Nach vierzig Tagen zeigt er sich ihnen dann nicht mehr. Das muss genügen für eine ewige Erinnerung, die bis auf unsere Tage getragen worden ist. Danach hat die Zeit der Kirche angefangen.«

Auch wir sind dann noch einmal auf den Ölberg hochgefahren. Vor unserem Kaffee-Haus in A-Tur haben wir den Audi geparkt. Weil wir keinen Kompass hatten, habe ich die Armbanduhr abgenommen, um nach Pfadfinderart mit ihr und dem Stand der Sonne wie Ignatius von Loyola zu prüfen, wohin und in welche Richtung der Fuß eigentlich zeigt auf dem Berg der Auferstehung. Die Moschee war offen, der Wärter freundlich. Wir hatten eine Kerze angezündet und in den Sand gesteckt und einen kleinen Rosenkranz gebetet. Der Himmel vor der Kapelle war azurblau über dem Kreisrund der Mauer des kleinen Komplexes. Mit Hilfe des Uhrzeigers und der Sonne war dann schnell klar: Der Mann, der sich von diesem Felsen mit seinem linken Fuß abstößt bei seiner Himmelfahrt vom irdischen ins himmlische Jerusalem, er schaut hier nicht auf die Stadt, über die er geweint hat. Nein. Er schaut nach Süden, ganz leicht auch nach Osten: nach Süd-Süd-Ost.

Keine Wolke ist heute am Himmel. Er dreht sich leicht, nach Ost-Süd-Ost. Jetzt muss er schon das Kobaltblau des Toten Meeres sehen können. Wenn er herunter schaut, muss er bereits die Oase Ein Gedi sehen, wo König David sich vor Saul versteckt hat – und wo wir immer am liebsten ins Wasser gestiegen sind. Doch jetzt schaut er noch einmal zu uns herab. So müssen ihn auch Petrus, Johannes und Jakobus auf dem Tabor gesehen haben. Es ist auch jetzt kein Astralleib, noch weniger ein Gespenst. Die Sache mit den Dimensionen verstehe ich nicht. Vierzig Tage lang hat er sich und seine Wunden berühren lassen und mit seinen Freunden gegessen, auch wenn er durch Wände und verschlossene Türen ging. Er ist Fleisch und Blut, und es gibt kein Wort dafür, was er jetzt ist. Sein Gesicht leuchtet wie auf dem Tuch, das er in dem leeren Grab hinterlassen hat.

Was hatte er gesagt? »Ich werde bei euch sein alle Tage bis ans Ende der Zeit.«

Sturm auf dem Zion

Freitag, 3. Dezember 2004, das Flachdach über dem Abendmahlssaal auf dem Zionsberg – auf den Fundamenten der ältesten Kirche Jerusalems

Vom achtzehnten Geheimnis. Eine flatternde Taube unter einem spiegelnden Himmel. Auf dem Dach des Hauses, in dem Jesus durch die Mauern ging und Thomas seine Wunden zeigte: Urmeter der Neu-Orientierung aller Fundamente der Christenheit.

Eine Taube kämpfte flatternd gegen den Sturm. Ein Gitter umgibt das flache Dach des Baus, das einen Panoramablick nach Osten über die Hügel Judäas erlaubt, nach Norden auf die Stadtmauer Jerusalems, nach Süden zu den Hügeln vor Bethlehem. Zypressen und Palmen bogen sich unter uns im Abendwind. Kinder spielten auf dem Dach. Neben dem Aufgang der Treppe ist in einen kleinen Aufbau seit langem eine winzige Talmudschule eingezogen. Dreiräder lagen umgekippt daneben. Wir sind noch einmal zurückgekommen, und diesen Platz suche ich bei jedem Besuch in Jerusalem auf. Hier ist der heilige Geist auf die Erde herab gefallen. Hier ist der große Trost zu uns durchgebrochen.

Auf diesem Gipfel des Zionsbergs gipfelt auch das Evangelium. Bis vor 500 Jahren war dieses Viertel ein fester Bestandteil im Labyrinth Jerusalems, mindestens gut 2000 Jahre lang. Seit die Stadtmauer unter Sultan Suleiman aber begradigt wurde, liegt das Haus außerhalb der Altstadt. Nicht nur das Haus, der ganze Zionsberg. Drei Geheimnisse des Rosenkranzes haben hier ihren Ort, in engster Nachbarschaft: das letzte Abendmahl, das erste Pfingstfest und – nebenan – der Tod Marias. Das Gebäude ist, ich sagte es schon, ein verlorener Paradieshof der Christenheit mitten in der Hauptstadt Israels – wo der Tempelberg zum verlorenen Paradiesgarten der Juden geworden ist. Nebenan ruft die Glocke vom Turm der Basilika »Mariä Heimgang« zur Vesper. Unten umgibt ein verwildertes muslimisches Gräberfeld die alte Kirche der Apostel, das »kleine Haus Gottes« und seiner Mutter: die Mutter aller Kirchen.

»Gibt es noch andere Nachweise für deine Annahme, dass hier der Saal des letzten Abendmahls Christi gestanden hat?«, hatte ich Bargil gefragt, als er uns hier unten zum ersten Mal die Steine vom alten Tempel zeigte, die im Fundament des Hauses wieder verwendet worden waren. »Ja, warte, ich zeige sie dir gleich«, hatte er da gesagt und uns dann aus dem Innenhof eine Freitreppe hinauf geführt, über die Besucher des Abendmahlsaales sonst vom ersten Stock wieder zu Boden steigen. Dort, vor dem Ausgang des Abendmahlsaales, führte er uns eine zweite eiserne Treppe hinauf, auf das geschwungene steinerne Dach, vorbei an dem kleinen Aufbau mit einer Tür, die auf dieses Dach hinführt, vorbei an einer bleiverkleideten Kuppel, bis hin zu einem letzten Gitter am Rand des Flachdachs. »Schaut euch das an«, sagte er hier. »Dieses Gitter verläuft hier, über der zweiten Etage, exakt entlang der ursprünglichen Außenmauer der ersten Kirche, die ich euch vorhin gezeigt habe. Und jetzt schaut euch das einmal an! Bis zur Zeit Jesu waren alle Synagogen Jerusalems immer exakt auf den Tempel ausgerichtet – gerade so wie heute alle muslimischen Gebetshäuser immer nach Mekka zeigen. Und seht ihr, wo der Tempel ist? Wo er war? Da drüben, im Nordosten, wo jetzt der Felsendom steht! Unser Haus hier ist jedenfalls sicher nicht mehr auf ihn ausgerichtet. Dieses Haus zeigt stattdessen wie ein Kompass auf ein ganz anderes Ziel. Weil die Stadtmauer inzwischen den Blick darauf versperrt, könnt ihr nicht mehr sehen, dass dieses Haus mit seiner Achse seit dem Jahr 70 wie mit einem Lineal auf den Hügel Golgatha zeigt. Es war eine revolutionäre Neu-Orientierung. Ein ungeheurer Richtungswechsel. Diese kleine Kirche zeigte erstmals wie ein Pfeil auf den neuen und endgültigen Tempel der Christen: das leere Grab am Golgatha. Hier haben sich die Jünger nach seinem Tod versammelt und nach der Auferstehung mit Maria gebetet. Hier kam Jesus durch die Wände und verschlossenen Türen hindurch zu ihnen zurück. Hier zweifelte Thomas an der Auferstehung Christi. Hier legte er eine Woche später dem Auferstandenen seine Finger in die offene Seitenwunde. Hier rief er: ›Mein Herr und mein Gott!‹ Hier hat Jesus die Apostel angehaucht. Hier fiel der heilige Geist wie Feuer auf die Zwölf und auf Maria. Das erste Pfingstfest war hier. Und wer weiß, vielleicht hat hier auch der heilige Lukas die Madonna gemalt. Jahre später war genau hier das erste und letzte Apostelkonzil«.

»Wie kommst du darauf?«

»Die Tradition, dass das Pfingstfest hier auf diesem Hügel stattgefunden hat, ist die am besten bezeugte. Ich sagte euch ja schon: Meiner Ansicht nach fand das letzte Abendmahl in einem Gästehaus des essenischen Quartiers statt. Da vorn, knapp 200 Meter weiter, führte das alte Essener-Tor in die Stadt hinein. Und hier war wohl ein Gästehaus, das von Leuten, die auf dem Zion gewohnt haben, an Pilger und Gäste für Feste vermietet wurde. Daran bestand in Jerusalem ein ungeheurer Bedarf. Es war ja immer das wichtigste Pilgerziel des Judentums. Sehr viel spricht dafür, dass es von der Familie Jesu angemietet wurde für das letzte Abendmahl. Nach der Kreuzigung und der Auferstehung haben sich die Jünger erst recht dort versammelt. Nach der Himmelfahrt, sagt Lukas, gingen sie zurück nach Jerusalem zum *hyperoun*, zum oberen Saal, und beteten dort und blieben versammelt. Hier beten die Apostel mit Maria und Angehörigen der Familie Jesu zusammen für die Herabkunft des heiligen Geistes. Auch das große Ereignis des Pfingstfestes hat hier stattgefunden. Wo sonst?«

»Wo haben sich die Jünger denn in dieser Zeit aufgehalten? Sie konnten doch nicht alle hier schlafen.«

»Die haben sich irgendwo versteckt. Sie hatten ja auch Angst. Bald war es aber soweit, dass auch Leute aus diesem Quartier sich bekehrt haben. Es war eine ganze Gruppe von Priestern, die den Glauben annahmen, heißt es. Die spielten bei den Essenern eine entscheidende Rolle. Ich glaube, diese Priester, Kohanim heißen sie, kamen aus diesem Viertel. Das geschah aber erst zu Pfingsten.«

»Wie kommst du darauf, dass es Essener waren?«

»Vor allem darum: Das *Schawuot*-, dieses Wochenfest fünfzig Tage nach Pessach, wurde in diesem Fall nicht im Tempel gefeiert, wie es unter den gewöhnlichen Juden üblich war, sondern hier – und zwar von ›frommen Juden‹, die aus der ganzen Welt zusammen gekommen waren. So hat man damals aber auch die Essener bezeichnet, besonders in diesem Viertel. Bei dieser Gelegenheit waren auch die Apostel hier, versammelt im oberen Saal, wo schon das Abendmahl gefeiert worden war. Zehn Tage hatten sie seit der Himmelfahrt bereits gebetet. Plötzlich fuhr starker Wind über den Zion. Der Wind ist oft besonders stark auf dem Zion. Das war es also noch nicht. Es war auch nicht das Staunen der Menge, die hier zusammen strömte. Plötzlich fiel Feuer vom Himmel auf die Apostel und Maria, heißt es dann, und verbrannte sie nicht. Alle haben gespürt, da kommt eine Kraft von oben, die diese leuchtenden Menschen erfüllt. Wie die Leute dann in dem Vorhof zusammenliefen, wie Petrus dann seine berühmte Rede hielt – er, ein Fischer vom See Genezareth –, da war so klar wie der Himmel über dem Zion: Jetzt ist er der Vertreter Jesu, er und die anderen elf – zusammen um Maria in ihrer Mitte. Jetzt sitzt Johannes neben ihr, der früher immer neben Jesus lag. Das sind jetzt die Zeugen – zusammen mit den Brüdern Jesu, der Familie Jesu, und den Frauen, die ihm aus Galiläa gefolgt waren. Hier sind sie alle zusammen, als der Geist auf Maria und die Apostel unter ihnen fiel. Nach der Himmelfahrt sind sie alle hier zusammen gekommen zum Gebet. Ab Pfingsten ist der Geist Gottes, den Jesus versprochen hatte, für immer mit ihnen.«

»Was ist denn aus den Essenern geworden, die dein Freund, Professor Flusser, so gern verspottet hat? Es gibt sie ja nirgendwo mehr. Ist nichts von ihnen übrig geblieben?«

»Na ja«, schmunzelte Bargil und schob seine Mütze nach hinten. »In den Höhlen von Qumran haben sie ja mit ihren Schriftrollen die spektakulärsten Überreste aus der Zeit Christi hinterlassen, die es bis heute gibt. Aber es stimmt, sie selbst sind nicht übrig geblieben. Die Zerstörung dieses Wüstenklosters durch die Römer hat ihnen den Rest gegeben. Erschüttert muss sie aber auch schon das Auftreten Jesu haben. In Jerusalem hatten viele von ihnen sicher geglaubt, dieser Jesus sei tatsächlich der Messias. Er hatte ja den Tempel gereinigt! Schon das war ein Ereignis, das sie stark berührt haben muss, weil sie doch den Dienst im Tempel ablehnten und auf den Messias warteten, der den Tempel reinigen würde. Auch dass Jesus aus dem Haus Davids stammte, wird sie schon beunruhigt haben. Die Schriftrollen von Qumran verraten uns heute noch, dass sie den Messias aus der Familie Davids erwarteten. Die Ereignisse um Pfingsten hier in ihrem Viertel werden dann noch einmal viele von ihnen sehr erschüttert haben. Das kann gar nicht anders gewesen sein. So haben viele Essener, die in Jerusalem wohnten, Jesus angenommen. Sie haben zusammen gearbeitet mit den Nazoräern, die von Galiläa kamen, besonders mit der Familie Jesu. Darum spielt Jakobus auch diese wichtige Rolle. Er war mit ihnen immer wieder in Verbindung. Darum ist auch er der erste Bischof von Jerusalem geworden – ich kann es nicht oft genug wiederholen – nicht einer der Apostel, nicht Petrus oder dessen Bruder Andreas oder Johannes oder der ältere Jakobus, der Apostel, oder später Paulus, die ja auch alle in Jerusalem waren. Er, der jüngere Jakobus, der ›Herrenbruder‹, ist der erste Bischof der Christenheit im heiligen Jerusalem geworden.« Ich hatte wohl etwas abgeschaltet. »Kann man denn essenische Elemente in der frühen Geschichte der Kirche noch nachweisen? Etwa wie Kümmel oder Lorbeer oder ein anderes Gewürz in einem Eintopf?«, fragte ich unkonzentriert weiter.

»Die Essener sind wohl vor allem in der Kirche der Hebräisch sprechenden Juden aufgegangen. Diesen Teil haben sie besonders gepfeffert, mit den Nazoräern. Dann gab es noch eine andere Gruppe: Das waren die Griechisch sprechenden Juden. Sie versammelten sich in einem Haus der Mutter des Markus. Dieser Komplex findet sich noch jetzt in der Altstadt, hinter dem armenischen Viertel. Die Mutter des Markus hieß auch Maria, ihr Bruder hieß Barnabas. Diese Griechisch sprechenden Juden haben sich offensichtlich der Gütergemeinschaft nicht angeschlossen, die es bei den Hebräisch sprechenden ersten Judenchristen gab. Die Gütergemeinschaft war ein soziales Prinzip der essenischen Gruppen. Diese hatten auch alles gemeinsam. Und dies Prinzip fand sich nun abgewandelt auch unter ihnen. Bei den Hellenen gab es das nicht. Deswegen gerieten unter ihnen die Witwen auch in Schwierigkeiten. Die waren nicht so gut versorgt wie die Witwen der Hebräisch Sprechenden. Die mussten sich selbst versorgen. Deshalb haben die Apostel entschieden, wir nehmen uns ihrer an. So kam es zu den sieben ersten Diakonen, die alle Griechen waren. Die haben sich danach auch um die Versorgung dieser Witwen gekümmert. Stephanus war unter ihnen, der erste Märtyrer. Er muss hier irgendwo begraben worden sein. Ihm war deshalb auch diese allererste Kirche geweiht, hier unten, unter dem Obergeschoss, wo jetzt das angebliche Grab Davids verehrt wird. Ihm verdanken wir wohl auch die erste Beschreibung des neuen pfingstlichen Gesichts der Kirche.«

»Was meinst du damit?«

»Nun. Fünfzig Tage vorher hatte hier Jesus noch selbst das Brot gebrochen und den Becher mit Wein an die Apostel verteilt. Und auch danach – nach seiner Auferstehung – war er immer wieder hierhin zurückgekommen und hat mit ihnen gegessen und getrunken, um ihnen zu zeigen, dass er kein Gespenst war. Zehn Tage zuvor hatte er sie alle ein letztes Mal drüben auf dem Ölberg angeschaut. Nun heißt es, dass an diesem Morgen Feuer auf die Apostel herab fiel. Aber Feuer hat ja kein Gesicht. Vielleicht haben ihre Gesichter besonders geleuchtet. Vielleicht glühten sie vor Freude. Plötzlich waren sie alle wie Kerzen, die ihr Licht an Christus, dem Licht der Welt, entzündet hatten. Es war ihre menschliche Sehnsucht, die sich plötzlich an seiner göttlichen Liebe entzündet hatte. Es war der große Leuchter Israels, der hier am Licht des Auferstandenen für die ganze Welt entzündet wurde. Am schönsten kann man all das im Gesicht des Stephanus sehen. Als er vor den Hohen Rat geschleppt wurde, schreibt Lukas, erschien allen, die auf ihn blickten, sein Gesicht plötzlich wie das Gesicht eines Engels. Er empörte sie mit seiner großen Rede über die Geschichte Israels. Und als er ihnen furchtlos erklärte, warum sie Jesus, den ›Heiligen Gottes‹, den gottlosen Römern zur Kreuzigung ausgeliefert hatten, blickte er – erfüllt vom Heiligen Geist – zum Himmel empor und rief: ›Ich sehe den Himmel offen und den Menschensohn zur Rechten Gottes stehen.‹ Da erhoben sie lautes Geschrei, hielten sich die Ohren zu, stürmten auf ihn los, trieben ihn zur Stadt hinaus und steinigten ihn. Er aber betete und rief: Herr Jesus, nimm meinen Geist auf! Dann sank er in die Knie und schrie laut: Herr, rechne ihnen diese Sünde nicht an! So starb er. Das war das pfingstliche Gesicht Gottes unter den Menschen. Es war das furchtlose Gesicht des Stephanus unter einem offenen Himmel. Es ist nicht nur das Feuer über diesem Haus. Es war das leuchtende Antlitz eines Engels, der gesteinigt wird.«

Ein Weinberg der Toten

Freitag, 7. September 2001, das Tal Josaphat, Blick auf den Westhang des Ölbergs

Vom neunzehnten Geheimnis. Ein leerer Sarkophag im Tal Josaphat, wo Israels Fromme das Jüngste Gericht erwarten. Der Blick des Geliebten durch einen Spalt in der Mauer, sein allerletztes hohes Lied und die Verschmelzung von Sonne und Mond.

Im Tal Josaphat, der Schlucht zwischen Ölberg und Tempelberg, wird Gott eines Tages das Weltgericht abhalten, glauben viele Juden. Das sieht man dem Ort an. Der Westhang des Ölbergs, gerade über dem Tal, ist gesteckt voll von den Gräbern von Frommen, die bei diesem Ereignis nicht Schlange stehen, sondern in der allerersten Reihe sitzen wollen. Es ist beste Sonnenlage an jedem Nachmittag, es ist ein einzigartiger Weinberg der Toten, an dessen nördlicher Flanke sich das Grab Marias findet. Es sei ein »*Power-Place*« erster Güte, hat George Hintlian aus dem Armenischen Konvent mir vor Jahren schon in dem neonbeleuchteten Hinterraum des Zuckerbäckers Zalatimo im Herzen der Altstadt zugeflüstert, wo die frischen Blätterteigfladen so knusprig sind wie nirgendwo sonst in Jerusalem. George ist mein Vertrauensmann seit einem Vierteljahrhundert und das Absenken seiner Stimme vor wichtigen Nachrichten eins seiner Markenzeichen. Ein *Power-Place*, ein Kraftort? So könnte man es sagen. Die breite Treppe zu dem leeren Sarkophag Marias scheint geradewegs in den Schoß der Erde zu führen. Der Agonie-Felsen, auf dem Jesus Blut geschwitzt hat, liegt gerade hundert Meter weiter südlich, nur auf und nicht unter der Erde. Zwischen dem Garten Gethsemani und dem Grab Marias führt eine enge steile Straße auf den Ölberg zur alten Himmelfahrtskapelle hoch. Rechts neben dem Grab Mariens führt eine Treppe in den Fels zu einer alten Wohngrotte hinunter, in der – wie Bargil sagte – Jesus mit seinen Jüngern wohl bei seinem letzten Paschafest in Jerusalem Quartier genommen hatte.

Am 1. Oktober 2000 war hier unten Niemandsland. Der Gestank verbrannter Reifen hing über dem Tal. In der Nähe des Mariengrabes stand ein Auto lichterloh in Flammen. Hubschrauber knatterten am makellos blauen Himmel. Wir hörten nahe Schüsse und wussten nicht, auf wen sie zielten. Unten beim leeren Grab Marias war es aber auch in dieser Stunde wieder friedlich wie im Mutterleib. Die Treppe hinab ist sechs Meter breit und hat 47 Stufen. In der Tiefe mündet sie in einen alten Kirchenraum, wo rechts hinter Öllampen und nackten Glühbirnen ein freigestelltes Troggrab im Dämmerlicht ruht. Es wurde aus dem Felsbett gemeißelt: Es war schon immer hier; keiner hat es je hierhin gebracht.

Von dieser Stelle wurde Maria nach ihrem Tod mit Leib und Seele in den Himmel aufgenommen. Engel haben sie abgeholt. Ihr Sohn hat sie empfangen. Sie ist nicht wie ihr Sohn von den Toten auferstanden und in den Himmel aufgefahren. Sie wurde abgeholt. Von ihrem Sohn. Doch wie ihr Sohn noch vierzig Tage nach der Auferstehung erschienen ist, so ist auch sie in ausgewählten Fällen bis in unsere Zeit erschienen: in Mexiko, Frankreich oder Portugal.

Darum ist dieses Kapitel für mich heute aber leider auch besonders schwierig zu schreiben. Denn weil dieses Geheimnis so gewaltig und wichtig und mächtig ist, habe ich es nicht lange für mich behalten können, nachdem ich es einmal in Jerusalem mit meinen Händen begriffen und mit den Füßen verstanden habe. Darum habe ich schon ein ganzes Buch fast nur über dieses eine Geheimnis geschrieben, in einem Buch über die Muttergottes von Guadalupe. Da habe ich deshalb auch fast alle Aufzeichnungen schon benutzt und aufgebraucht und vieles erzählt, was Bargil mir dazu erzählt hatte, mit vielen Bildern und Entdeckungen zu diesem Geheimnis und einem Foto von Bargil, vier Fotos von diesem Grab, eins von dem alten »Stein aus dem Haus Mariens«, in dem sie oben auf dem Zionsberg lebte und starb und so weiter. Was sollte ich jetzt dazu noch sagen können? – »*De Maria numquam satis!*«, würde Bargil mir heute wohl auf Latein dazu antworten, auf Deutsch: »Von Maria nie genug!« Von Maria lässt sich nie genug erzählen.

»Oder erzähl doch noch einmal von den merkwürdigen Parallelen vom Ende der Mutter und dem Ende ihres Sohnes.« Fragen kann ich ihn trotzdem nicht mehr. So will ich mich mit ihm also noch einmal hinsetzen und die alten Abschriften aus den Tagen der Intifada ein letztes Mal mit ihm durchgehen.

»Wieso liegt das Mariengrab so dicht bei der Agonie-Kirche, Bargil? Viele glauben ja überhaupt nicht daran, wie du weißt, dass Maria hier gestorben ist. Die sagen, sie sei in Ephesus gestorben, wo sich auch das Grab des Johannes befindet. Und sieht die Nähe der Andachtsorte hier nicht wirklich so aus, als wären sie später willkürlich so dicht zusammengestellt worden, um die Pilgerwege abzukürzen? Gethsemani ist doch ein Olivenhain. Wieso soll es daneben plötzlich zu Beerdigungen gekommen sein.«

»Na ja. Erstens einmal gibt es in Ephesus, wie du sagst, kein Grab Marias. Dieses Grab in Jerusalem ist aber schon ewig bezeugt. Schon der Pilger von Piacenza erzählt davon, und sehr frühe armenische Quellen. Zweitens wird dieses Gelände schon in der Kupferrolle von Qumran erwähnt. Es lag auch im Fokus der Essener. Nachher wurde es für die Christen interessant. Was lernen wir daraus? Doch wohl dies: Dass wohl irgendjemand aus diesem Umfeld Jesu hier einen Raum für seine letzte Unterkunft bereitgestellt hatte, nachdem Jesus das letzte Abendmahl schon oben im Essener-Quartier gefeiert hatte. Es ist also wahrscheinlich ein Ort, der zu dem selben Quartier gehörte. Darum ist Jesus danach auch hierhin zum Gebet gekommen. Jeder Quadratmeter Jerusalems ist seit ewiger Zeit Kulturland. Deshalb dürfen wir uns auch nicht vorstellen, dass er hier irgendwo einfach über einen Zaun gestiegen ist. Er war doch kein Vagabund. Jeder Garten hat hier einen Besitzer, heute wie damals. Also wird er wohl sicher auf Einladung und mit Erlaubnis von einem seiner Anhänger, dem dieser Grund gehörte, hierhin gekommen sein – oder von einer seiner Anhängerinnen. Dass diese Person auch nach der Auferstehung Jesu und dem ersten Pfingstfest Mitglied der Urgemeinde blieb, ist eher wahrscheinlich als unwahrscheinlich. Der Garten Gethsemani wird ihm dabei weiter gehört haben und wohl auch die Gräberanlage direkt daneben, die ebenfalls schon in der Kupferrolle erwähnt wird. Vielleicht gehörte der Besitzer zum weiteren Umkreis der Familie Jesu. Denn auch von dem Herrenbruder Jakobus heißt es, dass er nach seiner Ermordung im Jahr 62 hier im Kidron-Tal begraben wurde; das Grab wurde nur noch nicht gefunden. Insgesamt ist es also sehr plausibel, dass Maria hier ein Grab zur Verfügung gestellt wurde, als sie gestorben war.«

»Aber lebte sie nicht mit Johannes in Ephesus? Hinter Ephesus wird doch bis heute auf dem Nachtigallenhügel ein Haus verehrt, wo sie gewohnt hat.«

»Ja, da lebte sie wohl. Wir wissen nicht, wie lange. Zum Sterben ist sie dann aber wieder hierhin gekommen. Dadurch lässt sich auch ziemlich sicher ihr Sterbedatum bestimmen.«

»Wie das?«

»Durch die Archäologie und die Überlieferung. Um mit der Tradition anzufangen, die nie einfach erfunden werden kann: Seit undenkbarer Zeit heißt es, dass beim Tod Marias die Apostel ein letztes Mal zusammengekommen waren. Deshalb ist da herum auch ein ganz eigener Ikonentypus entstanden: Maria entschläft und die Apostel stehen da herum. Davon gibt es unzählige Bilder in Ost und West. Nun ist aber gar nicht vorstellbar, dass alle Apostel jemals zu ihrem Tod pünktlich nach Ephesus zusammen kommen konnten. Es gab ja weder Telefon, Funk, Fax, e-mail oder SMS. Wie hätten sie alle rechtzeitig erreicht werden sollen, um sich zum Sterben Marias alle noch einmal schnell an der Küste der Ägäis zu versammeln? Es war technisch unmöglich. Die Apostel waren schon in alle Welt zerstreut, um das Evangelium zu verkünden. Ein Ereignis gibt es allerdings, von dem gut verbürgt ist, dass sich die Apostel dazu noch ein letztes Mal getroffen haben. Das war das berühmte Konzil der Apostel in Jerusalem um das Jahr 49/50. Dieser Versammlung ging sicher eine längere Vorbereitung der Gemeinde von Jerusalem voraus. Dahin wird auch Johannes aus Ephesus angereist sein. Bei der Gelegenheit hat er Maria mitgebracht. Anders ist es gar nicht denkbar. Die Wahrscheinlichkeit, dass sie bei dieser Gelegenheit starb, als wirklich alle Apostel noch einmal um sie versammelt waren, ist also hoch. Der archäologische Hinweis auf ihren Tod in Jerusalem ist dann eben dieses Grab. Nirgendwo sonst auf der Welt wird noch ein zweites Grab Marias verehrt.«

»Wann wurde denn hier eine Kirche um das Grab gebaut?«

»Das ist schwer zu sagen. Die jetzige Anlage stammt im großen Ganzen von den Kreuzfahrern und ist rund 800 Jahre alt. Jahrhunderte vorher haben aber schon die Byzantiner das Grab Marias hier unten so frei gelegt wie das Grab Christi in der Grabeskirche, damit Pilger es umschreiten konnten. Davor ist eine achteckige Kirche bezeugt, die Bischof Juvenal im 5. Jahrhundert hier gebaut hat. Für die allerfrüheste Datierung ist aber eins besonders interessant: Der Teil rechts mit dem Grab gehört heute den Griechen. Links aber, in der Kapelle der Armenier, war früher die Apsis der ersten Kirche. Und deren Ausrichtung scheint auch wieder auf die ersten Judenchristen zurück zu gehen. Denn auch die Achse dieser Kirche, die heute so unterirdisch erscheint, zeigt nicht mehr auf den alten Tempel, der damals ja schon lange zerstört war, sondern wieder exakt auf den Golgatha. Diese erste Kirche hat die gleiche radikale Neu-Orientierung wie die alte ›kleine Kirche Gottes der Apostel‹ auf dem Zionsberg. Der Ursprung dieser Kirche wird also sehr, sehr früh sein, vielleicht noch gegen Ende des ersten Jahrhunderts, etwa 50 Jahre nach dem Tod Marias.«

»Wie lange hatte diese streng judenchristliche Gruppe Bestand in der frühen Christenheit?

»Du meinst: jener Juden, die glaubten, dass Jesus der Messias war, die aber dennoch weiterhin das jüdische Gesetz beobachteten?«

»Ja.«

»Sicher bis zum Aufstand des Bar Kochba im Jahr 135. Danach haben die Römer alle Juden aus der Stadt vertrieben. Ob das auch die Judenchristen betroffen hat, ist nicht ganz klar. Wahrscheinlich mussten die meisten von denen auch weg. Doch ein Teil blieb sicher um die erste Synagogenkirche herum in der Stadt. In dieser Zeit hat die christliche Gemeinde Jerusalems auch nur jüdische Bischöfe gehabt. Der erste war – wie gesagt – Jakobus, der zweite Simon bar Kleofas, der im Jahr 107 gekreuzigt wurde. Danach sind noch dreizehn Bischöfe mit jüdischem Hintergrund bekannt, die wahrscheinlich aus der größeren Familie Jesu stammten. Der letzte war Judas Kyriakos, von dem erzählt wird, dass er um das Jahr 324 die Kaiserin Helena zu der Stelle führte, an der das Kreuz die ganze Zeit über versteckt worden war, in einer Zisterne in der Nähe des Golgatha.«

»Wieso rechnest du ihn zu dieser Gruppe?«

»Wegen seines Namens. In Kyriakos steckt das griechische ›Kyrios‹. Das heißt: Herr. Das lässt darauf schließen, dass er noch zur ›Familie des Herrn‹ zählte. Natürlich muss man sich diese Familienzugehörigkeit in der frühen Kirche auch als eine Art Adel vorstellen. Das ist einfach menschlich selbstverständlich. Besonders in dieser Familie wurde deshalb wohl auch das Wissen um all jene alten Orte und Verstecke privilegiert weiter gegeben. Es war ja auch ein enormes Erbe. Und so etwas wird in einer Familie viel eher und sicherer weiter gegeben als in jeder anderen Gruppe. So lange waren die Judenchristen jedenfalls noch hier in Jerusalem vertreten, bis sie dann in der imperialen neuen Großkirche ganz aufgingen.«

»Ist von dieser Gruppierung der frühen Zeit nichts übrig geblieben?«

»Es ist unendlich viel übrig geblieben im Wesen und in der Liturgie der Kirche, die ja ganz und gar im Judentum wurzelt. Zuerst einmal die Priester! Denn das Judentum kennt seit der Zerstörung ihres Tempels ja keine Priester mehr. Die jüdische Institution des Priestertums gibt es seitdem nur noch in der Kirche. Die Rabbiner sind Lehrer, aber keine Priester. Denn aus dem einen Tempel, wo Gott wohnte, wurde im Christentum ein Kosmos unzähliger Gotteshäuser. Jede katholische Kirche ist zuerst ein Tempel (und dann auch Synagoge). Aus dem Allerheiligsten, in dem die Gesetzestafeln aufbewahrt wurden, wurde bei den Katholiken der Tabernakel, in dem die konsekrierten Hostien verschlossen werden. Aus dem Wort und Gesetz wurde Fleisch und Materie. Die Entsprechungen sind ohne Zahl. Doch von den alten Judenchristen ist eigentlich nichts mehr übrig. Und das ist leider auch eine Geschichte von Schuld und kurzsichtigen Fehlern. Denn im 4. Jahrhundert wurden gerade die Judenchristen, die glaubten, dass Jesus der Christus, der Messias, war, die getauft waren und trotzdem weiter wie Juden leben wollten mit all ihren Speiseregeln und Gebräuchen und mit der Beschneidung, die wurden seit dieser Zeit irgendwie zunehmend verachtet von den neu getauften Heiden der Großkirche, die jetzt so mächtig geworden waren unter Kaiser Konstantin. Wir haben dadurch etwas verloren: eine Art von kritischem Kontrollpunkt. Die Judenkirche hätte das sein und weiter werden können. Juden, die als Christen auch weiter Juden sein wollten, sind danach fast ganz verschwunden. Die abessinischen Christen sind noch beschnitten. Auch das Bündnis Gottes mit dem jüdischen Volk geht weiter. Diese Geschichte ist noch nicht zu Ende. Das sagt der Papst ebenso wie Paulus im neunten, zehnten Kapitel des Römerbriefes. Das geht weiter.«

»Und was ist mit den merkwürdigen Parallelen, die du hier erwähnt hast, von denen das Grab Marias außerdem erzählt?«

»Da gibt es eine ganze Menge. Erstens: Maria ist wie ihr Sohn *gestorben*. Es gibt in der Kirche zwar eine fromme Schule, die das verneint. Die meinen, sie sei nur entschlafen. Das erinnert mich aber doch sehr an die Muslime, die behaupten, Jesus wäre überhaupt nicht gestorben. Nein, sie ist natürlich gestorben wie ihr Sohn, und zwar oben bei uns auf dem Zion, wo sie auch gewohnt hat. Beide haben das Leben beendet mit dem Tod, aber mit einem Tod, der hinüber führte zum Leben. Beide wurden in einem Troggrab begraben. Beide Gräber lagen in Gärten. Um beide Gräber herum wurde später der Fels abgetragen für Prozessionen der Pilger. In dieser Hinsicht ist das Grab Mariens heute so etwas wie ein Anschauungsmodell für das Grab Jesu, das weitgehend zerstört ist. Es ist ein Grab, wie man sich das alte Grab Christi vorstellen darf, nur noch intakt. Doch das sind alles Äußerlichkeiten. Viel wichtiger scheint mir, wie sie auch mit ihrem Tod das Werk ihres Sohnes noch einmal kommentiert und ergänzt. Ich erzählte ja schon, wie Jesus am Kreuz mit seinen letzten Atemzügen die unglaubliche Versöhnung seiner Familie mit seinen Aposteln bewirkte. Trotzdem blieb natürlich schon in der Urkirche eine starke Spannung zwischen diesen beiden Teilen. Ein Teil der Judenchristen spaltete sich deshalb schon recht früh ganz ab von der Kirche. Das waren die *Ebioniten*, das heißt übersetzt ›die Armen‹, die alles weggegeben hatten und deren Name sogar älter ist als der Name der Christen. Als Maria endlich rund zwanzig Jahre nach ihrem Sohn starb, wurde sie hier Zeuge einer mindestens ebenso unglaublichen Versöhnung. Das war, als auf dem Apostelkonzil in Jerusalem endgültig die Versöhnung der Juden und Heiden in der jungen Kirche besiegelt wurde. Also von Christen, die weiterhin wie Juden lebten, und von Christen, die das nicht mehr mussten, die frei waren von der Beschneidung und allen Reinheits- und Speisegeboten. Es war bis dahin unvorstellbar. Doch nun traten Paulus und Barnabas ein für die Freiheit der Heiden: ›Die müssen wir nicht zu Juden machen.‹ Auch Jakobus, der ein ganz frommer Jude war und den Tempel fleißig besucht und dort gebetet hat, auch dieser hat gesagt: ›Gott hat sich jetzt ein Volk aus den Heiden erlesen, in dem Moses weiterhin gepredigt wird.‹ Es war ein Quantensprung der Geschichte. Und entsprechend lautete auch die Formulierung der Apostel, mit der sie diese Entscheidung fällten: ›Es hat dem heiligen Geist und uns gefallen.‹ Mit diesem Schritt wurde die Kirche noch einmal gegründet, zu ihrer vollen universalen Größe – vereint aus einer Kirche aus der Beschneidung und einer Kirche aus den Heiden. Das wollten die Ebioniten schon nicht mehr mitmachen. Und so war es die paulinische Weltrevolution, die Maria hier mit ihrem Tod besiegelte. Die hatte sich schon mit dem Tod und der Auferstehung ihres Sohnes angebahnt, doch hier kam sie vollends zum Durchbruch. Es war die unmögliche, phantastische Versöhnung. Stell es dir so vor, als würden sich die Israelis und Palästinenser hier endlich als gleichberechtigte Brüder und Schwestern wahrnehmen, als ein einziges Volk. Unter einem Friedensfürsten. Es war einfach unvorstellbar.«

»Glaubst du das eigentlich alles alleine oder ist das der Glaube der Kirche?«

»Natürlich ist das der Glaube der Kirche, in der das alles noch sehr viel feiner durchdacht und durchdrungen wurde, als ich es dir nur grob erzähle. Darum ist es auch erst nach beinahe 2000 Jahren, vor rund 50 Jahren, in Rom zum Dogma der leiblichen Aufnahme Marias in den Himmel gekommen. Das ging nur, weil die ganze katholische Kirche sich darüber einig war – und die orthodoxe sowieso –, dass Gott einfach nicht zulassen wollte, dass Maria hier im Grab verweste, nachdem ihr Sohn nach drei Tagen auferstanden war. Dass er den Leib nicht verrotten ließ, der seinem Sohn das Leben und Fleisch und Blut geschenkt hatte. Das wäre ja ein ganz anderer Gott, aber nicht der, den Jesus gezeigt hat. Maria war doch gewissermaßen mit ihm gekreuzigt worden. Ihr mütterliches Herz hat doch die allerschlimmsten Qualen der Welt für ihn durchgestanden. Ist es dir danach noch vorstellbar, dass Gott sie danach in ihrem Grab liegen ließ? Mir nicht. Darum hat Jesus sie hier selbst aus dem Grab befreit. Alles am Dogma von der Unbefleckten Empfängnis Marias ist im Grunde nicht mehr und nicht weniger als eine Konsequenz all dessen, woran Christen glauben. Keiner muss daran glauben. Wer aber als Christ nicht an die Aufnahme Marias mit Leib und Seele in den Himmel glaubt, braucht auch an alles andere nicht zu glauben, vor allem nicht daran, dass ihr Sohn Gottes Sohn ist. So sehen es die Orthodoxen, und so sehen es die Katholiken. Gott hatte sie bei ihrer eigenen

Empfängnis aus der Spirale der Erbschuld herausgenommen; nach ihrem Lebensende nahm er sie deshalb auch aus dem Kreislauf des Zerfalls heraus. Darum gibt es in Jerusalem kaum einen einleuchtenderen Ort als das leere Grab Marias. Ihre Aufnahme von diesem Ort in den Himmel ist eine einzige und doch ganz eigene Entsprechung zur Auferstehung und Himmelfahrt ihres Sohnes. In Rom wird das Fest der Aufnahme Marias deshalb sogar als eine Art marianisches Osterfest gefeiert. Das Marienfest am 15. August ist im Grunde so etwas wie das höchste Fest Roms, in einer Symphonie feinster Entsprechungen zu der Verherrlichung ihres Sohnes.«

»Gibt es noch andere Entsprechungen zwischen der Auferstehung und Himmelfahrt ihres Sohnes und ihrer Aufnahme in den Himmel?«

Bargil nahm die Brille ab und versuchte, sie mit einer Falte seiner Kutte sauber zu putzen. »Ja, das sind die frühesten Berichte über die Aufnahme Marias in den Himmel, hauptsächlich in den orientalischen Kirchen, bei den Syrern, den Kopten, bei den Äthiopiern, den Armeniern, bei den griechisch-orthodoxen Christen, die du aber nicht unbedingt Wort für Wort zu glauben brauchst.« Er kramte in seiner Tasche und holte wieder einen Zettel hervor. »Johannes von Damaskus hat diese Jerusalemer Tradition in der ersten Hälfte des 8. Jahrhunderts so zusammengefasst, hier hab ich es: ›Der heilige Juvenal, Bischof von Jerusalem, erklärte auf dem Konzil von Chalcedon dem Kaiserpaar Markian und Pulcheria, die den Leib der Muttergottes für Konstantinopel erwerben wollten, dass Maria in Gegenwart aller Apostel gestorben sei. Doch das Grab war leer, als es auf Wunsch des heiligen Thomas noch einmal geöffnet wurde. Daraus haben die Apostel geschlossen, dass sie in den Himmel aufgenommen worden war.‹ – Wie der Apostel Thomas nämlich beim ersten Mal nicht dabei war, als der auferstandene Christus den Aposteln erschien, so war er auch nicht dabei, heißt es da, als Maria starb. Auch das war – natürlich – schon wieder eine Entsprechung zu der Rolle von

Thomas nach der Auferstehung. Es ist so auffällig, dass ich hier sehr skeptisch bin. Thomas war jedenfalls kreuzunglücklich, dass er sie nicht mehr sehen konnte, als er zu spät nach Jerusalem kam. So kam es dazu, dass die Apostel mit ihm noch einmal gemeinsam zum Tal Josaphat hinuntergingen, wo Petrus den Stein vor ihrem Grab noch einmal wegrollte, bis sie durch ein kleines Labyrinth zu dem Troggrab kamen, wo die Apostel sie hingelegt hatten. So wurde der skeptische Zweifler unter den Aposteln noch einmal der Kronzeuge der Aufnahme Marias in den Himmel. Denn nun war das Grab so leer wie das Grab ihres Sohnes. Andere Überlieferungen erzählen, es sei plötzlich voller Blumen gewesen.«

»Du glaubst nicht daran?«

Er lächelte. »Es ist eine schöne Geschichte. Vielleicht ist sie zu schön.«

»Doch ist es vorstellbar, dass dieses Ereignis – die Entleerung des Grabes Marias, um es einmal so zu sagen – dass das einfach nur so im Vorbeigehen geschehen ist, in einer Nacht wie alle anderen?«

»Wie war es denn bei der Auferstehung Christi, in der Nacht aller Nächte? Weißt du es? Keiner war dabei. Kein Erdbeben hat Jerusalem dabei in Trümmer gelegt. Wir kennen nur das Ergebnis: ein leeres Grab und zwei zurück gelassene Tücher, ein großes und ein kleines. Vielleicht hat Maria deshalb ja auch wirklich Rosen zurück gelassen. Es ist eine wunderschöne Vorstellung. Noch schöner ist für mich aber, dass sie hier schon voraus geht zu einer letzten abrahamitischen Ökumene – und zu einer Aussöhnung mit den Muslimen, die es zu ihrer Zeit noch gar nicht gab. Denn sie ist ja mit Leib und Seele eine Tochter Abrahams, wie sie es im Magnifikat besingt. Natürlich ist sie deshalb auch auf ewig die Anwältin des jüdischen Volkes. Unsere Königin ist sie sowieso, und unsere Mutter. Sie ist aber auch eine Mutter der Muslime. Natürlich betrachtet Maria deshalb auch die Muslime als ihre Kinder, die sie so zärtlich verehren und deren Koran sie mit den schönsten Worten preist.

Darum gibt es hier unten, siehst du es, da vorn, auch ein Mihrab, eine alte Gebetsnische der Muslime in Richtung Mekka. Das leere Grab Marias ist auch für sie ein Heiligtum.«

Er lachte wieder leise und strich den Bart um sein Kinn.

»All das zusammen genommen macht es mir leicht, mir ihr leeres Grab voller Blumen vorzustellen. Ich höre auch Harfen dazu. Und leise Flügel von Engeln über den Ölbäumen rauschen. Und rieche wunderbaren Duft. Feinsten Weihrauch! Jasmin und Orangenblüten, auch wenn die damals noch gar nicht hier blühten. Doch Jesus selbst holte sie ja ab. Bei ihm blühte alles.« Er machte eine Pause.

»Er holte sie ab. Denn so gehörte es sich ja einfach, und das hat die Kirche im Lauf der Zeit auch immer besser verstanden.«

»Aber warum schreibt nicht einmal Johannes ein einziges Wort darüber? Ihr angenommener Sohn, Jesu Lieblingsjünger, der schreiben konnte wie kein zweiter! Er war doch dabei!«

»Das kann ich dir sagen«, sagte Bargil schelmisch, »die Bibel erzählt längst nicht alles, weil der liebe Gott auch etwas für unseren Verstand und unsere Vernunft übrig lassen wollte. Also auch dir und mir. Denn das wichtigste Ereignis, die Auferstehung Christi, ist ja bestens bezeugt, von den Evangelisten, den Aposteln, von Paulus, und von unzähligen Märtyrern der Urgemeinde in Jerusalem. Dafür haben sie sich kreuzigen, köpfen, foltern, in Stücke reißen lassen. So etwas macht kein Zeuge für ein Phantasma. Eine erste Konsequenz dieser Auferstehung können wir uns danach selbst ausrechnen. Ich sagte es ja schon, es gehört sich einfach, dass der Leib, der Gottes Sohn eine menschliche Gestalt gegeben hat, dass dieser Mensch mit diesem Leib auch selbst von Gott in den Himmel aufgenommen wird. Nach der Menschwerdung Gottes haben wir nun also auch im Jenseits schon einen kompletten Menschen mit Leib und Seele. Also genau so, wie Gott den Menschen von Anfang an erschaffen hat: als Mann und Frau, wie es am Anfang der Bibel heißt! Seit Christi Himmelfahrt und Marias Aufnahme in den Himmel sind schon ein Mann und eine Frau mit ihrem menschlichen Leib im Himmel.«

»Alles schön und gut, aber warum macht denn die Bibel nicht die leiseste Andeutung in ihren vielen tausend Seiten davon?«

»Du bist gut. Die ganze Bibel läuft darauf hinaus. Es ist ja der Gipfel der Liebe. Und Andeutungen? Schau einmal, was wir die Klagemauer nennen, heißt im Hebräischen nur ›*Kotel*‹: Mauer. Dieser Begriff taucht in der ganzen Bibel aber nur ein einziges Mal auf, und zwar im Hohenlied, wo es heißt: ›Der Gazelle gleicht mein Geliebter, / dem jungen Hirsch. Ja, draußen steht er / an der Mauer unsres Hauses; er blickt durch die Fenster, / späht durch die Gitter.‹ Gott wird hier im alten Israel wie ein junger Liebhaber besungen. Darum nennen Juden die alte westliche Stützmauer ihres zerstörten Tempels heute noch *Kotel*. Für sie ist der Rest ihres alten Tempels die Mauer, wo Gott durch das Fenster noch immer auf seine Geliebte schaut: auf das alte Volk Israel, das zu ihm zurück gekehrt ist. Doch auf wen *in diesem Volk* trifft dieses liebevolle Aufeinanderschauen denn mehr zu als auf diese Mutter und diesen Sohn? Auf welches Paar? Wer hat sich je mehr nacheinander gesehnt, nach diesem Leben? Nach dieser Passion? Im Ruf der Geliebten nach dem Geliebten hören wir deshalb schon im Hohenlied das Seufzen Marias vor Sehnsucht nach dieser Wiederbegegnung mit ihrem Sohn. In der Aufnahme Marias in den Himmel begegnet sie dem Gesicht dessen wieder, den sie geboren hat. Die Jesus auf der Erde aufgenommen hatte, die nimmt er nun zu den Sternen auf. Sonne und Mond verschmelzen in diesem Geheimnis.«

Zwölf Sterne am Himmel

Donnerstag, 5. Februar 2004, Gnadenbild der Unbefleckten Empfängnis in Sant' Andrea delle Fratte in Rom, wo Alphonse Ratisbonne aus Straßburg am 20. Januar 1842 eine Vision der Gottesmutter hatte, bevor er die Kongregation der Brüder und Schwesten vom Berg Sion mitbegründete

Zwanzigstes Geheimnis. Die Krönung des Abendlandes mit der Sternenkrone einer schwangeren Königin. Ende der Aufzeichnungen vom Tonband der unglaublichen Geschichte Gottes, der auch im Himmel ein Mensch geblieben ist.

Die zwölf Sterne auf blauem Grund, die seit 1955 die Flagge Europas zieren, hatten von Anfang an nichts mit den ersten 13 Mitgliedern zu tun. Sie verdanken sich vielmehr dem Journalisten Paul Michel Gabriel Lévi. Wie Theo Siebenberg aus Antwerpen war auch Lévi ein jüdischer Belgier, der im Zweiten Weltkrieg im flämischen Löwen Zeuge der Züge wurde, mit denen Gestapo und Einsatzgruppen der SS Juden »zur Umsiedlung« in den Osten transportierten, ohne dass je eine Nachricht zurück nach Flandern kam, ob sie wohl auch gut angekommen seien. In jenen Tagen legte Paul Lévi das Gelübde ab, zum katholischen Glauben zu konvertieren, wenn er die Tyrannei der Nazis überleben sollte. So lange die Verfolgung der Juden andauerte, wollte er bei ihnen sein. Im April 1945 saß er als Beobachter in einem Jeep der Amerikaner bei der Befreiung des Konzentrationslagers Dachau. Fassungslos stand er vor den Güterzügen mit Tausenden von ausgemergelten Leichen, die nirgendwo mehr hinfuhren. Lévi hatte überlebt.

Kurz danach wurde er katholisch und bald erster Direktor des Informations- und Pressedienstes im Europarat in Straßburg, der im Marienmonat Mai 1949 in London gegründet worden war. Eine Aufgabe der Kulturabteilung war es, eine neue Flagge für alle Mitglieder des Europarats zu ersinnen. Die Sache war schwieriger als gedacht. Alle Entwürfe, in denen nach dem Vorbild der Flaggen Englands, der Schweiz oder der Länder Skandinaviens ein Kreuz enthalten war, wurden von den Sozialisten als ideologisch verworfen. Auch die Türkei verwahrte sich gegen ein Kreuz in der Flagge Europas.

In diesen Tagen kam Lévi in Brüssel an einer Statue der Mutter Gottes vorbei, deren goldener Sternenkranz hinter ihrem

Kopf in der Sonne leuchtete. Ein blauer Himmel spannte sich dahinter über der Stadt. Es war keine Vision. Es war ein Anblick, wie er in vielen Städten Europas immer wieder möglich ist, in München, in Wien, Breslau oder in Rom, etwa an der Piazza di Spagna. Es gibt zahllose Mariensäulen mit diesem Sternenkranz. Lévi erzählte Graf Benvenuti, einem venezianischen Christdemokraten, der damals Generalsekretär des Europarats war, von dem schönen Bild und fragte, ob das nicht ein passendes Motiv für die neue Gemeinschaft sein könnte. Benvenuti war begeistert. Lévi beauftragte danach Arsène Heitz, einen Angestellten des Europarats, einige Entwürfe herzustellen, unter denen die heutige Fassung schließlich einstimmig angenommen wurde, auch von den Sozialisten, die sich dem überzeugenden Motiv nicht widersetzen konnten. Über 100 andere Vorschläge schieden aus. Die Entschließung der Flagge durch das Ministerkomitee war für den 9. Dezember vorgesehen, wurde dann aber aus irgendeinem Grund auf den 8. Dezember vorgezogen, den Festtag der Unbefleckten Empfängnis Marias. Am 13. Dezember 1955 wurde die Flagge jedenfalls zum ersten Mal in Paris feierlich gehisst. Paul Lévi wurde Professor in Straßburg und starb 2002, kurz nachdem er noch vom Belgischen König geadelt worden war. Er wurde als Baron beerdigt.

Dass die zwölf Sterne der Europaflagge also der Apokalypse des Johannes entstammen, hatte Lévi damals natürlich an keine große Glocke gehängt. Irgendwie war die Erinnerung an eine heilige Zwölf (von den Stämmen Israels bis zu den Aposteln) im kollektiven Unterbewusstsein Europas wohl auch so noch lebendig genug, dass der Vorschlag auch ohne biblische Erklärung anstandslos durch gewunken werden konnte, zumal das Motiv etwas von einem Geniestreich hatte und klassisch und zeitlos wirkte. Tatsächlich sind die Sterne aber jener Stelle der geheimen Offenbarung des Johannes entnommen, wo sie auf geheimnisvolle Weise Signal eines neuen Anfangs nach dem Ende sind. »Dann erschien ein großes Zeichen am Himmel«, heißt es da im Kapitel 12, Vers 1-2, »eine Frau, mit der Sonne bekleidet; der Mond war unter ihren Füßen und ein Kranz von zwölf Sternen auf ihrem Haupt. Sie war schwanger und schrie vor Schmerzen in ihren Geburtswehen ...« – Diese Stelle ist aber auch die einzige in der ganzen Bibel, die man irgendwie als eine Krönung der Gottesmutter deuten könnte. Es ist auch das letzte Bild, das im Reigen des Rosenkranzes betrachtet wird.

»Wer soll das verstehen?«, fragte ich Bargil im letzten Gespräch unter dem Himmel Jerusalems.

Er zwinkerte auf seine unnachahmliche Weise und setzte wieder zu einem längeren Vortrag an: »Sicher ist in den ersten Jahrhunderten die Verehrung ganz auf Jesus gegangen; Jesus war die zentrale Figur. Schließlich hat man aber gefragt: Wer ist denn Maria, wenn Jesus der Sohn Gottes war? Konnte man Maria, von der jeder wusste, dass sie die Mutter Jesu war, denn auch Mutter Gottes nennen? Konnte man sagen, dass sie den Sohn Gottes geboren, ja, dass sie Gott zur Welt gebracht hat? Da war ein großer Streit in der Kirche. Das kann man doch nicht sagen, dass sie die Mutter Gottes war und hin und her. Es gab verschiedene Irrlehren, die sagten, das kann man nicht sagen, sie war nur die Mutter des Menschen Jesus, aber nicht die Mutter Gottes. Dann sind die Bischöfe 431 in Ephesus zusammengetreten und haben gemeinsam entschieden: Maria war die *Theotokotos*: Sie war die Gottesgebärerin. Was sie uns geschenkt hat, ist nicht nur ein Mensch gewesen, sondern das lebendige Gesicht des lebendigen Gottes. Deswegen muss man sie auch die Mutter Gottes nennen. Es klang damals sehr eigenartig, aber das Volk hat das sofort aufgegriffen und war begeistert. In Ephesus haben sie die Bischöfe bejubelt und eine große Lichterprozession durch die Stadt gemacht mit dem großen Freudenruf: ›*Maria Theotokotos*, Maria, die Gottesgebärerin, Maria, die Mutter Gottes!‹ Es war, als wäre damit noch einmal das letzte Wort über Jesus gesagt worden. Er war Gott, nicht nur ein großer Prophet! Gott war Mensch geworden! Das war das vollkommen Neue im Christentum. Es war wie eine letzte Definition unseres Glaubens. Seitdem hat sich die Verehrung der Gottesmutter ausgebreitet und ist immer mehr für viele ein Zentralgeheimnis geworden. In der Ostkirche hat man dazu sehr viele Marien-Ikonen geschaffen, die fleißig geküsst werden, manchmal mit Jesus, manchmal ohne Jesus. Auch die äthiopische Kirche, auch die Kirche der Syrer hat eine große Verehrung zur Muttergottes, und so auch in der lateinischen Kirche des Westens. Auch Luther war deshalb noch ein großer Marienverehrer.

»Aber was heißt das, dass Maria im Himmel gekrönt wurde?«

»Dass sie gekrönt wurde, ist die himmlische Antwort auf die irdische Dornenkrönung ihres Sohnes zum Spottkönig. Es ist endgültige Wiedergutmachung all ihrer Leiden. Sie ist in den Himmel aufgenommen worden, das glauben wir alle. Sie ist dort, weil sie so nahe an Jesus war. Weil sie seine Mutter war, ist sie die *Allmacht auf den Knien*. Sie ist nicht allmächtig wie Gott, aber hat von ihm doch eine besondere Vollmacht, die sie vor dem Thron Gottes zur mächtigsten Person der Schöpfung macht, vor allen Engeln, vor allen Heiligen, vor allen Aposteln und Märtyrern. Ihr kann er nicht wirklich etwas abschlagen. Wenn du sie um etwas bittest, dann bekommst du es auch von ihrem Sohn. So war es schon bei der Hochzeit von Kana. Wenn sie Gott den Vater bittet, dann kann er es ihr kaum verweigern.«

»Doch braucht der König neben sich eine Königin? Warum die Krone?«

»Aus Liebe. Aus Liebe zum Sohn ist dieses Bild entstanden und aus Liebe vom Sohn seiner Mutter gegenüber, die als einzige immer zu ihm gehalten hat. Damit zeigt er, dass er immer noch menschlich empfindet und fühlt. Er vergisst seine Mutter nicht, die ihn durch das irdische Leben begleitet hat. Seit der Menschwerdung ist der Herr also auch im Himmel noch Mensch geblieben. Die Fleischwerdung Gottes war kein Intermezzo. Wir haben einen Gott, der Mensch wurde und Mensch geblieben ist. Gott ist Mensch auch im Himmel. Das heißt die Krönung Marias! Den wir als Spottkönig verachtet haben, hat zum Schluss seine Mutter zur Königin des Himmels und der Erde, aller Sterne und aller Engel eingesetzt. Zur Königin der ganzen Schöpfung!«

Zum Paradies

Mittwoch, 11. Januar 2006, die »Advocata« auf dem Monte Mario: älteste Marienikone Roms, wo Legenden erzählen, dass sie im Umkreis der christlichen Urgemeinde auf dem Zionsberg gemalt worden sei, zu Lebzeiten der Gottesmutter

Blick zurück: Ein Himmel voller Sterne und ein Hügel voller Glühwürmchen. Eine Ergänzung zu Edith Piaf, eine Erinnerung vom Bruder des Papstes und eine Ausweitung des Heiligen Landes bis an die Enden der Erde – über ein Netz von Königswegen.

Hier endet die Abschrift meiner Gespräche mit Bargil Pixner aus den Tagen und Nächten der zweiten Intifada. Die Aufzeichnungen sind, ich sagte es schon, ein hastiges Fragment geblieben, und lange dachte ich, die Gelegenheit käme nie wieder, das Tonband noch einmal abzuhören. Bargil schaute auf das Heilige Land wie der Weinbauer, der er in Südtirol gewesen war, mit dem erfrischenden Glauben eines skeptischen Kindes. Trotzdem konnte auch er mit vielen seiner Zirkelschlüsse dem Land natürlich oft nicht gerecht werden, in dem die Bibel geschrieben wurde, der Schöpfungsbericht, die Psalmen, die Klagen der großen Propheten und schließlich die Evangelien mit ihren Berichten der Passion und Auferstehung unseres Herrn und Bruders Jesus Christus. Das kann keiner. Hier endet deshalb auch mein Pilgerbericht, der es ebenfalls mit den alten anonymen Zeugen aus Bordeaux oder Piacenza nirgendwo aufnehmen kann. Ich erzähle ja auch nicht von einem unbekannten fernen Land, sondern von Orten, die in ein paar Flugstunden leicht zu erreichen sind. Schließlich endet damit hier auch mein Bericht über die Geheimnisse des Rosenkranzes, die ebenfalls kein Sterblicher je wird ausloten können. Jeder wird durch diese Schlüssellöcher vom Himmel zum Heiligen Land hinunter immer etwas anderes erblicken. Der Rosenkranz ist ein Pilgerführer, wie es keinen zweiten gibt. In 288 Rundschreiben und anderen Urkunden haben sich allein die Päpste des letzten Jahrtausends hintereinander für ihn ausgesprochen. »Wenn es eine geschichtliche Tatsache ist, dass die Kirche am Pfingsttag aus dem Abendmahlssaal ausgezogen ist«, schrieb etwa Johannes Paul II., »so kann man auch sagen, dass sie ihn niemals verlassen hat. Das Pfingstgeschehen gehört nicht nur der Vergangenheit an: Die Kirche ist immer im Abendmahlssaal, wo sie immer im Gebet verweilt, wie die Apostel zusammen mit Maria. Denn der göttliche Lebenshauch, der Heilige Geist, drückt sich in seiner einfachsten und gewöhnlichsten Form im Gebet aus. Das Gebet ist auch die Offenbarung jenes Abgrunds, den das Herz des Menschen darstellt: eine Tiefe, die von Gott kommt und die nur Gott ausfüllen kann, eben mit dem Heiligen Geist.«

»Der Ursprung des Rosenkranzes weist mehr auf den Himmel als auf die Erde hin«, schrieb hundert Jahre vor ihm Leo XIII., der ihn ein »Gebet der Engel« nannte, weil Engel bei der Menschwerdung zugegen waren, bei der Geburt, im Ölgarten, bei der Auferstehung und der Himmelfahrt. »Kann es Göttlicheres und Schöneres geben, als mit den Engeln zu beten?«, fragte der uralte Papst danach. Eigentlich nicht. Aber auch das ist noch nicht alles. Denn bevor Johannes Paul II. im Jahr 2002 das Gebet ein letztes Mal veränderte, hatten nicht nur die Engel in fernen Tagen, sondern hatte auch die Gottesmutter selbst noch einmal am Rosenkranz mitgeschrieben, in unserer Zeit. Das war am 13. Juli 1917, als sie ihrem Lieblingsgebet auf Portugiesisch noch persönlich den Zusatz zufügte: »*Ó meu Jesus, perdoai-nos e livrai-nos do fogo do inferno, levai as almas todas para o céu, principalmente as que mais precisarem!*« Das heißt auf Deutsch: »O mein Jesus, verzeih uns unsere Sünden! Bewahre uns vor dem Feuer der Hölle! Führe alle Seelen in den Himmel, besonders jene, die Deiner Barmherzigkeit am meisten bedürfen!« Diese Worte sollten fortan jedem Geheimnis des Rosenkranzes am Schluss noch hinzugefügt werden; und so geschieht es seitdem.

In Europa tobte damals der Erste Weltkrieg an allen Fronten. Im Sommer zuvor hatten sich zwei Millionen junger Männer in den Hügeln vor Verdun und den Sümpfen der Somme gegenseitig abgeschlachtet und umgebracht. Seitdem war das Morden unvermindert weiter gegangen. Eine Nacht vor dem 13. Juli war von deutschen Truppen vor Ypern in Flandern erstmals das verheerende Senfgas als Waffe gegen die Briten eingesetzt worden. Im russischen Sankt Petersburg bereitete Lenin zur selben Zeit eine Revolution vor, die noch viele Millionen Hab und Gut und Leib und Leben kosten würde. Das alles ist noch keine hundert Jahre her. Das war der Tag, als sich Maria nicht an die Kaiser und Könige Europas oder den Präsidenten der Vereinigten Staaten wandte, sondern an drei unmündige Hirtenkinder in einem abgelegenen Winkel Portugals, die nicht einmal wussten, wen sie in der »weißen Gestalt« vor sich hatten, die »vor Licht glänzte« und ihnen nun schon zum dritten Mal außerhalb des kleinen Dörfchens Fatima über einer Steineiche erschien, immer am 13. des Monats. 5000 Menschen aus der Umgebung waren diesmal dazu geeilt, um dem Ereignis beizuwohnen. Die Zeitungen Lissabons waren schon voll davon.

»Was wünschen Sie von mir?«, fragte Lucia, eins der drei Kinder die weiße Dame: »Ich möchte, dass ihr am 13. des kommenden Monats wieder hierher kommt«, sagte sie, »und dass ihr weiterhin jeden Tag den Rosenkranz zu Ehren Unserer Lieben Frau vom Rosenkranz betet, um Frieden für die Welt und das Ende des Krieges zu erlangen.« – »Doch können Sie uns nicht bitte sagen, wer Sie sind«, antwortete die Kleine. Lucia war neun Jahre alt. »Und können Sie vielleicht bitte ein Wunder tun, damit alle glauben, dass Sie uns erscheinen.« – »Kommt weiter jeden Monat hierher«, bekam Lucia zur Antwort. »In drei Monaten werde ich euch sagen, wer ich bin und was ich wünsche, und werde ein Wunder tun, damit alle glauben.« Sie sollten nur weiter den Rosenkranz beten. Kurz danach öffnete die Dame ihre Hände, »aus denen ein Licht floss, das die Erde zu durchdringen schien«, wie Lucia sich später erinnerte. Dann sahen sie »ein großes Feuermeer in der Tiefe der Erde, darin eingetaucht Teufel und Seelen, als seien es durchsichtige, glühende Kohlen in menschlicher Gestalt. Sie trieben im Feuer dahin, empor geworfen von den Flammen, die aus ihnen selber zusammen mit Rauchwolken hervorbrachen. Sie fielen in alle Richtungen, wie Funken bei gewaltigen Bränden, ohne

Schwere und Gleichgewicht, unter Schmerzensgeheul und mit Verzweiflungsschreien, die uns vor Entsetzen erbeben und erstarren ließen.«

Die Vision dauerte nur einen Moment. Die Kinder erschraken zu Tode. Es war keine zarte Montessori-Pädagogik, derer sich die Dame bediente. »Ihr habt die Hölle gesehen, wohin die Seelen der armen Sünder kommen, sagte sie uns danach voll Liebe und Trauer«, schrieb Lucia später in einem Bericht für den Bischof von Leiria. Außerdem legte sie den Kleinen ein unbekanntes Land mit dem Namen Russland ans Herz, das gerade dabei sei, »seine Irrlehren über die Welt zu verbreiten und Kriege herauf zu beschwören, unter großen Verfolgungen der Kirche. Verschiedene Nationen werden vernichtet werden.« Dabei sagte sie auch schon den »schlimmeren«, den Zweiten Weltkrieg unter dem Pontifikat des nächsten Papstes voraus.

Nein, die Worte der feinfühligen Dame folgten wirklich keiner Grundschulpädagogik, die mit der Genehmigung irgendeines Kultusministeriums hätte rechnen können. Schließlich schwieg sie, bevor sie nach einigen Augenblicken sagte: »Wenn ihr den Rosenkranz betet, dann sagt nach jedem Geheimnis: ›Ó meu Jesus, perdoai-nos ...‹« Und so weiter. Danach erhob sie sich und entschwand nach Osten, Richtung Jerusalem, von Fatima aus gesehen.

Im darauf folgenden August und September erschien sie den Kindern wahrhaftig wieder, vor immer größeren Pilgermassen. Am 13. Oktober gab sie sich als die »Rosenkranzkönigin« zu erkennen und beglaubigte all ihre Worte durch ein »Sonnenwunder«. Es war ein unerklärliches Naturphänomen, bei dem die Sonne vor 70.000 Zeugen zuerst »silbern wie der Mond« hinter schweren Wolken hervor kam, für etwa zehn Minuten zu kreisen begann und Strahlen in Regenbogenfarben versprühte. Das soll verstehen, wer kann. Danach verfärbte sie sich nach Auskunft zahlloser Zeugen blutrot und stürzte im Zickzack den entsetzten Zuschauern entgegen – allerdings nur, um ihre vom vorherigen Regen völlig durchnässte Kleidung in

Sekunden zu trocknen. Meine Mutter hatte mir schon als Kind von all dem erzählt. Es war »kosmisch«, wie Kalifornier wohl sagen würden.

Spätestens seit diesem Tag wird der neue Zusatz jedenfalls täglich gebetet, mindestens fünf Mal pro Rosenkranz, von vielen Millionen. Die eigenen Worte Marias! Sie selbst hat sie hier in das Gebetsleben der Christenheit eingeführt, und dennoch: Es bleibt natürlich starker Tobak. Musste das sein? Denn dieser Zusatz ist ja noch radikaler als das Liebesgebot Jesu! Es ist die Bitte um das Aushebeln der Gerechtigkeit zugunsten des Erbarmens.

Hier beten wir nicht nur für unsere Feinde – was ja schon nicht aus Pappe ist. Hier geloben wir nicht nur, unseren Feinden zu vergeben. Hier bitten wir darum, dass sie in den Himmel kommen, zusammen mit den Erzfeinden Gottes und der Menschen! Auch Hitler, Stalin und Mao, die großen Massenmörder sollen in den Himmel kommen, zusammen mit Pol Pot! Auch die größten Quäler und Lügner und Betrüger und Mörder sollen in den Himmel kommen und nicht um der Gerechtigkeit willen die gesamte Ewigkeit in der Hölle brutzeln. Denn wer sonst sollen die sein, die Gottes Barmherzigkeit *am meisten* bedürfen!? Wer? Und wer hat Maria dazu ermächtigt, solche Bitten auszusprechen und beten zu lassen? Etwas Radikaleres hat die Welt noch nie gehört. Wie gesagt: Wir wären nicht darauf gekommen. Wir beten den Zusatz zwar, aber er bleibt zu hoch für uns. Diese Revolution ist eine Nummer zu groß. Und eigentlich wollen wir das natürlich nicht, sondern schon immer auch noch ein kleines bisschen Rache und Gerechtigkeit, gerade für unsere liebsten Feinde.

Doch dann, je öfter wir diese Bitte wiederholen, desto näher kommt sie uns natürlich auch ein wenig. Das ist das letzte Geheimnis dieser Pilgerreise im Gebet. Es ist eine Wiederholung, die keine Wiederholung ist, sondern eine Spirale. Den gleichen Satz, das gleiche Wort wird in diesem Gebet wie von selbst immer auf einer anderen Ebene ausgesprochen. Das ist auch beim Anfang des Rosenkranzes so, über den wir noch nicht gesprochen haben und mit dem dieses Buch nun enden soll. Es ist die so genannte »Krone« der Gebetsschnur, dem das Kreuz mit den ersten vier Perlen entspricht, die an den 50 weiteren Perlen des Kranzes als eine Art Fortsatz hängen. Dieser Teil ist jedoch keine Ergänzung, sondern der Anfang des Rosenkranzes. Es ist gleichsam der Beginn des Weges, der von Abermillionen Liebhabern als Königsweg aller Pilgerreisen erfahren worden ist.

Wer hier das Kreuz in die Hand nimmt, spricht zu dieser Berührung zuerst das Credo der Christen. Das Kreuz war für Thomas von Aquin »das Buch«, mit dessen Studium er »nie an ein Ende« kam. Das Credo aber ist die Essenz des christlichen Glaubens, wie die Bischöfe der Christenheit sie im Jahr 325 in Nizäa definiert und formuliert haben – vor 1700 Jahren. Zur nächsten Perle wird im Rosenkranz ein erstes Vaterunser gesprochen, das Jesus selbst uns drei Jahrhunderte vorher beigebracht hat. Dann kommen drei Perlen, zu denen jeweils ein Ave Maria gebetet wird mit der Bitte, dass erstens der »Glaube in uns vermehrt«, zweitens »die Hoffnung in uns gestärkt« und drittens »die Liebe in uns entzündet« werde, drei Bitten also, die am Anfang vielleicht nur fremd klingen, oder unverständlich und vielleicht auch ein bisschen überflüssig. Uns ging es jedenfalls so: Glauben mehren, Hoffnung stärken, Liebe entzünden! Hatten wir nicht genug Glauben? Guten aufgeklärten modernen Glauben und nicht das Zeugs der Großmütter? Und starke Hoffnung? Für die Kinder, den Job, die Karriere und dass unsere kleinen Schwindeleien nie auffliegen und an die große Glocke gehängt werden würden? Und schließlich die Liebe? Wer könnte und würde uns je mehr lieben als wir uns selbst? Da musste doch nichts mehr entzündet werden. Brannte diese Liebe nicht lichterloh?

Ungezählte Formulierungen der immergleichen Bitten vor dem Rosenkranz haben auf vielen Autofahrten aber doch ein Gespräch in Gang gesetzt, das uns die Augen dafür geöffnet hat, dass es keine Mehrung des Glaubens war, was viele moderne Lehrer und Irrlehrer versprochen und geliefert haben. Es war auch keine Mehrung des Glücks. Es war keine Mehrung, eins nach dem anderen abzuschaffen in der Christenheit, nur weil es gerade mal nicht mehr modern war. Die Engel. Die Heiligen. Und so weiter. Die Wunder – das Urwunder der Menschwerdung Gottes! Und eben den Rosenkranz. »Mit dem Rosenkranz in der Hand der Priester würden die Missbräuche gegen Null gehen«, sagt Ellen. Da ist sicher etwas dran. Im regelmäßigen Rosenkranz kommt vor allem aber jene Erfahrung von allein zurück, dass aller Glaube der Christen auf Christus zurückgeht. Auf die lebendige Begegnung mit Jesus von Nazareth und wie er gelebt und gelitten und schließlich alles überwunden hat, sogar das schlimmste Grauen: den Tod. Wie nebenbei klärt dieses Pilgern mit den Fingern dann auch darüber auf, dass es oft nur ein unheiliger Ersatz war, den wir umstandslos durchgewunken haben.

Denn was glaubt sich der moderne Christ, Atheist oder Agnostiker nicht alles zusammen? Wie aber jemand auf die Idee kommen konnte, dass es mehr wäre, nicht mehr an Engel zu glauben, anstatt weiter daran zu glauben wie ein Kind, ist unerfindlich. Doch so war es. So kam es überall. Es ist aber nicht mehr, sondern weniger, über den Fußabdruck Christi auf dem Ölberg die Nase zu rümpfen oder zu lachen, als an das Gewicht der Fleischwerdung Gottes zu glauben. Es ist nicht mehr, sondern weniger, die Orte und Worte *nicht* so ernst zu nehmen, wie ein Bargil Pixner es getan hat. Ein »Glaube *light*« ist nicht nahrhafter als der Glaube an Christus, den einzigen Messias, und er ist auch nicht schmackhafter, nicht vernünftiger. Es ist nicht mehr, an den Urknall zu glauben als an Gott, den Schöpfer des Himmels und der Erde. Es ist nicht mehr, weniger als der Papst (oder als andere große Pilger) zu glauben, sondern weniger. Es ist nicht mehr, nicht daran zu glauben, dass das Häuschen von Loreto die Steine und Mauern in sich birgt, die Zeugen der Kindheit Jesu wurden. »Der Glaube ist ein Geschenk

Gottes, das uns im Gebet erreicht«, sagte Mutter Teresa von Kalkutta. Sie meinte natürlich den Rosenkranz. Dieses Gebet ist eine mobile Akademie zur Einübung in den unmöglichen, unglaublichen und herrlichen Glauben der Christen. Es ist eine immer neu wiederholte Betrachtung der Fleischwerdung Gottes, von seinem Spiegel im See Genezareth, seinem Fußabdruck auf dem Ölberg bis zur Geißelsäule, dem Holz des Kreuzes und dem antiken Schuldspruch, von den Dornen der Dornenkrone bis zu den weit offenen Augen des Königs der Barmherzigkeit im Moment seiner Auferstehung.

Und die »Hoffnung stärken«? Was soll damit gemeint sein? Eben dies: Dass wir im Glauben allen Grund haben, darauf zu setzen, dass Gott verlässlich ist. Dass uns am Schluss ein Gelingen erwartet und kein letztes Scheitern. Ein Gelingen durch jedes Scheitern hindurch. Für diese Stärkung ist jede einzelne Perle des Rosenkranzes ein Klassenzimmer gegen die Angst. Ich sagte es schon: Der Kranz nimmt die Angst. Ja, »Angst essen Seele auf«.

Aber der Rosenkranz hebelt die Angst aus. Welche Angst? Unsere Angst natürlich: das erstickende Gegenteil von Hoffnung. Die allerkreatürlichste Urangst jedes Menschen: eines Tages zu verhungern. Eines Tages den Offenbarungseid ablegen zu müssen. Das Rennen nicht zu gewinnen. Angst vor der Zukunft. Die Angst, es nicht bis zur Rente zu schaffen, und die Angst, dass die Rente nicht genügen wird. Die Angst vor Verlust. Selbst bei Bank-Direktoren: eines Tages vielleicht nicht mehr das Geld für ein Dach über dem Kopf zu haben. Warum sonst gehen Gehälter von Managern in die Höhe der Sterne? Aus Angst natürlich. Aus Angst, irgendwann zu wenig zu bekommen und nackt und bloß da zu stehen. Nicht mehr genug Holz zu finden, um sich eine letzte Suppe kochen zu können. Es ist die Urangst aus der Höhle. Dagegen hilft es ungemein, ein Pilgergebet mitzusprechen, das den Schritten Jesu und seiner Mutter von der Geburt bis zum Tod folgt – und darüber hinaus.

Doch Liebe entzünden? Nun ja, da wollen wir ein bisschen leiser werden. Denn es sind ja schon Urwälder gefällt, zu Papier verarbeitet und beschrieben worden zu dem Thema. Doch Liebe geht nicht auf in Worten. Das Herz des christlichen Glaubens besteht – im Gegensatz zu allen anderen Religionen, Wissenschaften und Weltanschauungen – aus einer einzigen lebendigen Person. Worte allein erfassen sie nicht. Einer Person muss man begegnen, egal wie viel Hörensagen über sie schon an unser Ohr gekommen ist. Eine Person muss man fühlen und sehen. Man muss zu ihr hin. Der Rosenkranz macht nichts anderes: Er führt zu Gott hin wie kein Psalm. Er ist ein Haus, nein, ein Zelt, nein, das Land, in dem man Jesus persönlich begegnet, immer neu. Da hatte Joseph Ratzinger Recht: »Im Rosenkranz werden wir Jesu Zeitgenossen.« Darum war der Kranz aus der Hand einer Mutter Teresa so wenig wegzudenken wie eine Rohrzange aus der Hand eines Klempners. Der Rosenkranz ist ein Instrument der Liebe. Er schafft in unserer Hand, was der Verstand und selbst der Glaube nicht erfassen können. Was nur die Liebe fasst: Dass der Schöpfer der Welt Mensch geworden ist, Säugling, unter uns. Er zeigt uns im Gebet das menschliche Gesicht, das Gott uns in Christus gezeigt hat, in unendlichem Erbarmen. Er entzündet Liebe zu seiner Mutter, die der brennende Dornbusch in Flammen setzte und nicht verbrannte. Liebe zum Leben, zum Nächsten, zu Ellen, meiner Frau (fast schon am Ende unserer Ehe), und ihre Liebe zu mir, neue Liebe zu den Kindern, zu diesem und zum nächsten Tag, und – wenn es denn sein muss – auch zu unseren Feinden, warum denn nicht? Kein Gebet schützt mehr vor der Hassfalle. Am Schluss haben uns alle Feinde deshalb nur immer genutzt und geholfen.

»Aber ehrlich«, sagt Ellen da, »das stimmt ja alles. Aber schreib doch auch dazu, dass ich immer von Neuem denke: Wann hört er denn endlich auf, der Rosenkranz? Gibt es nichts Wichtigeres? Dass ich immer wieder versucht bin, ihn in die Nacht hinein zu verschieben, weil so wahnsinnig wichtige

Arbeiten rufen: Wir haben Vorrang! Schreib das unbedingt auf.« Sie lacht: »Und dass natürlich mit der Alltagsvernunft kaum zu glauben ist, dass der Rosenkranz Vorrang hat. Dass er Zeit schenkt und nicht nimmt. Schreib, dass das Beten des Rosenkranzes eine Pilgerfahrt nach innen und außen ist, nur nicht ganz so anstrengend, also auch für uns und Faule und Fußkranke.« Das schreibe ich natürlich gern, weil es ja nur stimmt und wahr ist.

Und noch etwas muss ich da aufschreiben. Vor gut einem Jahr las ich ein schönes Interview mit Georg Ratzinger, dem Bruder des Papstes, in dem er über das Gebetsleben der Ratzingers in seiner Kindheit sprach. Um 7.00 Uhr morgens seien sie in die Schulmesse gegangen, er, sein Bruder Joseph und ihre ältere Schwester Maria. Vor und nach dem Mittagessen sei gebetet worden, es habe eine längere Andacht am Abend gegeben (»für uns Kinder fast ein bisserl zu viel«) und schließlich noch ein Abendgebet mit dem Vater oder der Mutter. »Eigentlich jeden Samstag« sei der Rosenkranz gebetet worden – kniend. »Hernach waren wir schon recht ungeduldig.« Da musste ich lachen: »fast ein bisserl zu viel«. Kurz danach wurde ich Georg Ratzinger einmal vorgestellt und erzählte ihm am Tisch davon. Seine Augen sind inzwischen so schlecht geworden, dass er fast nur noch ahnt, wie sein Gegenüber aussieht. »Wissen sie, Herr Domkapellmeister«, sagte ich, »bei dieser Passage kam mir der Gedanke, dass der Rosenkranz vielleicht gar nicht in Kinderhände gehört. Dass Kinder ihn besser nur hören sollen. Dass sie ihre Eltern beten hören sollen, aber dass es ihnen als Kind nicht ›zu viel‹ werden darf. Der Rosenkranz ist, glaube ich, vor allem für Erwachsene«. Er schaute nach innen und lächelte. »Jo, mei«, entfuhr es ihm danach noch einmal, »manchmal war es schon wirklich zuviel: der Rosenkranz, die Lauretanische Litanei, die Gebete zum heiligen Josef, zum heiligen Dismas …« – Da musste ich wieder lachen. Denn wahrscheinlich war es also doch nicht zu viel, wenn man betrachtet, was aus den beiden Söhnen geworden ist.

Die Ratzingers sind jedenfalls die einzige Familie in Deutschland, von der ich jemals gehört habe, dass in ihr auch der heilige Dismas um seinen Beistand angerufen wurde, dessen Namen ich nicht von meiner Mutter oder unserem Dorfpfarrer, sondern erst in Jerusalem von Bargil Pixner erfahren habe: den Namen des »guten Schächers« am Kreuz, der Jesus am Schluss noch als seinen letzten Heerführer ins letzte Heilige Land auserkoren hatte.

Wir erzählten uns noch oft davon, wie gestern wieder, auf der Rückfahrt nach Rom, als wir uns wieder abwechselten auf dem Fahrersitz. Ellen übernahm das Steuer. »Das ist die Moral von der Geschicht': Rosenkranz gehört nicht in Kinderhände«, wärmte ich in einem kleinen Eifer den Gedanken noch einmal auf. »Im Gegenteil, sie sollen ihn bei den Eltern sehen und hören, aber sollen ihn als kleine Kinder nicht mitbeten dürfen, sondern warten müssen. Natürlich weiß ich auch, dass Maria selbst den Rosenkranz gerade Kindern immer wieder ans Herz gelegt hat, in Lourdes ebenso wie in Fatima. Trotzdem meine ich, wenn ich die Königin des Himmels hier einmal in aller Freundschaft ein wenig korrigieren darf, dass der Rosenkranz für Kinder zuerst besser eine reine Melodie werden sollte, an die sie sich erinnern können, später, nachdem sie alles andere schon ausprobiert haben. Zuerst aber sollten sie sehnsüchtig warten müssen, ihn endlich mitbeten zu dürfen: wie jüdische Jungen auf ihre Bar Mitzwa, wo sie endlich aus der Tora lesen dürfen. Solch eine Sehnsucht würde sie stärker daran binden als der leiseste Druck und heißeste Wunsch der Eltern, die Kleinen beim Gebet dabei zu haben.«

»Nun mach mal langsam«, sagte Ellen, »hast du es nicht wieder mal eine Nummer kleiner, als gleich mit einer neuen Grundsatz-Pädagogik daher zu kommen, für die es jetzt sowieso zu spät ist.«

»Doch«, sagte ich, »doch, doch. Du weißt doch selbst, wie es ist. Das haben wir einfach falsch gemacht, trotz Edith Piaf.« Da waren wir uns nun endlich wieder einig. »Der Fremde« von

Albert Camus war, ohne dass wir es uns damals gesagt hätten, unser Lieblingsbuch, als wir uns vor 40 Jahren kennen lernten. Beide hatten wir uns mit den Hauptfiguren identifiziert. Lange war es deshalb, als hätten wir damals unbewusst zwei Rollen nach dem selben bescheuerten Drehbuch von einem fremden Regisseur aus Frankreich gespielt, den ich – wie ich heute glaube – vor allem deshalb so liebte, weil er aussah wie Humphrey Bogart, der seine Zigarette immer so toll im Mundwinkel hängen hatte (und glaube inzwischen sogar, dass auch Albert Camus so aussehen wollte wie Humphrey Bogart). Das Lied »*Non, je ne regrette rien, non, je ne regrette rien!*«, gesungen von der großen und unglücklichen Edith Piaf, war dazu meine Hymne und die Hymne Ellens: »Nein, ich bereue nichts!«

Es war die stolze Hymne unserer Generation, und sie ist es, in der Tiefe zumindest, noch immer geblieben. Da sind wir uns einig. Irgendwie summen wir das Stück noch heute im Hinterkopf und wissen doch, dass wir das heute so eigentlich nicht mehr sagen können. Da war vieles falsch und irrig, was ich hier nicht weiter ausbreiten will. Doch wirklich bedauern kann ich mit Ellen heute von Herzen nur eins: dass all unsere Kinder groß geworden sind, ohne betende Eltern kennen gelernt zu haben. Ohne ein Gemurmel und Geleier, das später in Tagen hoher Not zu einem Lied werden kann, das ihnen den Weg zum Ausgang weist. Sie sind mit Liedern von Bob Dylan groß geworden und haben leider nie erfahren, dass ihre Eltern sich auch außerhalb der Kirche absichts- und furchtlos einem Höheren zugewandt haben: dem Allerhöchsten. Unsere Kinder machen sich lustig über den Rosenkranz. Sie können nichts dafür. Wir haben sie Lehrern überlassen, die es ihnen so beigebracht haben. Vor allem aber haben sie uns nie als betende Eltern kennen gelernt. Für uns ist der Kranz darum ganz und gar ein Gebet für Erwachsene geworden, leider. Ein sehr männliches Gebet. Ein sehr frauliches Gebet. Ein ideales Gebet für junge Paare und alternde Eheleute. Aber kein Gebet für Kinder. Darum musste ich auf dieser Pilgerreise anderen davon erzählen.

»Hast du denn schon von dem japanischen Rosenkranzwunder erzählt?«

»Welches japanische Rosenkranzwunder?«

»Als die christlichen Missionare 1640 aus Japan vertrieben wurden, ließen die Jesuiten den einheimischen Christen nur den Rosenkranz zurück, sonst nichts, keine Priester, keine Kirchen, keine Sakramente. Der Besitz von Bibeln war streng verboten. Als über 200 Jahre später aber wieder ausländische Priester ins Land gelassen wurden, trafen sie bald auf geheime christliche Gemeinden, die sich die ganze Zeit über an nichts als dem Rosenkranz festgehalten hatten. Nur dieses Gebet hatte sie lebendig erhalten, über acht Generationen lang. Was sagst du dazu?«

»Nie von gehört.«

»Erzähl dann aber jedenfalls von dem ältesten Mann der Welt!«

»Welchem Mann?«

»Dem ältesten Mann, der vor kurzem in Hongkong gestorben ist. Ich hatte dir doch davon erzählt.« Ich hatte alles vergessen. Das Alter! »Quatsch, das Alter. Er ist 110 Jahre alt geworden und hat jeden Tag mehrere Rosenkränze für den Frieden und die Verbreitung der Frohen Botschaft vom Leben Jesu Christi gebetet.« – »Möchtest du so alt werden?« – »Nicht, wenn du den Rest des Lebens so doofe Fragen stellst. Nein, der Mann war wirklich ein Phänomen. Nicolas Kao Shi Qian war vielleicht nicht der älteste Mensch, aber er war sicher der älteste Priester der Welt und auch der älteste Einwohner Hongkongs. Mit hundert Jahren ist er in den Orden der Trappisten eingetreten, wo vor allem nur noch gesungen und geschwiegen wird. Der Rosenkranz war sein Geheimnis, seit 75 Jahren schon, und seine Geschichte ist wunderschön. Hoffentlich wird dein Buch so schön.«

Das ist vielleicht »*ein bisserl zu viel*« verlangt. Doch der Beginn dieses Buches war schön – und darum auch dieser Schluss. Denn die letzte Entscheidung zu dieser Niederschrift fiel in einer glasklaren Nacht im Mai 2006 auf einem Hügel der Abruzzen, hinter Manoppello, wo das geheimnisvollste Christusbild der Erde aufbewahrt wird, dem keine Ikone gleichkommt. Wir waren mit einem Freund ein wenig von der Herberge und ihrem Licht weggegangen. Plötzlich leuchteten nur noch die Sterne über uns. Die Hügel um uns herum aber waren hier draußen übersät mit dem Aufleuchten und flirrenden Geflimmer von Abertausenden Glühwürmchen und Flimmflämmchen – deren Verschwinden Pasolini Jahrzehnte zuvor noch so bewegend in einem letzten großen Text vor seinem gewaltsamen Tod beklagt hatte. Es war ein Himmel über uns und ein Himmel unter uns. Ich werde jetzt über den Rosenkranz schreiben, nahm ich mir hier vor, so wie ich es Bargil Pixner vor Jahren einmal versprochen hatte, als ich mit dem Tonbandgerät zu ihm kam. Dieses Buch werde ich jetzt endlich schreiben, als meine letzte große Heiligland-Reportage, auch wenn meine alten Freunde denken mögen, dass in meinem Schrank vielleicht inzwischen die eine oder andere Tasse fehlt. Sollen sie. In der gleichen Nacht träumte ich schon von dieser Reise. Am nächsten Morgen setzte ich mich in der Früh vor dem Haus auf eine Bank und blickte zwischen Ölbäumen und gelben Ginsterbüschen plötzlich auf einen kreisrunden Heckenkranz. Ein knallroter Rosenbusch wucherte üppig daneben, alles glänzend in der Sonne wie eine Erscheinung. Aus der Ferne leuchtete noch Schnee von dem Gran Sasso herüber. Ich suche den Platz noch öfter auf. »Kommt hierher!«, möchte ich deshalb diesmal der Welt des Westens zurufen, wie ich früher einmal die ganze Christenheit in das Heilige Land und in die Eremos-Höhle über den See Genezareth rufen wollte – und es dann doch gelassen habe. So halte ich es auch jetzt. Ein Wunder wird man so einen Rosenstrauch nicht nennen können. Paradiesisch schön ist er dennoch.

So ist es auch mit dem Rosenkranz, dem Lieblingsgebet der Gottesmutter. Wer ihn in die Hand nimmt, den nimmt die Madonna an die Hand. Er heiligt jeden Raum, wo er gebetet wird.

Der Rosenkranz macht jedes Land zu Heiligem Land. Natürlich ist darum auch in Fatima *Terra Sancta* oder in Lourdes, Mexiko, Medjugorje, Kevelaer, Altötting, Santiago de Compostela. An jedem Pilgerziel und Pilgerweg ist Heiliges Land – erst recht in diesem wundervollen Stück Natur. Jede Kirche ist ein Fenster zum himmlischen Jerusalem – mit dem Rosenkranz aber auch jede Gefängniszelle, jedes Krankenzimmer. Und Italien natürlich, das Land der Heiligen, und Rom im Besonderen, wo ich im Apostolischen Palast der Päpste auf einem Flur im dritten Stock zwischen alten Landkarten auch eine visionäre Karte des Heiligen Landes gefunden habe, die dort um 1560 ganz in Gold ausgeführt wurde – und ohne all jene Grenzen und Begrenzungen, die die Heimat der Gottesmutter heute so zerschneiden und entstellen und quälen. Wunderschön. In Rom habe ich auf dem Monte Mario auch eine Ikone der Rosenkranzkönigin entdeckt, als Fragment nur und so kostbar, dass es schon seit 800 Jahren verborgen gehalten wird, weil es heißt, das Porträt stamme vom Abendmahlsberg und sei zur Lebzeit Marias gemalt worden. Das hat bisher noch keiner bezweifelt, den ich dahin geführt habe. Hier schaut sie jeden an, als liege der Tod, die Auferstehung und die Himmelfahrt ihres Sohnes gerade erst Wochen hinter ihr. Dieser Blick ist nicht weniger authentisch oder einzigartig als der Fels der Agonie im Garten Gethsemani, als der Steinring vom Golgatha und die Hulda-Tore des Tempelbergs. Oder als der Himmel über dem See Genezareth. Doch das ist eine andere Geschichte, die andere erzählen sollen. Der Rosenkranz wurde jedenfalls zum Instrument der wichtigsten Entdeckungen meines Lebens. Er ist wirklich der Ariadne-Faden, der einen aus jedem Labyrinth ins Freie leitet. Er ist die blühende Rosenhecke um einen Garten des Himmels auf der Erde.

So, das war's. Jetzt speichere ich diesen Text ab, kopiere das Buch von meinem Rechner auf einen USB-Stick, hänge ihn mir um den Hals und gehe mit Ellen essen, und trinken natürlich. Jetzt kann mein PC meinetwegen abschmieren. Dieses Buch ist fertig. Kein Virus wird es mehr auffressen können. Gott sei Dank! Und seiner Mutter! Habe ich nicht am Anfang gesagt, dass ich wirklich ein Glückskind bin, seit ich denken kann? Wenn nicht, muss ich es jetzt noch einmal sagen. Es war unverschämtes Glück. Und wenn es kein Glück war, war es Dusel. Es fragt mich besser trotzdem keiner, wie viel Pech natürlich auch Glückskinder haben – und zu welchen Fehlern und Irrtümern sie fähig sind. Für unser gemeinsames Leben aber ist erst die Entdeckung des Rosenkranzes unser spätes Zuhause geworden. Kriege haben wir nicht damit verhindert, auch die Welt nicht erneuert oder den tiefen Teller neu erfunden. Dreimal haben wir mit dieser Schnur aber das gefunden, was Jerusalem einmal für mich war: Glück, Glück, Glück – und schon mitten in den Tälern der Tränen ein Fenster zum Paradies.

Montag, 22. Mai 2006, Rosengarten hinter Manoppello in den italienischen Abruzzen

Dank

Für das Zustandekommen dieses Buches danke ich an dieser Stelle noch einmal besonders herzlich Ellen, Hans Peter, Karl Josef und Maria Badde, Edeltraud Dischl, Josef Dohrenbusch, Manfred Ferrari, Gabriele Kuby, Christoph Kühn, Bernhard Müller, Bargil Pixner OSB, Schulze »Ditsch« und Mariet, Christian Spaemann, Kurt Josef Wecker, Karol »dem Großen« Wojtyla und allen, mit denen ich jemals einen Rosenkranz gemeinsam beten durfte.

Rom, im Oktober 2008
pb

Bibliografische Information der Deutschen Nationalbibliothek
Die Deutsche Nationalbibliothek verzeichnet diese Publikation in der
Deutschen Nationalbibliografie; detaillierte bibliografische Daten sind
im Internet über http://dnb.d-nb.de abrufbar.

Verlagsgruppe Random House FSC-DEU-0100
Das für dieses Buch verwendete FSC-zertifizierte Papier *Munken Premium*
liefert Arctic Paper Munkedals AB, Schweden.

2. Auflage 2009
Copyright © 2008 by Gütersloher Verlagshaus, Gütersloh,
in der Verlagsgruppe Random House GmbH, München

Dieses Werk einschließlich aller seiner Teile ist urheberrechtlich geschützt.
Jede Verwertung außerhalb der engen Grenzen des Urheberrechtsgesetzes ist
ohne Zustimmung des Verlages unzulässig und strafbar. Das gilt insbesondere
für Vervielfältigungen, Übersetzungen, Mikroverfilmungen und die Einspeicherung und Verarbeitung in elektronischen Systemen.

Bildnachweis: Alle Fotos © Paul Badde, außer: S. 122 © Jeremias Marseille
OSB, S. 182 © Maria-Luisa Rigato, und S. 225 © Antonius Schmaltz OSB.

Umschlaggestaltung: Init GmbH, Bielefeld
Umschlagmotiv: © Paul Badde
Satz: PER Medien+Marketing GmbH, Braunschweig
Druck und Einband: GGP Media GmbH, Pößneck
Printed in Germany
ISBN 978-3-579-06470-3

www.gtvh.de

11. Geheimnis Jesus schwitzt Blut

Dann verließ Jesus die Stadt und ging, wie er es gewohnt war, zum Ölberg; seine Jünger folgten ihm. Als er dort war, sagte er zu ihnen: Betet darum, dass ihr nicht in Versuchung geratet! Dann entfernte er sich von ihnen ungefähr einen Steinwurf weit, kniete nieder und betete: Vater, wenn du willst, nimm diesen Kelch von mir! Aber nicht mein, sondern dein Wille soll geschehen. Da erschien ihm ein Engel vom Himmel und gab ihm (neue) Kraft. Und er betete in seiner Angst noch inständiger und sein Schweiß war wie Blut, das auf die Erde tropfte.   (Lukas 22, 39-44)

12. Geheimnis Jesus wird gegeißelt

Pilatus rief die Hohenpriester und die anderen führenden Männer und das Volk zusammen und sagte zu ihnen: Ihr habt mir diesen Menschen hergebracht und behauptet, er wiegle das Volk auf. Ich selbst habe ihn in eurer Gegenwart verhört und habe keine der Anklagen, die ihr gegen diesen Menschen vorgebracht habt, bestätigt gefunden, auch Herodes nicht, denn er hat ihn zu uns zurückgeschickt. Ihr seht also: Er hat nichts getan, worauf die Todesstrafe steht. Daher will ich ihn nur auspeitschen lassen und dann werde ich ihn freilassen.   (Lukas 23, 13-16)

13. Geheimnis Jesus wird mit Dornen gekrönt

Die Soldaten flochten einen Kranz aus Dornen; den setzten sie ihm auf und legten ihm einen purpurroten Mantel um. Sie stellten sich vor ihn hin und sagten: Heil dir, König der Juden! Und sie schlugen ihm ins Gesicht. Pilatus ging wieder hinaus und sagte zu ihnen: Seht, ich bringe ihn zu euch heraus; ihr sollt wissen, dass ich keinen Grund finde, ihn zu verurteilen. Jesus kam heraus; er trug die Dornenkrone und den purpurroten Mantel. Pilatus sagte zu ihnen: Seht, da ist der Mensch!   (Johannes 19, 2-5)

14. Geheimnis Jesus trägt das Kreuz zum Golgatha

Sie fielen vor ihm auf die Knie und verhöhnten ihn, indem sie riefen: Heil dir, König der Juden! Und sie spuckten ihn an, nahmen ihm den Stock wieder weg und schlugen ihm damit auf den Kopf. Nachdem sie so ihren Spott mit ihm getrieben hatten, nahmen sie ihm den Mantel ab und zogen ihm seine eigenen Kleider wieder an. Dann führten sie Jesus hinaus, um ihn zu kreuzigen.   (Matthäus 27, 29-31)

Er trug sein Kreuz und ging hinaus zur so genannten Schädelhöhe, die auf Hebräisch Golgatha heißt.   (Johannes 19, 17)

15. Geheimnis Jesus stirbt am Kreuz

Von der sechsten bis zur neunten Stunde herrschte eine Finsternis im ganzen Land. Um die neunte Stunde rief Jesus laut: Eli, Eli, lema sabachtani?, das heißt: Mein Gott, mein Gott, warum hast du mich verlassen? Einige von denen, die dabeistanden und es hörten, sagten: Er ruft nach Elija. Sogleich lief einer von ihnen hin, tauchte einen Schwamm in Essig, steckte ihn auf einen Stock und gab Jesus zu trinken. Die anderen aber sagten: Lass doch, wir wollen sehen, ob Elija kommt und ihm hilft. Jesus aber schrie noch einmal laut auf. Dann hauchte er den Geist aus. Da riss der Vorhang im Tempel von oben bis unten entzwei. Die Erde bebte und die Felsen spalteten sich.   (Matthäus 27, 45-51)